Manfred Reitz

Alltag im Alten Ägypten

»jin haatia en njiut chedij em hetep er abdschu er jret hebu Usir«

»Der Fürst von Theben ist es, der in Frieden nordwärts nach Abydos fährt, um das Fest des Osiris zu feiern.«

Manfred Reitz

Alltag im Alten Ägypten

BATTENBERG

Die Deutsche Bibliothek - CIP-Einheitsaufnahme
Reitz, Manfred:
Alltag im Alten Ägypten / Manfred Reitz. - Augsburg :
Battenberg, 1999
ISBN 3-89441-464-2

BATTENBERG VERLAG, AUGSBURG

Redaktion: Gert Schröder
Lektorat: Margit Bachfischer
Bildredaktion: Günter Mayr
Satz und Layout: Der BUCH*MACHER*, Arthur Lenner, München
Gesetzt aus der ITC Syndor
Umschlaggestaltung: Thomas Steinkaemper, Wörthsee
Umschlagfotos: Bildarchiv Preußischer Kulturbesitz, Berlin
Reproduktion: Repro Mayr, Donauwörth
Druck und Bindung: Neue Stalling, Oldenburg

Gedruckt auf umweltfreundlich chlorfrei gebleichtem Papier.

Printed in Germany

ISBN 3-89441-464-2

Inhalt

Vorwort

Als französische Truppen vor etwa 200 Jahren bei Schanzarbeiten während des Ägyptenfeldzuges Napoleons den berühmten »Stein von Rosetta« ausgruben, traten die Überreste der altägyptischen Hochkultur erstmals aus ihrer bisherigen mystischen und geheimnisvollen Welt heraus und begannen Wirklichkeit zu werden. Forscher konnten von nun an erhaltene Dokumente lesen, und die Wissenschaft der Ägyptologie wurde begründet. Seit diesem Zeitpunkt haben zahlreiche Forschergenerationen vielfältiges Wissen zusammengetragen; es wurden ganze Bibliotheken gefüllt. Eine der ersten Hochkulturen der Menschheit konnte in diesen vergangenen 200 Jahren klare Konturen gewinnen. Die vielfältigen Erkenntnisse faszinieren, und bei Fragen nach frühen Erfindungen oder zivilisatorischen Errungenschaften schlägt ein beliebtes Sprichwort als mögliche Antwort »schon die alten Ägypter« vor. Bei Quiz-Fragen können die alten Ägypter tatsächlich aus mancher Verlegenheit heraushelfen.

Doch, waren die Menschen am Nil bei allen ihren Talenten vor Jahrtausenden bereits solche Übermenschen, die von morgens bis abends die Steinzeit überwanden und Spitzenleistungen schufen? Sie waren es nicht. Inzwischen konnte die Wissenschaft nicht nur das »Einmalige« ihrer frühen Hochkultur bewerten, sondern es gelang auch, hinter die Kulissen zu schauen und die Menschen selbst zu beurteilen, die dieses »Einmalige« schufen. Betrachtet man den Alltag im alten Ägypten, dann standen hinter den Spitzenleistungen Menschen, die sich nur wenig von den Menschen der Gegenwart unterschieden haben. Es drängt sich sogar der Eindruck auf, daß Träume, Wünsche und Ängste der Menschen in den vergangenen 5000 Jahren gleich geblieben sind.

Würde ein gebildeter Mensch aus dem alten Ägypten in eine Zeitmaschine steigen und plötzlich im ausgehenden 20. Jahrhundert n. Chr. landen, dann könnte er sich wahrscheinlich durchaus in dieser ihm so fernen Zeit zurechtfinden. Unendlich vieles wäre ihm zwar völlig fremd, aber die Menschen würden ihm dennoch bekannt vorkommen. Die kleinen Freuden des Alltages, aber auch die Sorgen um die Gesundheit und

Die Zeugen der altägyptischen Hochkultur waren über Jahrhunderte im Sand der Sahara versunken und wurden vergessen. Der deutsche Forscher Richard Lepsius (1810–1884), der im Auftrag des preußischen Königs Ägypten bereiste, fand eine Kolossalfigur von Ramses II. umgestürzt im Wüstensand.

Gestürzte Kolossalfigur in Memphis, Folioformat; aus: Richard Lepsius, Denkmaeler aus Aegypten und Aethiopien, Berlin 1859 (Sh. Shalchi)

Durch die Kombination von uralten Kulturdenkmälern mit einer archaischen Naturlandschaft erhält die Welt am Nil eine große Faszination. Die idealisierte Darstellung des französischen Architekten Horeau von 1838 zeigt den in großen Schleifen dahinfließenden Lebensstrom Ägyptens aus der Vogelperspektive; im Vordergrund befindet sich die Pompejus-Säule von Alexandria, danach folgen die großen Pyramiden sowie einige wichtige Tempel aus der Zeit der hohen kulturellen Blüte.

Perspektivische Darstellung des Nils mit einigen der wichtigsten Bauwerke; Rekonstruktion, Hector Horeau, 1838

das berufliche Vorankommen gab es bereits in seiner Welt, sogar die Standesdünkel der »Vornehmen einer Gesellschaft« haben sich bis heute kaum verändert. Das Leben selbst wäre für ihn zwar viel bequemer geworden und er müßte sich auch nicht so sehr vor manchen Krankheiten fürchten wie in seiner Welt. Ob er sich in dieser ihm fernen Zeit allerdings wohl fühlen würde, bliebe zweifelhaft. In seiner Welt hielt die Familie wie Pech und Schwefel zusammen, und alte Menschen gar in ein Altersheim abzuschieben, hätte für ihn die gesellschaftliche Ächtung zur Folge gehabt. Der Gang über einen Friedhof und die Auseinandersetzung mit dem Tod würden ihn sogar arg schockieren. In seiner Gesellschaft war die Beschäftigung mit dem Tod eine alltägliche und ganz normale Sache, während die heutige Gesellschaft sie zu einem Tabu gemacht hat und sich vor unausweichlichen Auseinandersetzungen drückt. Würde er sich heute bei bester Gesundheit bereits seinen eigenen Sarg kaufen, könnte er durchaus in einer psychiatrischen Anstalt landen, und ein Staatspräsident, der verdienten Bürgern einen wertvollen Sarg schenkt, müßte womöglich mit seiner Absetzung rechnen.

Das vorliegende Buch möchte Leserinnen und Leser in eine Zeitmaschine setzen und sie in die umgekehrte Richtung schicken. Der Weg soll über viele Jahrtausende zurück in eine ferne Vergangenheit führen: zu einer vielfältig entwickelten Welt am Nil, wo talentierte Menschen eine der ersten Hochkulturen schufen. Meist endet heute das Wissen über das uralte Reich am Nil mit den imposanten Pyramiden, den großartigen Tempelruinen und den wertvollen Grabschätzen der Pharaonen. Doch, welche Menschen standen hinter diesen Leistungen? Der »Alltag im Alten Ägypten« möchte die Voraussetzungen und das Umfeld zur Entfaltung dieser Kultur deutlich machen.

Dr. Manfred Reitz

Die Faszination

Im Bann der Hochkultur

Das neu erwachte Interesse an der griechisch-römischen Kultur leitete einst in Europa das Zeitalter der Renaissance mit seinen revolutionären Fortschritten in Kultur, Wissenschaft und Kunst ein und beendete das Mittelalter. Bei der Wiederentdeckung der Kultur des alten Ägypten waren die Umwälzungen für das Abendland zwar nicht vergleichbar gewaltig, dennoch üben die alten Ägypter gerade auf den Menschen der Gegenwart eine beachtliche Faszination aus. Das Land am Nil war der erste große zentrale Staat der Menschheitsgeschichte, dessen Bürger förmlich aus dem Nichts Höchstleistungen schufen. Andere vergleichbare Staaten im Vorderen Orient oder später in Indien und China waren wesentlich kleiner und weniger zentral organisiert. Zahlreiche Errungenschaften, die dem modernen Menschen als selbstverständlich erscheinen und die er als seine eigenen Erfindungen betrachtet, waren im alten Ägypten bereits bekannt. In vielen Bereichen des Alltags ergibt sich der Eindruck, als wäre der Fortschritt der vergangenen Jahrtausende im Vergleich zur uralten Kultur am Nil nicht gerade groß gewesen. Kunstwerke sowie handwerkliche und kulturelle Leistungen gab es im alten Ägypten schon in der gleichen Qualität wie in der Gegenwart. Der moderne Mensch staunt immer wieder über das Können der alten Ägypter und kann sich mit dieser längst untergegangenen Kultur identifizieren. Das alte Ägypten erscheint durch seine historische Ferne exotisch und dennoch vertraut; es wirkt in seinen Stärken und Schwächen wie ein Spiegel der komplizierten heutigen Gesellschaften. Dabei gilt es zu bedenken, daß es vor der ägyptischen Kultur allein die Steinzeit gab. Die Menschen lebten damals in umherziehenden Sippen. Am Nil und an wenigen anderen Orten auf der Welt fanden sich jedoch Menschen zu größeren Gemeinschaften zusammen, organisierten einen komplexen Staat und legten nahezu alle Grundlagen, die für die folgenden Jahrtausende prägend werden sollten. Ihnen gelang der Sprung von der Steinzeit in die Hochkultur.

Die Wurzeln der abendländischen Kultur liegen zwar im griechisch-römischen Raum, jedoch haben griechische Autoren viel von den Ägyptern übernommen, so daß die ägyptische Kulturwelt auch auf das Abendland einwirkte. Für die griechisch-römische Welt war das alte Ägypten ein Land der mystischen Tempel, der geheimen Weisheiten und der magischen Rituale. Die gebildeten Griechen und Römer bewunderten einst die Leistungen der Ägypter und das Alter dieser Kultur. Als ein ägyptischer Priester einmal das griechische Delphi besuchte, scharten sich nach dem griechischen Autor Helidor große Menschenmengen um ihn und stellten ihm eine endlose Reihe von Fragen. Dennoch blieben ihnen viele Zusammenhänge über die Welt am Nil fremd und unerklärlich. Herodot, der in der Antike vielbeachtete geschichtliche Werke verfaßte und auch Ägypten bereiste, bemerkte einmal, daß die Griechen von links nach rechts schreiben würden und die Ägypter von rechts nach links; dabei würden die Ägypter jedoch sagen, daß sie es richtig und die Griechen falsch machen würden. Als Zeichen der Trauer würden sich viele Völker des Mittelmeergebietes die Haare abschneiden, die Ägypter aber ließen sie wachsen. Bei der Mehrzahl der antiken Völker gingen nach Herodot die Männer auf den Markt und trieben Handel, während die Frauen zuhause arbeiteten. Im alten Ägypten dagegen feilschten meist die Frauen auf dem Markt und die Männer gingen im Hause ihren Tätigkeiten nach. Die römische Oberschicht war von der ägyptischen Architektur begeistert und ließ Obelisken und andere Baudenkmäler nach Italien bringen. Kulturelle Ansichten und künstlerische Techniken wurden nach der Eroberung Ägyptens in das Reich importiert und gleichberechtigt neben die eigenen Kunsttraditionen gestellt. Römische Legionäre verbreiteten schließlich den Isiskult bis an die Grenzen des Imperiums, und sogar im fernen Germanien fanden sich Hinweise auf die ehemals ägyptischen Götter.

Versunken im Wüstensand

Nach dem Ende der Antike wurde es in Europa um das tiefsinnige Wissen und die geheimen Mysterien der alten Ägypter still. Die gewaltigen Zeugnisse ihrer Baukunst begannen am Nil langsam immer tiefer im Wüstensand zu versinken, und ihr einstiges Wissen wurde im Abendland als heidnisch verdammt. Bereits unter den frühen Christen und auch später, nach dem Vordringen des Islams, wurden altägyptische Bauten sogar niedergerissen, um jeden Hinweis auf das Heidentum auszumerzen.

Als das Land am Nil schließlich im 7. Jahrhundert n. Chr. von den Arabern erobert wurde und später in türkischen Besitz überging, waren für Europa die Kontakte endgültig abgebrochen, und die einstige Hochkultur verschwand in einer dunklen Ferne. Viele der verbliebenen Bauwerke wurden als Steinbrüche für die Häuser der neuen Landesherren genutzt. In Ägypten selbst setzte ein unaufhaltsamer Niedergang ein. Bald wurde die alte Schrift mitsamt den magischen Symbolen nicht mehr verstanden, und sogar die ursprüngliche Sprache wurde nicht mehr gesprochen. Für die wenigen Reisenden aus Europa, die unter großen Gefahren das Land am Nil erreichten, waren die Pyramiden zuletzt nur noch Orte voller Rätsel. Den-

Im Frontispiz einer berühmten Prachtausgabe über die ägyptische Hochkultur wurde 1806 die magische Stimmung gut getroffen, die das alte Ägypten auf interessierte Europäer ausübte. Soldaten der Armee Napoleons lagern zwischen Ruinen der Hochkultur.

Von Alexandria bis Philae; aus: Description de l'Égypte, Paris 1809

Mit Hilfe des »Steins von Rosetta« konnten die ägyptischen Hieroglyphen entschlüsselt werden. Der Stein trägt in zwei Sprachen und drei Schriften einen identischen Text. Durch die griechischen Schriftzeichen war es möglich, die beiden ägyptischen Schriften zu lesen.

Der 1799 gefundene »Stein von Rosetta«; London, British Museum

noch kam zumindest der vermögende abendländische Mensch hin und wieder mit den alten Ägyptern im wahrsten Sinne des Wortes in Kontakt. »Mumia« war im Mittelalter und noch lange Zeit später ein begehrtes Arzneimittel, dem wahre Wundereigenschaften nachgesagt wurden. Es wurde aus kleingemahlenen altägyptischen Mumien hergestellt und in Europa teuer verkauft.

Schatzgräber und Touristen

Erst durch die Feldzüge von Napoleon wurde der europäische Mensch erneut in einem großen Rahmen auf die alte Hochkultur am Nil aufmerksam gemacht. Napoleon befehligte von 1798 bis 1801 ein französisches Expeditionsheer, das in Ägypten den Einfluß Frankreichs im östlichen Mittelmeer absichern sollte. Neben 38 000 Soldaten hatte er auch 167 Gelehrte nach dem Land am Nil verschifft, deren Forschungsaktivitäten vor Ort zuletzt eine neue Wissenschaft, die Ägyptologie, begründeten. Der bedeutendste Fund der gesamten Expedition wurde 1799 bei Schanzarbeiten in der Nähe von Rosetta im Nildelta zutage gefördert. Damals tauchte der »Stein von Rosetta« auf, dessen Inschrift für zukünftige Forschungen ein echter Glückstreffer sein sollte. Auf dem Stein war im Jahr 196 v. Chr. ein Dekret in drei Schriften und zwei Sprachen eingemeißelt worden. Dem Franzosen Jean-François Champollion gelang es, diese Schriften durch Vergleiche zu entziffern, und die Hieroglyphen der altägyptischen Hochkultur konnten wieder gelesen werden. Texte der uralten Kultur am Nil waren für den interessierten Forscher verständlich geworden. Mit der Geburt der Ägyptologie begann die Begeisterung des abendländischen Menschen für diese uralte Kultur sprunghaft zu wachsen. Mit den ersten Forschungsreisenden startete eine nicht mehr enden wollende Kette von Grabungsarbeiten, die schließlich in eine Ägyptomanie mündete. Immer mehr Tempel und Grabanlagen gaben jetzt ihre Schätze frei, und europäische Museen und private Sammlungen füllten sich mit jahrtausendealten Kostbarkeiten. Forscher und Schatzgräber des 19. Jahrhunderts ebneten den Weg für den Tourismus sowie die ungebrochene Ägyptenbegeisterung des 20. Jahrhunderts und mit Sicherheit auch der weiteren Zukunft. Bereits Napoleon war sich am Ende des 18. Jahrhunderts der Bedeutung seiner Expedition bewußt, als er die Soldaten zum Kämpfen anfeuerte und ausrief, daß vier Jahrtausende auf sie herabschauen würden.

Für das heutige Ägypten ist das »Alte Ägypten« mit seinen zahlreichen Hinterlassenschaften ein wichtiger Wirtschaftsfaktor, denn ein Großteil der Staatseinnahmen stammt aus dem Tourismus. Der Staat schöpft aus der Kultur von Menschen, die in einem großen

Umfang nicht zu den Vorfahren der jetzigen Landesbewohner zählten. Auf dem Lande lebt schließlich auch in unserer Zeit noch manche Großfamilie vom Grabraub. Von der alten Hochkultur zehren bis heute viele Menschen. Nicht nur Forscher, Kunsthändler und die Tourismusindustrie, sondern auch Künstler, Schriftsteller, Komponisten und Filmproduzenten bedienen sich an den Hinterlassenschaften und suchen nach Inspirationen. Dabei mußten die Zeugnisse der alten Ägypter über Jahrhunderte immer wieder gewaltige Verluste erleiden. Die ersten Forschungsreisenden waren meist Schatzjäger, die auf der Suche nach den Reichtümern nicht zimperlich waren und oft mehr zerstörten als wissenschaftlich beschrieben. Der Franzose Leborrain ließ zum Beispiel 1821 heimlich das Dach eines Tempels wegsprengen, um kostbare Reliefs zu stehlen und anschließend unbemerkt aus dem Land zu schaffen. Heute belasten schließlich gewaltige Touristenströme die Baudenkmäler, und in der Grabkammer der Cheops-Pyramide macht sich Uringeruch bemerkbar. Geraubt, zerstört und geplündert wurde in Ägypten schon jahrtausendelang. Bereits in der Antike lebten viele Menschen vom Grabraub. Während der arabischen Zeit war der Grabraub sogar ein staatliches Privileg und in den Staatseinnahmen fest eingeplant. Aus dem 12. Jahrhundert wird berichtet, daß organisierte Grabraubaktionen einmal 4000 Kilogramm Gold erbracht haben. Trotz aller Verluste sind die Hinterlassenschaften der einstigen Hochkultur dennoch so gewaltig, daß die Wissenschaft der Ägyptologie noch lange nicht am Ende steht und die Menschen mit ihren Funden immer wieder begeistert.

Wege zur altägyptischen Kultur

Die Faszination für die altägyptische Hochkultur schöpft aus verschiedenen Quellen. Zunächst kann für praktisch alle Fragen zur Herkunft der gegenwärtigen Zivilisation und Kultur die Antwort gelten: es begann mit den alten Ägyptern und den Menschen in Mesopotamien. Während sich in Mesopotamien die großen Lehmziegelarchitekturen kaum erhalten haben, errichteten die Ägypter ihre sakralen Prachtbauten und Grabanlagen aus massiven Steinen, die Jahrtausende überdauern konnten und die noch heute in teilweise recht gut erhaltenen Resten existieren. Im alten Ägypten lebten nach Schätzungen zu Zeiten der höchsten Blüte etwa drei bis vier Millionen Menschen, doch diese Menschen schufen, betrachtet man die jeweilige Ausgangssituation, die monumentalsten Bauten der Weltgeschichte.

Gewaltige Leistungen

Ein erster Weg des Staunens über die Wunder dieser frühen Hochkultur führt zu den gewaltigen Architekturen. Doch dem Staunen ist damit nicht Genüge getan, denn ein zweiter Weg schließt sich sofort an. Die Menschen am Nil betrieben einst einen für uns unvorstellbaren Totenkult und hinterließen allein für die Verstorbenen zahllose Malereien und wertvolle Grabbeigaben. Der heutige Mensch möchte gerne den Tod einfach nicht zur Kenntnis nehmen und erklärt ihn zu einem Tabu. Die Menschen im alten Ägypten dagegen versuchten mit dem Tod zu leben, und begegneten der Vergänglichkeit eines toten Körpers

Hirten führen Rinder durch einen Flußarm zu Beamten des Pharao, um die Herde registrieren zu lassen. Schreiber hocken am Boden und halten für das Archiv jede Anweisung fest. Die Szene des Gemäldes ereignete sich bei Memphis, denn im Hintergrund sind die damals mit weißem Kalkstein verkleideten Pyramiden zu erkennen.

Colombi, Brescia

durch Einbalsamierung der Verstorbenen und mit einer kunstvollen Ausstattung der reichen Grabanlagen. In gewaltigen Kraftanstrengungen sollte der individuelle Mensch für alle Ewigkeit erhalten bleiben. Der Tod selbst konnte von den alten Ägyptern zwar nicht verhindert werden, aber der Verstorbene sollte dennoch in einer anderen Existenzweise weiterleben können. Die Forschung erhält durch zahlreiche Abbildungen und prachtvolle Ausstattungsgegenstände in den Gräbern gleichsam einen Spiegel der Vergangenheit, der sogar einen Einblick in das alltägliche Leben vor Tausenden von Jahren gewährt. Für das Leben im Jenseits benötigten die Toten nicht nur Dinge des Alltags, sondern mußten auch standesgemäß mit Schätzen und Kunstwerken versorgt werden. Es entstanden Städte der Toten, die oft prächtiger waren als die Städte der Lebenden. Insbesondere die gesellschaftliche Oberschicht scheute keine Mühe, um mit äußerst reichen Grabbeigaben den verstorbenen Angehörigen den Luxus ihres alltäglichen Daseins für die Ewigkeit zu erhalten. Die Ägypter betrieben den am höchsten entwickelten Totenkult aller Hochkulturen. Heute kann der Besucher diesen Totenkult vor Ort oder in zahlreichen Museen auf der Welt bestaunen. Allein das Ägyptische Museum in Kairo verwaltet über 160 000 Exponate, und viele Schätze sind vermutlich noch im Wüstenboden am Nil verborgen.

Ein dritter Weg zur Hochkultur ist schließlich von indirekter Natur und bedient sich der Quellen von einstigen Nachbarvölkern der Ägypter. Archäologen können allein durch Dokumentenstudien und unabhängig von Grabungen einen indirekten Weg zur längst untergegangenen Kultur am Nil finden. Im Alten Testament der Juden und Christen werden zum Beispiel zahlreiche Geschichten über das alte Ägypten erzählt. Doch diese Geschichten geben meist nur eine unbefriedigende Auskunft, denn sie waren häufig nicht objektiv und wurden erst lange nach der Blüte der altägyptischen Hochkultur aufgeschrieben. Bessere Berichte stammen von griechischen Historikern wie etwa Herodot, der im 5. Jahrhundert v. Chr. das Land am Nil ebenfalls erst lange nach seiner Blüte bereiste. Die Texte der griechischen und römischen Autoren können eine genauere Auskunft als das Alte Testament geben, da sie mit den Augen von Forschungsreisenden verfaßt wurden. Zuletzt haben auch die Menschen im alten Ägypten selbst Texte hinterlassen, die allerdings über zahlreiche Sammlungen verstreut sind und bisher erst zum Teil bearbeitet werden konnten. Die Ägypter besaßen einst eine hoch entwickelte Literatur mit einem guten Bezug zu den Realitäten des Lebens, aus der das Gesicht ihrer Kultur erschlossen werden kann. Daneben war ihr Staat wie unsere heutigen Gesellschaften extrem bürokratisiert, und erhaltene Akten können endlose Geschichten und mancherlei Anekdoten erzählen. Inschriften in Grabanlagen und auf Monumenten zeichnen sich dagegen häufig durch Propaganda aus, sie verherrlichen den Pharao und andere Große des Reiches und geben damit aber nur unzureichend die alltägliche Realität wieder. Grabanlagen waren für das Jenseits bestimmt, und die Verstorbenen wollten im Jenseits einen guten Eindruck machen.

Die Grundlagen

Das Land am Nil

Ägypten ist ein typisches Beispiel für die Macht, die dem Wasser in einer Wüstengegend zukommt. Ohne den Nil wäre das Land sicherlich ein unansehnlicher Teil der Wüste Sahara geblieben, denn gerade der östliche Teil der Sahara gehört zu den trockensten Gegenden der Erde. In Luxor fällt zum Beispiel eine jährliche Regenmenge von durchschnittlich nur einem Millimeter. Die Wassermassen des Nils stammen nicht aus Ägypten, sondern aus einem weit entfernten riesigen Einzugsgebiet in Zentralafrika und sind so gewaltig, daß ein Trockengürtel von etwa 2000 Kilometern Breite mühelos durchflossen werden kann, bevor der Nil in das Mittelmeer mündet. Kleinere und wasserarme Flüsse würden vermutlich auf einer so großen Strecke im Wüstensand versickern. Der Lebensraum der Menschen im alten und auch heute im modernen Ägypten beschränkt sich weitgehend auf eine oft wenige Kilometer breite Zone an den Ufern des Nils. Insgesamt ist der Lebensraum am Nil schmal, dafür aber etwa 1200 Kilometer lang. Ägypten ist ein Land in einer Flußoase.

Im Bergland von Äthiopien kommt es ab den Monaten Juni und Juli für etwa drei bis vier Monate regelmäßig zu schweren Monsunregenfällen, die große Mengen von Schlamm und anderes Feinmaterial über einzelne Nebenflüsse in den Nil einschwemmen. Im Niltal gibt es deshalb eine jährlich wiederkehrende Hochwasserwelle mit Schlammablagerungen, die letztlich für die Fruchtbarkeit des Bodens verantwort-

Die Vögel im Akazienbaum sind sehr naturgetreu abgebildet und vermitteln ein Bild von der Vogelwelt im alten Ägypten. Es können sogar einzelne Arten identifiziert werden. Dem Künstler gelang trotz des komplexen Motivs eine ansprechende, einheitliche Darstellung.

Vögel im Akazienbaum, Malerei auf verputztem Kalkstein, Grab des Chnumhotep II., 12. Dynastie, um 1880 v. Chr.; Beni Hassan, BH 3

lich sind. Der Ackerboden Ägyptens wird regelmäßig vom Nil selbst gedüngt. Das fruchtbare Schwemmland erlaubt eine intensive Landwirtschaft, die von Anfang an die wirtschaftliche Grundlage der Hochkultur garantierte. Die Wasserstände des Nils wurden schon früh regelmäßig gemessen, denn ein Ausbleiben der Hochwasserwelle konnte Hungerkatastrophen zur Folge haben. Nach dem Wasserstand wurde sogar der altägyptische Kalender bestimmt. War im Kernland des Reiches der Stern Sirius (ägyptisch: Sothis) am 19. Juli erstmals am Horizont zu erkennen, dann begann ein neues Jahr, weil eine erste Flutwelle unmittelbar bevorstand. Das Jahr hatte wie in unserer Zeit 365 Tage und wurde in die Zeit der Überschwemmung, die Zeit der Aussaat und die Zeit der Ernte unterteilt. Nach Schätzungen wurde der altägyptische Kalender etwa 2772 v. Chr. begonnen.

Die Pflanzen- und Tierwelt

Vermutlich hat sich die natürliche Pflanzenwelt Ägyptens seit der Pharaonenzeit nur wenig geändert und zeichnete sich bereits damals durch eine geringe Artenvielfalt aus. Ausgerottet wurde allerdings heute weitgehend das Papyrusdickicht, das zur Zeit der Pharaonen die Sumpfzonen des Nilufers bedeckte. Daneben wurden früher hauptsächlich die Getreidearten Emmerweizen und Gerste für die Ernährung sowie Flachs zur Herstellung der Bekleidung angebaut. In den Grabanlagen fanden sich in Getreidevorräten für Verstorbene sogar Samen von Unkräutern, die noch heute im Schwemmland des Nils wachsen. Große Anbauflächen gab es einst neben dem Getreide auch für Gemüse und Hülsenfrüchten sowie für Knoblauch, Zwiebeln und Kürbisgewächse. Ebenso wurden verschiedene Obstsorten und Pflanzen zur Ölgewinnung kultiviert. Wie in unserer Zeit bestimmte auch im alten Ägypten der Mensch weitgehend das Aussehen der Nillandschaft. Während zur Ernährung ein reichhaltiges Pflanzenangebot zur Verfügung stand, gab es bei der Holzbeschaffung oft Schwierigkeiten. Das alte Ägypten verfügte nur über wenige Baumarten mit einer guten Holzqualität. Über lange Handelswege mußte deshalb Holz sowohl aus den südlichen afrikanischen Gebieten als auch aus Kleinasien beschafft werden.

Wichtige Aussagen über die einstige Tierwelt können aus zahlreichen Tierdarstellungen in den Grabanlagen und unzähligen Mumien von Tierkörpern gemacht werden. Die Wildfauna Altägyptens wurde durch die geographische Situation geprägt. Zwischen den Tierarten der Steppengebiete und den Sumpfzonen gab es große Unterschiede. Viele Wildtierarten aus der altägyptischen Zeit sind heute allerdings ausgestorben. Die zahlreichen Fische aus den Wasserarmen des Nils dienten der Ernährung und waren für die einfache Bevölkerung eine wichtige Quelle zur Fleischversorgung. In ihrer Kunst stellten die Ägypter oft auffällige Tierarten wie Nilpferde und Nilkrokodile sowie die Großfauna aus den Steppen und Wüsten dar. Wie in unserer Zeit war auch früher der Löwe der König der Tiere und ein Symbol der Macht. In den Galeriewäldern der südlichen Nilzonen gab es Meerkatzen und Paviane, die besonders verehrt wurden. Große Anerkennung genoß der Ibis. Dieser Vogel war heilig, weil er vor den beginnenden

Überschwemmungen von Süden aus nach Norden zog und damit die Wiederkehr der Fruchtbarkeit ankündigte.

Die Ägypter kannten bereits eine große Zahl von Nutz- und Haustieren, die gezüchtet wurden. Ihre wichtigsten Haustiere waren Rinder, Schafe, Ziegen und Schweine. Esel wurden als Lasttiere gehalten, während Pferde erst im Verlauf der ägyptischen Geschichte an Bedeutung gewannen und hauptsächlich Jagd- und Kampfwagen zogen. Hunde waren in den Häusern Mitbewohner der Menschen und ähnelten in ihrem Aussehen meist den heutigen Windhunden, auch gab es bereits überzüchtete Schoßhunde. Katzen waren Lieblingstiere der Oberschicht und glichen noch stark der wilden Falbkatze, mit der sich Hauskatzen auch häufig vermischten. Gänse und Kraniche wurden zur Ernährung gezüchtet, Enten wurden dagegen meist im Schilf- und Papyrusdickicht mit Netzen gefangen. Tauben stammten aus Wildfängen und dienten überwiegend als Speiseopfer. Hühner waren wenig bekannt und spielten für die Ernährung keine Rolle.

Regieren mit harter Faust

Die große Fruchtbarkeit des Bodens und das weitgehend gleichmäßige Klima boten aber nur auf den ersten Blick eine gesicherte Existenz für die Bevölkerung. Im alten Ägypten wurde hart gearbeitet, und insbesondere das Landleben war voller Mühsal. Neben der normalen bäuerlichen Arbeit mußten noch große Bewässerungssysteme funktionsbereit gehalten werden. Durch eine raffinierte Wasserversorgung war es den Menschen gelungen, auch hochgelegene Gebiete regelmäßig mit Wasser zu versorgen und die Anbaufläche dadurch zu vergrößern.

Von alters her wurde das gesamte ägyptische Reich in 42 Gaue unterteilt, wobei ein Gau eine Verwaltungseinheit darstellte. Oberägypten bestand aus 22, das Nildelta aus 20 Gauen. Jeder Gau hatte seine Hauptstadt, einen eigenen Hauptgott und meist auch besondere Traditionen. Die Stellung der einzelnen Gaue kann mit der Situation der deutschen Kleinstaaten der vergangenen Jahrhunderte verglichen werden. Jeder Gau verteidigte eifersüchtig seine Eigenständigkeit, und die Bewohner lagen oft mit der Bevölkerung der Nachbargaue in Streit. Immer wieder mußte der Pharao mit harter Faust durchgreifen, um sein Reich zusammenzuhalten. Unter schwachen Pharaonen machten sich deshalb oft Auflösungserscheinungen bemerkbar, so daß das Land in Fürstentümer zerfiel.

Die Landesgrenzen

Im Norden wurde das Kernland des ägyptischen Reiches durch das Nildelta begrenzt, im Süden durch den sogenannten »ersten Katarakt«, eine etwa elf Kilometer lange Stromschnelle im Bereich des 24. geographischen Breitengrades. Hier floß der Nil über hartes Granitgestein und bildete zugleich eine Grenze. Wichtige Steinbrüche für Großbauten lagen an dieser südlichen Grenze. Die Gauhauptstadt Elefantine wurde früh zu einer mächtigen Festung ausgebaut und war ein Zentrum für den Elfenbeinhandel mit dem Nachbarn Nubien. Die Westgrenze bildete schließlich die undurchdringliche Sahara, die Ostgrenze verlief entlang der Gebirgswüsten bis zum Roten Meer. Gefahren für das Reich ergaben sich deshalb meist nur an der Nord- und der Südgrenze. Während seiner Großmachtstellung herrschte Ägypten auch über weite Gebiete südlich des ersten Katarakts und im asiatischen Raum.

Ein begabtes Volk in einem isolierten Lebensraum

Während der Altsteinzeit war das Gebiet der Sahara lange nicht so lebensfeindlich wie heute, sondern glich eher einer weiten Steppenlandschaft mit teilweise recht großen Seen. Die Menschen fanden als Jäger und Sammler ihr Auskommen und streiften in kleinen Gruppen umher. In der Zeit um 10 000 v. Chr. begann sich allerdings ein dramatischer Klimawandel abzuzeichnen, und die Sahara wurde immer trockener. Die Menschen strebten von nun an dem Niltal zu, das in dieser Zeit noch einem weiten Sumpfgebiet glich. Die Wildnis am Nil war zwar lebensfeindlich, doch die beginnende Trockenheit erzwang eine Anpassung. Im 6. und 5. Jahrtausend v. Chr. tauchten in Ägypten erste Kulturträger auf und hinterließen ihre Spuren. Es konnten sich in der Naturwildnis nur Menschen mit hohen Organisationsgaben und großen handwerklichen Talenten durchsetzen. Das Leben in kleinen Gruppen erwies sich in der veränderten Umwelt als ungeeignet, es mußten sich größere Gruppen zusammenschließen, um die Nöte des Lebens zu meistern. Der Ausgangspunkt für die Bildung eines Volkes war somit geschaffen. Der große Durchbruch zur gesicherten Lebensgrundlage gelang schließlich mit der Erfindung von Ackerbau und Viehzucht sowie der Entwicklung von neuen handwerklichen Methoden. Die Kulturentwicklung nahm vermutlich zuerst in Unterägypten ihren Ausgang und breitete sich dann nach Oberägypten aus.

In nur vier Weltgegenden begann sich am Ende der Steinzeit eine Hochkultur abzuzeichnen: den Anfang machten die Menschen im Tal des Nils und des Euphrat und Tigris (etwa 4000 bis 3000 v. Chr.), danach folgten Menschen im Tal des Indus in Indien (etwa 2500 v. Chr.) und Menschen im Tal des Hoangho in China (etwa 2000 v. Chr.).

Kulturförderliche Arbeitsteilung

Durch die fortschreitende Trockenheit wurden die Menschen im Niltal immer stärker isoliert. Neue Zuwanderungen gingen zurück, und eigenständige Entwicklungen wurden durch Kontakte zu Nachbarvölkern kaum beeinflußt. Die Gesellschaft war schon früh straff organisiert und konnte schließlich Kräfte für differenzierte Arbeitsteilungen freisetzen. Mit den Überschüssen aus der Landwirtschaft war es möglich, erste Städte zu versorgen. Die damaligen Ägypter wurden infolge der Arbeitsteilung zu einem Volk von Kulturschöpfern. Die großen Erfinder, Organisatoren und Künstler wohnten wahrscheinlich in den stadtähnlichen Siedlungen, denn die mühevolle Landwirtschaft ließ für schöpferische Talente kaum Kapazitäten übrig. Zu den Menschen an Euphrat und Tigris hatten die Ägypter zunächst keinen Kontakt. Erst als ihre Kultur bereits voll erblüht war, ergaben sich Handelsbeziehungen und kriegerische Auseinandersetzungen.

Über das Aussehen der alten Ägypter geben heute zahlreiche Zeichnungen,

Reliefs und Plastiken in Grabanlagen und Tempelruinen Auskunft. Meist wurden Männer mit einer dunkleren Haut dargestellt als Frauen, was vermutlich als ein Hinweis zu sehen ist, daß sich Männer öfter als Frauen im Freien aufhielten

Die damaligen und die heutigen Ägypter

Das Schönheitsideal der damaligen Ägypter könnte sich auch in unserer Zeit noch ohne Schwierigkeiten durchsetzen. Die kulturelle Überlegenheit gegenüber den Nachbarn ließ die ägyptische Oberschicht im Laufe der Zeit arrogant werden. Nur die Ägypter galten für sie als Menschen, die Nachbarvölker waren entweder Neger, Libyer oder Asiaten, aber keine Menschen. Allein die Ägypter waren für sie die Lieblinge der Götter.

Die heutigen Bewohner Ägyptens haben mit den alten Ägyptern kaum Gemeinsamkeiten bezüglich ihrer Herkunft, da zu viele Siedlungswellen seit der Blüte der Hochkultur durch das Land gegangen sind. Sogar die altägyptische Sprache ist inzwischen ausgestorben. Es hatte sich um eine Sprache aus der hamito-semitischen Sprachengruppe gehandelt, die heute über 200 Sprachen umfaßt. Aus der Sprache der damaligen Ägypter entwickelte sich vermutlich später die koptische Sprache, die in unserer Zeit ähnlich dem Latein nur noch zu religiösen Zwecken von den koptischen Christen gesprochen wird.

Kurzer geschichtlicher Überblick

Die Hochkultur der alten Ägypter dauerte etwa 3000 Jahre. Eine gewaltige Zeitspanne, wenn man zum Beispiel den Beginn des christlichen Abendlandes auf die Zeit um Christi Geburt festlegt, so daß »erst« etwa 2000 Jahre abendländischer Kultur vergangen sind. Während dieser Zeit gab es in Europa bekanntlich eine verwirrende Fülle von Ereignissen. Im Gegensatz zur europäischen Geschichte verlief die Geschichte Ägyptens über lange Zeiträume erstaunlich stabil.

Die »Könige des Horus«

Wie die Hochkultur letztlich begann, kann die Wissenschaft nicht sicher beantworten. Als Ausgangspunkt wird der Zeitraum um 4000 v. Chr. angesehen, denn damals setzte offensichtlich ein beträchtliches Bevölkerungswachstum bei den Menschen am Nil ein, da bereits ab etwa 3500 v. Chr. erste stadtähnliche Siedlungen nachgewiesen werden können. In Oberägypten rivalisierten während dieser Zeit vermutlich drei Königreiche, die sich zuletzt nach schweren Kämpfen vereinigten und sich einem Herrscher unterwarfen. Nach dem Zusammenschluß wurde von Oberägypten aus Unterägypten erobert und das ägyptische Reich gegründet. Die Herrscher trugen nach dem Falkengott den Titel »Könige des Horus«. Der Überlieferung zufolge vereinigte Pharao Menes um 3000 v. Chr. Ober- und Unterägypten. Doch der vorliegenden Überlieferung widersprechen neuere Untersuchungen. Vermutlich gab es zwischen 3200 und 3000 v. Chr. etwa 15 Pharaonen, die eine Vereinigung des Reiches vorantrieben. Nur wenige dieser Herrscher sind mit Namen bekannt. Gesichert erscheint, daß Ober- und Unterägypten durch Pharao Narmer endgültig unterworfen wurden, da eine berühmte Reliefpalette diesen siegreichen Herrscher beim Erschlagen seiner Feinde zeigt. Ein Sohn von Narmer war vermutlich Horus Aha, der möglicherweise mit Menes identisch ist.

Menes war durch den ägyptischen Priester Manetho für spätere Historiker populär geworden. Manetho schrieb um 280 v. Chr., als Ägypten bereits von der griechischen Dynastie der Ptolemäer beherrscht wurde, eine Geschichte seines Volkes in griechischer Sprache. Er berichtete über 30 Dynastien von Pharaonen, die in einem Zeitraum von etwa 3000 Jahren über das Land herrschten. Sein Werk begann mit dem legendären Pharao Menes und endete mit Alexander dem Großen. Eine zweite, sehr populäre Einteilung der ägyptischen Geschichte ist jüngeren Ursprungs und orientiert sich an den politischen und kulturellen Höhepunkten des Reiches. Sie unterscheidet ein »Altes Reich«, ein »Mittleres Reich« und ein »Neues Reich«.

Als Synthese der verschiedenen Einteilungsprinzipien läßt sich folgende Zeittafel der ägyptischen Geschichte erstellen:

Die schattigen Sumpflandschaften am Nilufer waren für den Ägypter ein Sinnbild des Paradieses und entschädigten ihn für das grelle Licht der Wüste. Dorthin begab sich oft die ganze Familie zur Vogeljagd mit einem Wurfholz.

Vogeljagd mit dem Wurfholz im Papyrusdickicht, Malerei auf Stuck, Grab des Nebamun, Theben, Neues Reich, 18. Dynastie, um 1400 v. Chr., Fragmentgröße: 97 × 83 cm; London, British Museum (Bildarchiv Preußischer Kulturbesitz, Berlin)

Zeittafel zur Geschichte der ägyptischen Hochkultur

Prädynastische Zeit
Entstehung eines Reiches in Oberägypten, militärische Expansion nach Unterägypten (Nildelta), erste kulturelle Höhepunkte, Entwicklung der Schrift.

Frühzeit (um 3000 – um 2600 v. Chr.)
1. und 2. Dynastie (auch Thinitenzeit)
Einigung des Reiches, Neue Hauptstadt Memphis, Entwicklung des Kalenders, Aufbau der zentralen Verwaltung, bedeutende Grabanlagen für die Herrscher.

Altes Reich (um 2600 – um 2190 v. Chr.)
3. bis 6. Dynastie
Viele bedeutende Pharaonen, Bau der großen Pyramiden (4. Dynastie), Sonnenreligion wird Staatsreligion, zahlreiche kulturelle Höhepunkte und Expansionen, innere Wirren durch Verlust der Zentralgewalt.

1. Zwischenzeit (um 2190 – um 2040 v. Chr.)
7. bis 10. Dynastie
Zahlreiche lokale Herrscher.

Mittleres Reich (um 2940 – um 1710 v. Chr.)
11. bis 13./14. Dynastie
Einigung des Reiches, Theben wird neue Hauptstadt, bedeutende Pharaonen, zahlreiche kulturelle Höhepunkte und Expansionen, Ausbau von Handelsbeziehungen, Zerfall des Reiches während der 13./14. Dynastie.

2. Zwischenzeit (um 1710 – um 1580 v. Chr.)
15. bis 16. Dynastie
Zahlreiche lokale Herrscher, Fremdherrschaft der Hyskos.

Neues Reich (um 1580 – um 1085 v. Chr.)
17. bis 20. Dynastie
Vertreibung der Hyskos, Wiederaufbau des Reiches, Ägypten wird Weltmacht, bedeutende Pharaonen, zahlreiche kulturelle Höhepunkte und Expansionen, innere Wirren, Auseinandersetzungen zwischen Staat und Priesterschaft.

3. Zwischenzeit (um 1085 – um 715 v. Chr.)
21. bis 22./24. Dynastie
Verschiedene parallele Herrscher, Herrschaft lybischer Söldnerführer.

Spätzeit (um 715 – 322 v. Chr.)
25. bis 31. Dynastie
Nubische und assyrische Herrscher, erneute Blüte während der 26. Dynastie (Umsegelung von Afrika, erster Vorläufer des Suezkanals), Herrschaft der Perser während der 27. Dynastie, 28.-30. Dynastie: ägyptische Herrscher, letzte Höhepunkte, erneute Herrschaft der Perser während der 30./31. Dynastie.

Griechische Zeit (322 – 30 v. Chr.)
Herrschaft durch Alexander den Großen, Gründung von Alexandria, Alexander wird in Memphis zum Pharao gekrönt und später in Ägypten begraben, Herrschaft der Ptolemäer (Dynastie des Ptolemaios, General von Alexander dem Großen).

Römische Zeit (30 v. Chr. – 313 n. Chr.)
Ägypten wird Teil des Römischen Reiches und fällt später an Byzanz, Ende der eigenständigen Hochkultur.

(In Abhängigkeit von den benutzten Quellen können die Datierungen bei verschiedenen Autoren schwanken.)

Schreiber hatten in der Gesellschaft eine privilegierte Position. Sie konnten einen aufwendigen Lebensstil führen und sich eine Dienerschaft leisten. In ihrer Kleidung kopierten sie die Oberschicht. Schreiber des Pharao hoben sich noch einmal von den übrigen Schreibern ab.

Ein königlicher Schreiber und sein Diener, Grabstele des Ani, Tell el-Amarna, Kalkstein, Höhe 27,5 cm, Breite 22,5 cm; Kairo, Ägyptisches Museum (Bildarchiv Preußischer Kulturbesitz, Berlin, Foto: Margarete Büsing)

Der Staat

Der Pharao und seine Beamten

Während der Vorgeschichte Ägyptens hatten unbekannte Herrscher eine geniale und folgenreiche Idee, die es ihren Untertanen später unmöglich machen sollte, offene Kritik am Regierungsstil zu äußern. Sie erklärten sich zu Göttern, und da Götter keine Fehler machen, waren ihre Regierungsentscheidungen unantastbar. Das ägyptische Reich war ein absolutes Herrschaftssystem, in dem sich alle Macht auf den Pharao (übersetzt: das große Haus) konzentrierte. Es gab noch nicht einmal einen Begriff für den Staat, denn dieser war gänzlich dem Herrscher zugeordnet und konnte förmlich mitsamt den Bewohnern als dessen Privatbesitz angesehen werden. Jahrtausende vor dem französischen Sonnenkönig konnte der Pharao verkünden: der Staat bin ich. Die Gesellschaft war so straff organisiert, daß es außer dem Pharao und seinem Hof lediglich Verwalter oder Verwaltete gab. Der Pharao war für den Durchschnittsmenschen ein entrückter Gott, dem allerdings die Aufgabe zufiel, in allen Entscheidungsprozessen zu vermitteln und abschließende Entscheidungen rechtskräftig zu machen. Die Vermittlungsaufgabe war bereits symbolisch in seinem Namen festgeschrieben. Der sogenannte große Name bestand aus fünf Titeln, von denen der letzte Beiname der ei-

Die Einheit von Unter- und Oberägypten wurde durch das Zusammenbinden von Lotos und Papyrus symbolisiert, es waren die Wappenpflanzen der beiden Landesteile. Das Zusammenbinden war ein Ausdruck für die Macht des Herrschers, der die Einheit des Reiches wahren mußte.

Zusammenbinden von Lotos und Papyrus, Relief, Sockel der Memnonskolosse, 18. Dynastie; Theben

gentliche Eigenname des Pharao war. Ein Herrscher der 13. Dynastie hieß zum Beispiel mit allen seinen Titeln:

1. Titel – Horus:
»der beide Länder vereinte«,
2. Titel – die beiden Herrinnen (Schutzgöttinnen von Ober- und Unterägypten): *»dauernden Glanzes«*,
3. Titel – der goldene Horus:
»Seelen der Götter«,
4. Titel – der König von Oberägypten und König von Unterägypten:
»glänzenden Lebens ist Re«
5. Titel – der Sohn des Re (Sonnengott): *»Sobk ist zufrieden«*

Der Eigenname des Pharao war: »Sobk (ein ägyptischer Gott) ist zufrieden«; ägyptisch: Sebek-hotpe. Sein voller Titel bezeichnete ihn als »Horus«, als mächtiger Gott, und die Göttlichkeit wurde noch einmal durch den Titel »Sohn der Sonne« unterstrichen. Da Oberägypten und Unterägypten gleichberechtigte Staatsteile waren, mußten beide Teile auch im großen Namen erscheinen. Der bedeutende Pharao Ramses II. hatte zum Beispiel folgenden großen Namen (in Anführungsstrichen): Horus – »starker Stier, von der Göttin des Rechts geliebt«, die beiden Herrinnen – »der Ägypten schützt und die Fremdländer bezwingt«, der goldene Horus – »reich an Jahren, groß an Siegen«, der König von Oberägypten und König von Unterägypten – »Re ist stark an Wahrheit, von Re ausgewählt«, der Sohn des Re – »Ramses, von Amon geliebt«. Auf manchen besonders wichtigen Akten genügte aber nicht einmal der große Name, es wurden dann noch zusätzliche kurze Hymnen an den Herrschernamen angehängt.

Die Macht des Pharao wurde durch eigene Herrschaftssymbole wie etwa spezielle Kopfbedeckungen, Krummstab, Sichelschwert, Geißel oder Keule ausgedrückt. Daneben trug er bei offiziellen Anlässen eine nur für ihn vorgesehene Kleidung. Zu seiner Ausstattung gehörte die Weiße Krone Oberägyptens und die Rote Krone Unterägyptens, die beide häufig gleichzeitig getragen wurden, um eine Gleichwertigkeit der Landesteile zu symbolisieren. Bei Zeremonien im Tempel wurde auch eine Götterkrone eingesetzt. Zu den beiden offiziellen Kronen kam später noch die etwas einfachere Blaue Krone hinzu. Die Mitglieder der großen Familien des Landes wurden durch besondere Titel und Aufgaben an den Pharao gebunden. Es gab den »Vorsteher der Kleider des Königs«, den »Haarmacher des Königs«, den »Geheimrat des königlichen Schmucks«, den »Vorsteher des Badezimmers des großen Hauses« und viele andere Titel. Vom Pharao ein persönliches Schreiben erhalten zu haben oder sogar bei einer Audienz seinen Fuß küssen zu dürfen, war ein so wichtiges Ereignis, daß es oft später im Grab des Verstorbenen dokumentiert wurde. Die Titelsucht und Namensfülle der späteren absoluten Herrscher in Europa hatte somit uralte Vorbilder.

Der Pharao – die höchste Instanz

Durch seine Vermittleraufgaben und seine Funktion als letzte Entscheidungsinstanz mußte jeder Pharao eine Fülle von Verwaltungsarbeiten erledigen, und erfolgreiche Pharaonen waren gewiß sehr fleißige Leute. Ägyptische Beamte liebten das Aktenschreiben, und Berge dieser Akten landeten stets beim Pha-

rao. Auch einfache Entscheidungsprozesse konnten durchaus dem Pharao vorgelegt werden, so daß der Herrscher über den Amtsweg erreichbar und somit nicht völlig unnahbar war. Wußten Gerichte nicht mehr weiter, gingen Anfragen direkt bis zum Pharao. Sprecher seines Hofes machten dem Herrscher regelmäßig Mitteilungen über Ereignisse und Entwicklungen im Staat, worauf der Pharao mit »königlichen Befehlen« antwortete.

Das ehrenvolle Amt des Wesirs

Der höchste Beamte des Pharao und gleichzeitig sein erster Minister war eine Person, deren Aufgabe am besten mit dem Amt des Wesirs arabischer Fürsten verglichen werden kann. die Ägypter nannten den Wesir »tschati«. Der Wesir war der Stellvertreter des Pharao und diente zwischen der Zentralverwaltung des Staates und der Verwaltung der einzelnen Landesteile als Verbindungsglied. Er mußte verhindern, daß die Fürsten der einzelnen Landesteile womöglich zu eigenständig wurden. Der Wesir überwachte die Einnahmen, die Verteilung der Steuern und leitete zentrale Verwaltungsaufgaben sowie die großen Staatsprojekte. Zu seinen vornehmsten Aufgaben gehörte schließlich auch die Kontrolle des Baues der Grabanlage für den regierenden Pharao. Das ägyptische Reich kannte zunächst nur einen Wesir. In späteren Zeiten wurde das Amt allerdings aufgeteilt, so daß es fortan sowohl einen Wesir für Oberägypten als auch einen für Unterägypten gab.

Nur enge Vertraute und manchmal sogar ausschließlich Verwandte des Pharao konnten Wesir werden. Viele Pharaonen tauschten nach dem Tod ihrer Vorgänger als eine ihrer ersten Amtshandlungen den Wesir aus. Da jeder Wesir bemüht war, das Amt an einen seiner Söhne zu übertragen, brachte er natürlich seine Söhne frühzeitig mit dem Pharao in Kontakt. Auf diese Weise wurden Karrieren geebnet, und es entsteht manchmal der Eindruck, das Amt des Wesirs sei erblich gewesen, was jedoch nicht zutrifft. Jeder Wesir konnte vom Pharao entlassen werden. Ramose, dessen Grab noch erhalten ist, stammte zum Beispiel aus einer traditionellen Wesirfamilie und war zunächst Wesir von Amenophis III. Er wurde später von Amenophis IV., genannt Echnaton, übernommen. Doch bald fiel Ramose in Ungnade und mußte wahrscheinlich abdanken. Sein Grab, das der Pharao einst großzügig für ihn errichten ließ, blieb wegen der Abdankung unvollendet. Ein Wesir war auf seine Nähe zum Pharao sehr stolz und sonnte sich gerne im Glanz dieses Gottes. Mentuhotpe, der Wesir von Pharao Sesostris I., rühmte sich zum Beispiel voller Freude, niemand sei beim Herrscher so beliebt gewesen wie er.

Ein Wesir wurde durch Schulungstexte auf sein Amt vorbereitet. Der Wesir Ptahhotep aus der 5. Dynastie hinterließ zum Beispiel Schulungstexte, die über Jahrhunderte für die Ausbildung eines Wesirs genutzt wurden. Im Grab von Rechmire, der Wesir von Thutmosis III. gewesen war, zeigt eine Abbildung, wie der Wesir feierlich in sein Amt eingeführt wird, gleichzeitig wird auf eine »Dienstanweisung für den Wesir« aufmerksam gemacht, ein Verzeichnis von Vorschriften, das die Aufgaben eines Wesirs genauestens regelte.

Aktenberge türmten sich

Jeder Wesir, aber auch die Provinzfürsten und die Leiter der Schatzhäuser unterhielten große Schreibstuben mit einer Vielzahl von Schreibern. Denn, wie in vielen Staaten: Was nicht aktenkundig war, existierte für die ägyptische Verwaltung nicht. Alle Entlohnungen erfolgten zum Beispiel nur nach der Vorlage von Schriftstücken, und Arbeiter konnten erst nach der Überprüfung von Namenslisten zum Dienst verpflichtet werden. Wichtige Funktionen hatten »Urkundenschreiber vorm Pharao«, »Schreiber der Schriftstücke des Pharao« oder ein »königlicher Truchseß und Schreiber des Pharao«; sie produzierten amtliche Dokumente. Immer wieder werden bei Grabungsarbeiten Aktennotizen mit dem Vermerk »zu kopieren« oder »bleibt im Archiv« gefunden. Die Akten bestanden aus großen Rollen von Papyrus oder Pergament und wurden in verschlossenen und besonders markierten Tonkrügen archiviert. Für den Katalog der Archive war ein »Oberbücherbewahrer« verantwortlich. Aus der 20. Dynastie gibt es Aufzeichnungen eines Archivars, der für die Revision von Aktenkrügen zuständig gewesen war.

Demütig und titelsüchtig

Die Verwaltung des alten Ägypten zeichnete sich durch ein Heer von Beamten aus, deren Titelsucht durch eine Vielzahl von Positionen Genüge getan wurde. Bereits das »Alte Reich« kannte 1600 verschiedene Ämter und Titel für Beamte. Über den einfachen Schreibern standen die jeweiligen Vorsteher und über denen wiederum die Leiter der Schreiber, außerdem gab es noch Untervorsteher und Nebenvorsteher. Die Würde des einzelnen Beamten wurde schließlich noch durch ergänzende Titel unterstrichen. Ein Beamter konnte zusätzlich noch der »Erste«, der »Oberhäupter«, der »Große« und der »Genosse« sein. Der »Oberste der Geheimnisse« war vermutlich das altägyptische Gegenstück zum »Geheimrat« in den europäischen Hierarchien. Bei den hochangesehenen Palastbeamten des Pharao gab es eigene Abstufungen, etwa einen »Geheimrat des Morgengemaches«. Richter konnten sich in der Justizhierarchie der »Geheimräte der geheimen Entscheidung« sonnen, und Beamte in den Provinzen waren in »Geheimräte der königlichen Entscheidung« unterschiedlichster Abstufungen eingeteilt. Hatte jemand einmal für den Pharao wichtige Aufgaben durchgeführt, dann gehörte er zur Gruppe eines »Geheimrates aller königlichen Aufgaben«. Durch solche Titel wurden wichtige Beamte an den Pharao gebunden, wodurch sich der stets gefürchtete Zerfall des Reiches verhindern ließ. Die Titelsucht ist somit keine Erfindung unserer Zeit, sondern war tatsächlich bei den alten Ägyptern schon gang und gäbe. Bei solch einer Flut von Titeln ging mit der Zeit das erhoffte Prestige eines nicht so bedeutenden Titels natürlich verloren. Diesem Imageverlust wurde allerdings abgeholfen, so nannte sich in der 5. Dynastie ein gewisser Tepem'anch »wirklicher Vorsteher der Aufträge« und »wirklicher Richter und Oberschreiber«. Er unterschied sich damit deutlich von einem gewöhnlichen Vorsteher. Unter den höchsten Beamten konnte das Sammeln von Ämtern zu einer regelrechten Sucht ausarten. Ein

Unter der Beamtenschaft gab es eine strenge Hierarchie. Es sind Schreiber der königlichen Ländereien dargestellt, die disziplinarische Maßnahmen zu erwarten haben. Sie erscheinen demütig vor dem höchsten Vorgesetzten und werden verprügelt.

Wandmalerei, Grab des Menena, Neues Reich; Theben, TT 69 (Eberhard Thiem, Lotos Film, Kaufbeuren)

Oberrichter mit dem Namen Kaj besaß zum Beispiel gleichzeitig mehr als 40 lukrative Ämter, die er sicherlich unmöglich alle vollständig ausfüllen konnte.

Zahlreiche Schriften beschäftigen sich ausführlich mit den Vorzügen des Beamten gegenüber der normalen Bevölkerung. Doch diese Vorzüge waren erst nach hohen Hürden zu erreichen, wobei Protektion sehr wichtig war. In Schulungstexten empfiehlt der Weise Ptahhopte »Krümme deinen Rücken vor deinem Vorgesetzten«. Beamte begannen ihre beruflichen Aktivitäten in der Regel als Schreiber, sie mußten deshalb schreiben und lesen, aber auch rechnen können. Aus diesem Grund stammten viele angehende Beamte direkt aus Beamtenfamilien, denn häufig wurden Söhne bereits durch ihre Väter geschult. Im Neuen Reich konnten allerdings auch, wie nicht-ägyptische Namen belegen, tüchtige Ausländer zu hohen Beamten aufsteigen. Jeder Schreibschüler wurde schon am Beginn seiner Lehre ermahnt, tüchtig zu lernen, um später ein guter Beamter zu werden. An speziellen Ausbildungszentren bei Hofe oder in der Provinz wurde der Schreibernachwuchs geschult. Dabei beschäftigte sich die Mehrzahl der überlieferten Schulungstexte mit den Freuden des Beamtendaseins. Der Schüler lernte bereits mit den Übungstexten, wie gut es ihm später einmal gehen würde und wie väterlich der Pharao in Zukunft immer für ihn sorgen würde. Der Umgangston der einfachen Schreiber war

voller Demut, und Ergebenheitswendungen gehörten zum Schreibstil. Erhalten ist die knappe Dienstanweisung eines Vorgesetzten, worauf der Untergebene in der dritten Person antwortete: »... um das Herz seines Herrn zu erfreuen und seinem Herrn mitzuteilen, daß er alle Aufträge ausgeführt habe, die ihm aufgegeben worden, so daß sein Herr ihn nicht zu tadeln nötig habe ...«

Freud und Leid des Beamtentums

Entlohnt wurden die Beamten mit Naturalien. Hohe Beamte erhielten dabei natürlich mehr Naturalien als einfache Schreiber. Auf Märkten konnten dann Naturalien gegen andere Produkte eingetauscht werden. Kein Beamter vermochte allerdings, wie manchmal angenommen wird, der Steuerlast zu entfliehen, und Klagen über zu hohe Steuern sind nicht selten nachweisbar. Verdienten Beamten winkte am Ende ihrer beruflichen Aktivitäten oft ein besonderer Leckerbissen. Sie erhielten als Pfründe meist gut dotierte Priesterstellen und hatten ihre Altersversorgung gesichert. Andere Zuwendungen waren das »Gold der Belohnung«, etwa mit einem Orden vergleichbar, das vor einer großen Öffentlichkeit verliehen wurde. Aus den königlichen Schatzkammern wurden verdiente Beamte meist am Neujahrstag zusätzlich mit Ehrengeschenken belohnt. Sie waren sich dann der Gunst des Pharao sicher und mehrten gleichzeitig das Vermögen für ihre Familien. Neujahrszuwendungen hatten oft einen beträchtlichen materiellen Wert und bestanden meist aus Kunstwerken, die sicherlich als eine zukünftige Grabbeigabe gehütet wurden. Eje, ein »Wedelträger zur Rechten des Königs«, und seine Gattin Teje, »die große Amme der Königin«, wurden einmal für Zuwendungen direkt zum Pharao geladen. Für das vornehme Ehepaar war die Ehre so gewaltig, daß es zehn Schreiber mitbrachte, um das Ereignis zu dokumentieren. Der Pharao, seine erste Ehefrau und einige seiner Kinder erschienen zur Ehrung auf einem Balkon des Palastes und warfen dem Ehepaar Goldschmuck zu. Der Pharao war wohl ein sehr fürsorglicher Mensch gewesen, denn Eje erhielt als Zusatzgeschenk noch ein Paar wertvoller Handschuhe für seine Tätigkeit als »Vorsteher der Pferde seiner Majestät«, denn er mußte machmal die Zügel der Pferde seiner Majestät festhalten.

Trotz seiner Vorteile hatte das Beamtenleben aber auch manche Tücken. Die Mehrheit der Beamten war so umfassend ausgebildet, daß sie jederzeit versetzt werden konnten und immer wieder umziehen mußten. Gefürchtet waren Posten in der tiefen Provinz mit einem Leben ohne Annehmlichkeiten. In erhalten gebliebenen Briefen an ihre Vorgesetzten jammern Schreiber über ihr erbärmliches und abgeschiedenes Leben. Ein Schreiber aus der feinen Hauptstadt Memphis schilderte zum Beispiel seinen langweiligen Tagesablauf und sein Heimweh. Ein anderer berichtete über den »Wurm, der bereits in den Zähnen der Kollegen beißt« und bemerkte, daß er sich jetzt mit zwei Hunden angefreundet habe.

Neid und Konkurrenz

Fehler und Nachlässigkeiten konnten für Beamte recht gefährlich werden, denn es gab manchen neidischen

Kollegen, der sich profilieren wollte und andere deshalb anschwärzte. Ein Schreiber hatte zum Beispiel einmal bei der Zuteilung von Getreidevorräten gegen die Vorschrift verstoßen, was von Kollegen sofort an seinen Vorgesetzten weitergemeldet wurde. Dieser war jedoch großzügig und teilte allein seine menschliche Enttäuschung mit, als er nachdenklich, ohne den Namen seines Informanten zu nennen, bemerkte, warum wohl gerade er von diesem Schreiber bestohlen werden sollte. Verstöße gegen Vorschriften konnten die ganze Beamtenhierarchie beschäftigen und sogar dem Pharao vorgelegt werden. Dann blies ein eisiger Wind durch die Schreibstuben. Bekannt ist ein Fall, bei dem nach einem Fehlverhalten ein direkter »königlicher Befehl« mit strengsten Anweisungen erging. Der Pharao hatte sich in die Behandlung eines solchen Falles eingeschaltet und mitgeteilt, daß bei Androhung der Todesstrafe sofort ein Läufer geschickt werden sollte, um die Angelegenheit umgehend in Ordnung zu bringen. Um Schlendrian abzuwenden, konnte sich das Büro des Pharao auf allen Ebenen in Verwaltungsentscheidungen einschalten und Überprüfungen vornehmen.

Die Steuerabgaben der Bevölkerung werden in einem Schatzhaus angeliefert. Beamte registrieren die Eingänge und sorgen für die Lagerung. Steuern wurden als Naturalien oder als Arbeitsleistungen bezahlt.

Wandmalerei, Grab des Neferronpet; Theben, TT 178 (Eberhard Thiem, Lotos Film, Kaufbeuren)

Steuerlast und Zwangsarbeit

Das alte Ägypten war stets eine zentral organisierte Verwaltungswirtschaft gewesen, die allerdings so gut koordiniert war, daß sie von chaotischen Zwischenzeiten abgesehen, insgesamt etwa 3000 Jahre gut funktionierte. Jede Arbeitsleistung wurde von Beamten des Pharao registriert, und Fehlzeiten durch Krankheiten wurden nicht etwa erlassen, sondern mußten nachgearbeitet werden. Jeder Ägypter hatte durch diese straffe Staatsorganisation sein Auskommen und konnte durch Fleiß sogar einen bescheidenen Wohlstand erreichen. Die Grenzen seines Standes konnte er allerdings nur schwer überwinden. Faulheit wurde nicht geduldet, und Ägypter, die nicht arbeiten wollten, erhielten eine Tracht Prügel. Dem Pharao gehörte zwar das Land, aber er hatte dadurch die Verpflichtung, für die Bewohner zu sorgen. Die Oberschicht war gegenüber der einfachen Bevölkerung voller Standesdünkel, aber dennoch in der Lage, ihren Stand auch als Verpflichtung anzusehen. Schließlich verkörperte der Pharao das Volk und niemand durfte und konnte sich mit einem Gott anlegen. Die Pharaonen waren in ihrer

Mehrheit keine Despoten, sondern strenge Landesherrn. Viele Großprojekte wären mit Sicherheit allein durch Sklavenarbeit und ohne den freiwilligen Eifer aller Bevölkerungsgruppen nicht zu realisieren gewesen.

Der straff organisierte Staat mit seinem ausgeklügelten Verwaltungsapparat konnte nur unter hohen Kosten aufrecht erhalten werden. Das Land benötigte für vielfältige Verpflichtungen ein regelmäßiges Steuereinkommen. Von der Steuerlast war kaum ein Bewohner ausgenommen, und nur Tempel waren weitgehend von den Abgaben befreit. Da der Staat keine Währung besaß, und Geld im alten Ägypten unbekannt war, wurden die Steuern in Naturalien oder als Arbeitsleistungen für das Gemeinwohl eingezogen. Jeder Bürger war registriert, wobei Beamte die Erfüllung der Steuerpflicht streng überwachten.

Für die Bauern und die gesamte Landwirtschaft wurden die Steuern eines Jahres nach dem Hochwasserstand des Nils berechnet. An verschiedenen Stellen des Flusses wurde der Wasserstand gemessen, um aus allen Werten den zu erwartenden Umfang der Ernte zu schätzen. Hoher Wasserstand bedeutete eine gute Ernte. Die Steuer setzte sich dann aus der Größe und Qualität des Bodens sowie aus dem Umfang der geschätzten Ernte zusammen. Zur besseren Steuererfassung legte man ein Netz von Markierungspunkten fest, die ganz Ägypten überzogen. Von diesen Punkten aus wurden die Ackerflächen nach jedem Hochwasser neu ermittelt. Bei widerspenstigen Bauern wurden die Steuern mit dem Stock eingetrieben, denn die Steuerbeamten erschienen stets in Begleitung der Polizei, die ohne Federlesen jeden Steuersäumigen verprügelte. Das Los des einfachen Bauern gegenüber den Steuerbeamten war bereits im Alten Reich ein beliebtes Thema bei Grabmalereien gewesen. Manche Beamte waren übereifrig und meldeten

Ägytische Beamte mußten zweimal im Jahr die landwirtschaftliche Nutzfläche vermessen. Nach der Nilüberschwemmung legten sie die Grenzen der Äcker fest, und vor der Ernte diente die Vermessung dem Steuerbescheid. Die Längenbestimmungen erfolgten mit markierten Schnüren. Den Beamten halfen Schüler der Schreiberschulen.

Schreiber-Beamte vermessen die Felder, Wandmalerei, Grab des Schreibers Menena, Neues Reich, 18. Dynastie; Theben, TT 69 (Eberhard Thiem, Lotos Film, Kaufbeuren)

stolz, daß sie mehr Steuern als notwendig eingetrieben hätten. Im Neuen Reich verkündete einmal ein Beamter: »70 Krüge mit Honig waren mein Soll, ich aber habe 700 Krüge eingetrieben; 70 000 Sack Getreide waren mein Jahressoll, ich aber habe 140 000 Sack eingetrieben, also einen Überschuß von 70 000 Sack«. Einfache Bauern konnten sich bei solchen Mißbräuchen nur schwer vor Gericht Recht verschaffen. Erhalten ist eine Grabmalerei, die einen Wesir bei Gerichtsentscheidungen über Steuersünder zeigt. Die Erntesteuer wurde in Vorratshäusern gelagert und war eine Grundlage zur Bezahlung von Löhnen in Naturalien. Der Besitz von Tieren, Schiffen oder anderen Vermögenswerten konnte ebenfalls zur Steuerberechnung herangezogen werden. Zum Begleichen dieser Steuerschuld wurden dann Arbeitstiere oder Schiffe ohne Gegenleistung ausgeliehen. Verendete ein ausgeliehenes Tier beim Arbeitseinsatz, war ein vollwertiger Ersatz vorgeschrieben.

Zum Abtragen der Steuerschuld gab es neben der Abgabe von Naturalien noch eine Arbeitspflicht, der sich ebenfalls kaum ein Ägypter entziehen konnte. Bauern und Handwerker hatten regelmäßig ein Arbeitssoll zu erfüllen, das überwacht wurde. Die wenigen Ausnahmen waren genau geregelt. Verstieß ein Beamter gegen eine solche Regelung, konnte er selbst bestraft werden. Arbeiter für Tempelanlagen durften zum Beispiel nicht in die öffentliche Arbeitspflicht genommen werden, denn ihre Arbeitskraft mußte den Erhalt des Tempels sichern. Im Rahmen der allgemeinen Arbeitspflicht wurden von Steuerpflichtigen zahlreiche Gemeinschaftsprojekte durchgeführt. Und so standen beispielsweise in den Erntemonaten immer genügend Arbeitskräfte zur Verfügung. Die Nahrungsmittelproduktion war durch solche Maßnahmen im alten Ägypten hervorragend organisiert. Die Pyramiden wurden während der Zeit des jährlichen Hochwassers wahrscheinlich hauptsächlich von zur

Zur Steuerschätzung mußten Hirten regelmäßig das Vieh ihrer Herrn den Beamten des Pharao vorführen. Für die hohen Herrn wurde zum Schutz vor der Sonne ein Baldachin errichtet, damit jedes einzelne Tier ungestört begutachtet werden konnte. Der Besitzer der Herde sitzt in einem Sessel und beobachtet wie vor ihm ein Hirte mit Stockschlägen bestraft wird.

Viehzählung (Modell), Grab des Meketre, Theben, 11. Dynastie, um 1990 v. Chr., Holz, bemalt, Höhe 55,5 cm, Länge 173 cm, Breite 72 cm; Kairo, Ägyptisches Museum, JE 46724

Arbeit verpflichteten Steuerschuldnern gebaut.

Strafe für Bestechlichkeit

Bei der Einziehung von Steuerpflichtigen für den öffentlichen Dienst gab es manchen Mißbrauch, denn hohe Beamte nutzten ihre Position oft, um private Arbeiten kostenlos durchführen zu lassen. Sicherlich wurden auch Beamte bestochen, um von der Arbeitsverpflichtung bestimmter Personen abzusehen. Jeder einfache Ägypter mußte immer wieder fürchten, regelmäßig und auch willkürlich zum Arbeitseinsatz verpflichtet zu werden. Betrügerische und ungerechte Beamte wurden allerdings bestraft. Ein Bild im Grab des Wesirs Chentika aus der Zeit des Pharao Teti zeigt den Wesir als Richter solcher Beamter. Schreiber halten dabei seine Entscheidungen genau fest. Einige Missetäter sind auf der Abbildung bereits an Pfosten festgebunden und werden zur Strafe mit Stöcken durchgeprügelt.

Gesetze und Gerichte

Eine Trennung von Staatsführung und Justiz, wie sie in allen modernen Staaten üblich ist, gab es im alten Ägypten nicht. Der Pharao war durch seine Gottähnlichkeit die Verkörperung aller Autoritäten und damit auch der oberste Gerichtsherr. Er war als »Garant der Maat«, der Ordnung der Welt, für alle Gesetze zuständig und seinen Befehlen und Wünschen kam automatisch die Kraft von Gesetzen zu. Zahlreiche Schreiber hielten regelmäßig solche Entscheidungen des Pharao als Arbeitsgrundlage für die Beamtenschaft fest.

Hohe Würdenträger des Staates nahmen auf dieser Grundlage ihre Richterfunktionen wahr. Unterschiede in den Funktionen als Richter oder Staatsanwalt gab es bei Gericht nicht. Ein einzelner Richter vertrat die Rolle des Anklägers, führte den Prozeß durch und fällte zuletzt das Urteil. Würdenträger mit einer Richterfunktion waren angewiesen, neben Gerechtigkeit auch Güte walten zu lassen, und Lehrtexte mahnen: »Handle gerecht, damit du Dauer hast auf Erden. Beruhige den Weinenden; bedränge die Witwe nicht; verdränge nicht einen Mann vom Eigentum seines Vaters ...« Ein Prinz wurde zum Beispiel von seinem Vater dazu aufgefordert, bei seinen Entscheidungen keinen Unterschied zwischen einem Mann von Rang und einem gewöhnlichen Menschen zu machen. Auch einfache Menschen konnten dem Gericht ihre Probleme darlegen. Zwei Arbeiter stritten einmal um ein Haus, und als der Kläger schließlich recht erhielt, bestellte das Gericht alle Arbeitskollegen als Zeugen, damit unter Androhung von 100 Stockschlägen die Räumung des Hauses und die Übergabe an den Kläger sichergestellt werden konnte.

Der Wesir als erster Richter

Würdenträger mit Richterfunktionen waren gleichzeitig auch Priester der Göttin des Rechts, weshalb ein Oberrichter bei Verhandlungen ein Bildnis der Göttin um den Hals trug. Richterentscheidungen erhielten auf diesem Weg eine göttliche Grundlage, die durchgesetzt werden mußte. Seit dem Beginn der 5. Dynastie gab es zumindest in Oberägypten sechs große Gerichtshöfe. Erster Richter im Staat war der We-

Büros am Hof des Wesirs. Die zahlreichen Beamten verraten ein geschäftiges Treiben. Vor der Halle warten Menschen demütig auf Einlaß. Auf vier Matten liegen zahlreiche Rollen mit Gesetzestexten, auf die wahrscheinlich der Wesir bei Gerichtsverhandlungen zurückgriff.

Die Halle des Wesirs, Wandmalerei, Grab des Rechmire, Zeit Thusmosis' III., um 1430 v. Chr.; Theben, TT 100

sir als direkter Vertreter des Pharao. Bis in den lokalen Bereich waren ihm Beamte mit Richterfunktionen untergeordnet, so daß es eine Art Instanzenweg gab. Die Sprache der Ägypter kannte allerdings für den Richter keine eigene Amtsbezeichnung. Es muß deshalb angenommen werden, daß die Richterfunktion nur eine von vielen Aufgaben der hohen Beamten war. Aus dem Neuen Reich sind Richterkollegien bekannt, die als »kenbet« bezeichnet wurden. Von dem Pharao Haremhab ist ein Dekret erhalten, das sich mit der Organisation von regionalen Richterkollegien befaßte. Ein solches Kollegium setzte sich aus dem Bezirksgouverneur und hohen Vertretern der Priesterschaft zusammen. Hinweise auf die Zuständigkeit von diesen regionalen Richterkollegien gibt es jedoch nicht. Im übergeordneten sogenannten »großen kenbet« führte stets der Wesir den Vorsitz. Hier wurden wichtige Entscheidungen über Streitfälle bei der Verteilung von Besitzansprüchen an Grund und Boden gefällt oder staatliche Interessen bei Rechtsstreitigkeiten vertreten.

In die Wüste verbannt

Gesetzestexte sind heute leider nur noch in einem sehr geringen Umfang erhalten. Eine Abbildung im Grab des Wesirs Rechmere zeigt eine Gerichtshalle der 18. Dynastie. Vor den Füßen des Wesirs liegen auf vier Matten 40 große Schriftrollen, die vermutlich Gesetzestexte für den Richter enthielten. Zahlreiche Gesetzestexte wurden mit göttlichen Anordnungen in Verbindung gebracht und galten somit als Anweisungen aus heiligen Gesetzbüchern, die Thot, der Gott der Weisheit, selbst verfaßt hatte. Die Entstehung mancher Gesetzestexte kann sogar auf bekannte historische Ereignisse zurückgeführt werden. Mentuhotpe, der Wesir von Pharao Sesostris I., rühmte in seiner Grabinschrift zahlreiche von ihm verordnete Gesetze. Von Pharao Haremheb ist ein Gedenkstein erhalten, der Gesetzesanweisungen des Herrschers an seine Schreiber dokumentiert. Dabei werden gegen Mißstände in der Beamtenschaft harte Strafen angedroht. Zu ihnen gehörte zum Beispiel das Schlagen von offenen Wunden, das Abschneiden der Nase oder die Verbannung in Oasen am Rande der Wüste.

Streitfreudige Arbeiterschaft

Die alten Ägypter haben der Forschung zahlreiche straf- und zivilrechtliche Prozeßakten hinterlassen. Bei Zivilprozessen mußten beide Parteien vor Gericht erscheinen. Zunächst schilderte der Kläger dem Gericht sein Anliegen, und der Beklagte hatte anschließend die Gelegenheit zu einer Erwiderung. Nach dem Abwägen aller Argumente fällte der Richter zuletzt eine Entscheidung. Bei Strafprozessen übernahm der Wesir oder ein beauftragter Würdenträger die Rolle des Klägers und trug den Sachverhalt vor, wobei Kläger und Richter sogar identisch sein konnten. Oft begnügte sich das Gericht allein damit, die Schuld festzustellen und überließ das Strafmaß dem Pharao.

Tempel und Arbeitersiedlungen für Großprojekte des Pharao besaßen eine eigene Rechtssprechung. Vor dem Gericht der Arbeitersiedlung zum Bau der Gräber im Tal der Könige bei Theben konnten zum Beispiel die dort lebenden Männer und Frauen als Kläger auftreten. Das Gericht, bestehend aus Würdenträgern, Vorarbeitern und Schreibern, mußte dann die Klage untersuchen und aufgrund einer Abwägung von Gewohnheitsrecht und Entscheidungen des Pharao das Urteil fällen. Oft ließen sich bei Lokalgerichten Urteile nicht durchsetzen, und Fälle mußten immer wieder neu aufgerollt werden. Die Arbeiter im Tal der Könige waren eine prozeßfreudige Gemeinschaft. In einem Fall wurde etwa zehn Jahre lang um einen Topf mit Fett gestritten, und das Gericht produzierte dabei einen Berg von Akten. Um der Aktenflut zu entgehen, erkannten kleinere Gerichte auch Gottesurteile an.

Von den Arbeitern im Tal der Könige wurde insbesondere Pharao Amenophis I. verehrt, und Priester führten dann bei Streitigkeiten während einer Festprozession vor seinem Kultbild eine juristische Entscheidung herbei. Andere Prozesse der Arbeiter im Tal der Könige beschäftigten sich mit Regreßansprüchen, nicht honorierten Leistungen, Ehebrüchen und Prügeleien zwischen Ehepartnern.

Von Stockschlägen bis zur Todesstrafe

Schwerwiegende Fälle wurden an einen hohen Gerichtshof unter dem Vorsitz des Wesirs weitergeleitet. Bei strafrechtlichen Verfahren wurden Geständnisse auch unter Folter erzwungen. Untersuchungshäftlinge konnten bis zur abschließenden Entscheidung in Gefängnisse eingewiesen werden. Leichtere Strafen waren Stockschläge, danach folgten körperliche Verstümmelungen wie das Abschneiden von Nasen, Ohren oder Lippen, zu den Züchtigungen gehörte auch das Schlagen einer unterschiedlichen Zahl von offenen Wunden. Bei Verrat wurde die Zunge herausgeschnitten und bei Dokumentenfälschungen eine Hand abgehackt. Ein weiteres Strafmaß war die Zwangsarbeit, aber auch die Verbannung an einen abgelegenen Ort in der Wüste oder die Konfiszierung des gesamten Privatvermögens. Dies wandte man oft bei untreuen Beamten an. Bei besonders schweren Vergehen wie Mord, Meineid oder Grabraub sowie manchmal Ehebruch wurde die Todesstrafe verhängt. Um dem Angeklagten die Schmach der Hinrichtung zu ersparen, konnte die Aufforderung zum Selbstmord ausgesprochen werden.

Verfahren, die den Staat gefährdeten, konnte der Pharao völlig an sich ziehen, um sie zu vertuschen und das Gerede in der Bevölkerung zu verhindern. Gewöhnliche Gerichte waren dann nicht mehr zuständig. Ein solches Verfahren war beispielsweise die Haremsverschwörung unter Ramses III. Unter Decknamen berichten erhaltene Dokumente, daß eine Frau aus dem königlichen Harem versuchte, ihren Sohn an eine privilegierte Stelle in der Thronfolge zu bringen. An der Verschwörung waren höchste Beamte beteiligt, und es wurde sogar Zauberei bemüht, um dem Pharao zu schaden. Ramses III. starb kurze Zeit nach dem Komplott, und es wird angenommen, daß er ermordet worden ist. Wie die Verschwörung damals bekannt wurde, ist nicht überliefert. Es gibt allerdings Berichte über ein Sondergericht des Pharao, zu dem nur seine engsten Vertrauten zugelassen waren. Die Mehrheit der über 30 Angeklagten wurde zum Selbstmord gezwungen.

Zunehmende Grabräuberei

In einem anderen Fall waren Grabräuber während der Regierungszeit von Ramses IX. überführt worden, denen die Todesstrafe sicher war. Doch während des Prozesses gab es Streit zwischen dem regionalen Fürsten der Stadt Theben und dem Leiter der Polizeitruppe zur Bewachung der Totenstadt von Theben. Beide Beamte waren Intimfeinde, beherrschten die Kunst der Intrige und versuchten sich gegenseitig zu schaden. Es wurden nun wechselseitig Mißstände ans Tageslicht gefördert, doch schließlich einigten sich die Streithähne wieder und leiteten wahrscheinlich Vertuschungsaktionen ein. Während der Zeit von Ramses IX. setzte im Ägyptischen Reich bereits ein allgemeiner Niedergang ein. Wegen der immer wieder aufflammenden Grabräuberei wurden am Ende des Neuen Reiches Mumien von Pharaonen sogar heimlich umgebettet, und Jahrhunderte später fanden deshalb Archäologen manche Pharaonen in den falschen Gräbern. Die Mumie von Ramses II. wurde zum Beispiel zuerst im Grab von Sethos I. versteckt, danach im Grab von Amenophis I. und zuletzt bis zu ihrer endgültigen Entdeckung in einem geheimen Felsenschacht.

Eigenständige Polizeieinheiten

Seit dem Alten Reich gab es in Ägypten auch Polizeieinheiten, die organisatorisch vom Militär getrennt waren und sogar richterliche Entscheidungen treffen konnten. Sie hatten Verwaltungsvorgänge zu überwachen, die Gräber zu beschützen und insbesondere bei der Eintreibung von Steuern behilflich zu sein. Zahlreiche Abbildungen zeigen, wie Polizisten mit Stöcken säumige Steuerzahler durchprügeln, entlaufene Sklaven einfangen oder an den Waagen der Händler die Gewichte überprüfen. Polizisten gehörten im alten Ägypten zum Alltagsleben. Im Neuen Reich wurden viele Polizisten von nubischen Stämmen aus dem Süden rekrutiert. Der Stamm der Medjai wurde bald zum Synonym für Polizisten, und sogar Polizisten mit ägyptischen Namen wurden als Medjai bezeichnet. Entlang der Landesgrenzen waren starke Polizeikräfte stationiert, um unerwünschte Einwanderer abzuwehren oder flüchtende Verbrecher zu verfolgen. Eine spezielle »Flußpolizei« hatte den Schmuggel mit Schiffen zu unterbinden. Dem Schutz der Karawanen diente schließlich eine sehr mobile »Wüstenpolizei«, die mit Hunden ausgerüstet war. Die Angehörigen dieser Polizeieinheiten gingen oft auf die Jagd, um die Speisekammern ihrer hohen Vorgesetzten mit leckerem Wild zu füllen.

Die Welt der Götter und die Priesterschaft

Der Himmel und die gesamte Lebenswelt der alten Ägypter waren von einer außergewöhnlichen Vielfalt von Göttern bevölkert, deren Anzahl bereits die Völker der Antike gleichzeitig erstaunte und wie uns heutige Menschen verwirrte. Die ägyptischen Götter verkörperten keine abstrakten Ideen, sondern waren faßbare menschliche oder tierische Gestalten sowie Mischwesen zwischen Menschen, Tieren, Pflanzen oder Naturelementen wie etwa der Sonne, des Wassers und des Windes. In der Welt der Götter gab es für den besseren Überblick ordnende verwandtschaftliche Beziehungen wie etwa Vater, Mutter, Söhne und Töchter sowie Dokumentationen von weiteren nahen und fernen Familienbanden der einzelnen Sippschaften. Diese Mannigfaltigkeit in der ägyptischen Götterwelt hatte einen historischen Ursprung, der bis in die Zeit vor der Vereinigung des ägyptischen Reiches zurückreichte. Das Land mit seinen verschiedenen Bevölkerungsgruppen besaß nach der Einigung zunächst keine einheitliche Religion, sondern jede Region und jede Stadt verehrte eine eigene Gottheit, die in der Vorstellung der Menschen zunächst

ihre Stellung weiter behaupten wollte. Mit der Zeit dominierten allerdings bestimmte Landesteile über andere Regionen, und die Kraft ihrer Götter erreichte somit eine Sonderstellung, die ausreichte, um über andere Gottheiten zu herrschen. Hatte ein Gott eine Sonderstellung erreicht, sorgte der rege Austausch zwischen den Bewohnern der Landesteile dafür, daß sich die Macht dieser Gottheit ausbreiten konnte und andere eher regionale Gottheiten verdrängt wurden. Die Mannigfaltigkeit dieser ursprünglich vielen Religionen führte auf diese Weise zu einer einzigen Religion, die jedoch nicht so einheitlich sein durfte, daß sich weite Landesteile womöglich benachteiligt fühlen mußten. Ein wichtiges Verbindungsglied war sicherlich der Pharao, der die vielfältige Götterwelt durch seine eigene Göttlichkeit gegenüber den Menschen vertrat und rechtfertigte. Die Religion der alten Ägypter war bereits recht früh vollendet. Zu den ältesten erhaltenen Urkunden zählen zum Beispiel die sogenannten Pyramidentexte, die schon zu Beginn des Alten Reiches einen typischen und für spätere Zeiten einheitlichen Charakter der Religion dokumentierten.

Mit den Fortschritten der Zivilisation entwickelte sich aus dem Wechselspiel der Gottheiten untereinander eine allgemeine Mythologie, aus der die Priesterschaft eine Theologie ableitete. Für den einfachen Menschen wurde der Gottesbegriff nie zu einem abstrakten, sondern es waren stets konkrete Gestalten vorstellbar. Gott konnte sich den Menschen zum Beispiel als Tier nähern, und dieses Tier war dann heilig.

Götter in Tiergestalt

Tiere, die dem Menschen das Leben erleichterten wie etwa die Kuh, wurden natürlich bevorzugt als Boten der Göttlichkeit angesehen. In Memphis wurde der Gott Ptah als ein Stier verehrt und in Elephantine der Gott Chnum als Widder. Der durch das Tier verehrte Gott nahm dabei in zahlreichen Fällen bald eine besondere Gestalt an, die zuletzt Merkmale des Menschen und des verehrten Tieres in sich vereingte; ein typisches Beispiel verkörperte die Göttin Hathor mit den Hörnern einer Kuh, der Gott Anubis mit dem Kopf des Hundes beziehungsweise Schakales oder der Gott Horus mit dem Kopf des Falken. Rührend war die Verehrung des heiligen Skarabäus-Käfers, auch Pillendreher genannt. Dieser ägyptische Mistkäfer schiebt seine Brut in einer Kugel vor sich her und wurde für die naturverbundenen Ägypter zu einem Symbol der göttlichen Sonne, die über den Himmel zieht. Vor Krokodilen hatten die Menschen als Flußbewohner Angst, weshalb sie dieses Tier gnädig stimmen mußten. Sie versuchten deshalb von dem feindlichen Tier durch besondere Anerkennung Gnade zu erhalten, indem sie Gott Sobek mit dem Körper eines Menschen und dem Kopf des Krokodils ausstatteten. Ägyptische Gottheiten blieben variabel und konnten verschiedene Gestalten annehmen. Die Göttin Hathor konnte zum Beispiel abwechselnd als Löwin, Schlange, Nilpferd oder als Baumgöttin auftreten, wobei jede Gestalt ein bestimmtes Wesen der Göttin ausdrückte. Den Gott der Weisheit und der Zeiteinteilung, Thot, beteten die Menschen sowohl als menschliche Gestalt mit einem Ibiskopf an wie auch als Gestalt eines Pavians.

Die höchste aller Gottheiten war für die alten Ägypter die Sonne, der Gott Re. Der Pharao war durch seine herausragende Stellung demzufolge ein Sohn der Sonne. Bereits vor seiner Geburt wurden die Besonderheiten des Pharao bekundet. Im Kreis der Götter verkündete zuerst der Sonnengott die bevorstehende Geburt des Pharao. Gott Thot nannte anschließend den Namen der Königin, die den neuen Pharao zur Welt bringen sollte. Nun konnte der Sonnengott die Gestalt des alten Pharao annehmen und zeugte mit der Königin den neuen Pharao. Chnum, der Schöpfergott, erschuf danach auf einer Töpferscheibe den Leib des Kindes sowie seinen Schutzgeist und seine Seele, das »Ka«. War die Schöpfung vollendet, dann gab die Geburtsgöttin Heket dem Tongebilde das Leben und es wurde zu einem Menschen.

Re – der dominierende Sonnengott

Als ein Volk von Bauern wußten die Menschen am Nil, daß ihnen allein die Sonne Lebenserhalt und Reichtum garantieren konnte, weshalb sie besonders verehrt werden mußte. Im Verlauf der langen ägyptischen Geschichte wurde der Sonnengott niemals entthront, sondern die bedeutenden lokalen Gottheiten wie etwa Amun in Theben, Horus in Horizonte oder Atum in Heliopolis wurden immer stärker mit dem Sonnengott Re gleichgesetzt. Der höchste Gott erhielt mit dem Aufstieg der Stadt Theben den Namen Amun-Re. Ein Durchbruch zu einer monotheistischen Religion mit einer ausschließlichen Sonnenverehrung gelang allerdings nie, da die Priester der einzelnen Gottheiten intensiv ihre Privilegien verteidigten und langfristige Entwicklungen zu verhindern wußten. Als Pharao Amenophis IV., genannt Echnaton (= es gefällt dem Aton), die Göttervielfalt für kurze Zeit abschaffte und die Religion auf die Verehrung von Aton, die göttliche Sonnenscheibe, konzentrierte, wurde er sofort verdammt und insbesondere von den Amunpriestern als Ketzer angegriffen. Nach seinem Tod verschwand diese Form der Religion und ihre Erinnerung wurde von der Priesterschaft ausgelöscht.

Schöpfungsmythen

So zahlreich wie die vielen Götter waren in Ägypten auch die Mythen. In mindestens vier bedeutenden Kultzentren, in Heliopolis, Memphis, Hermopolis und Theben entwickelten sich in verschiedenen Schulen eigene Mythen. Als ein Beispiel soll der Schöpfungsmythos herausgegriffen werden. Er stammte in seiner ältesten Form von dem Sonnenheiligtum Heliopolis und wird bereits in den Pyramidentexten der 5. Dynastie erwähnt. Der Mythos wird stark von dem Naturraum des Nils inspiriert.

Am Anfang der Schöpfung stand das chaotische Urwasser Nun, aus dem nach langen Zeitläuften zuletzt ein Urhügel mit dem Heiligtum Heliopolis emporstieg. (Bei den anderen Schulen war es in Variationen jeweils das eigene Heiligtum.) Der Urhügel verkörperte das Land Ägypten am Ende der jährlichen Nilschwemme. Auf diesem Urhügel erschien zuerst Gott Atum, der nicht

Holzstatue des Kaper aus dem Alten Reich. Der kahl geschorene Kopf weist Kaper als einen Priester aus. Als Zeichen seiner Würde trägt er einen Stock. Priester waren geschoren, weil zwischen ihnen und dem Gott noch nicht einmal eine Laus Platz haben durfte.

Kaaper, ein Priester und zugleich hoher Beamter, aus der Mastaba des Kaaper bei Sakkara, 5. Dynastie, Holz, Höhe 1,10 m; Kairo, Ägyptisches Museum

geboren worden war, sondern schon immer existiert hatte und dessen Name gleichzeitig »nicht seiend« sowie »vollendet« bedeutete. Als Atum-Re erschuf er zuerst das Licht. Re, der Sonnengott tauchte auf und trennte das Land von der chaotischen Finsternis des Nun. Anschließend zeugte Atum als die große Einheit von »männlich« und »weiblich« mit seinem eigenen Schatten den Luftgott Schu und den Gott der Feuchte Tefnut. Schu und Tefnut standen von nun an für das getrennt lebende Prinzip »männlich« und »weiblich« und sie zeugten zusammen »Geb«, die Erde und »Nut«, den Himmel. Auf altägyptischen Darstellungen der Welt beugt sich Nut im Körper einer Frau als Himmel über den waagrecht liegenden Geb als Abbild der Erde; gestützt wird Nut vom Luftgott Schu. Aus der Vereinigung dieser Götter als kosmische Grundelemente wurden schließlich weitere Gottheiten geboren, und es entstanden die männlichen Urgötter Osiris und Seth sowie die weiblichen Urgöttinnen Isis und Nephthys. Osiris nahm sich Isis als Gattin; beide verkörperten das Gute

Zu den großen Heiligtümern machten sich regelmäßig Wallfahrer auf, um Opfer zu bringen und die Götter zu ehren. Auf dem Nil waren bei solchen Anlässen ganze Flotten unterwegs. Ein wichtiges Ziel war Abydos, wo jährlich der Tod und die Auferstehung des Gottes Osiris nachvollzogen wurde.

Wallfahrt zum Osiriskult nach Abydos (Begleitboot), Wandmalerei, Grab des Sennefer (Weinlaubengrab), 18. Dynastie, um 1425 v. Chr; Nekropole von Schech Abd el-Kurna (Bildarchiv Preußischer Kulturbesitz, Berlin, Foto: Margarete Büsing)

und lehrten die Bewohner Ägyptens den Ackerbau und gaben ihnen Gesetze. Seth vermählte sich mit Nephthys und stellte als ein Element des Bösen dem Guten nach und richtete Schaden an. Er wurde jedoch nach schweren Auseinandersetzungen von Horus, einem Sohn von Isis und Osiris, besiegt und mußte diesen als rechtmäßigen Herrscher der Menschen anerkennen. Götter konnten in den Mythologien sterblich sein und auch wieder von den Toten auferstehen. In anderen religiösen Zentren gab es Namensvariationen und rivalisierende Mythen. Für die Priester in Memphis erschuf zum Beispiel Ptah die Welt.

Atum nahm in den Mythen stets eine Sonderstellung ein, denn er war im Gegensatz zu den anderen Göttern ein »Nichterschaffener« und damit unsterblich; er war der Gottvater. Erschaffene Götter konnten dagegen im irdischen Sinn durchaus sterben und lebten dann im Himmel als Sterne weiter. Die Seele der guten Göttin Isis wurde beispielsweise zum Stern Sirius, der den Ägyptern den Beginn der jährlichen Nilschwemme anzeigte, und die Seele ihres Sohnes Horus wandelte sich zum Sternbild Orion. Der gute Gott Osiris blieb allerdings nach seinem Tod im Totenreich als dessen Herrscher und begab sich nicht zu den Sternen. Nach dem ägyptischen Totenbuch wird Atum die Welt eines Tages wieder zerstören und die Rückkehr der Urflut einleiten.

Leben aus dem Glauben

Der Grieche Herodot hielt die Ägypter für die frömmsten aller Menschen, und den Völkern des Mittelmeeres erschien die Frömmigkeit der Ägypter mit ihren vielen Göttern manchmal wunderlich.

Das gesamte Land war von einer tiefen Religiosität durchdrungen. Gewaltige Gemeinschaftsprojekte wie etwa der Bau der Pyramiden oder der großen Tempel wären vermutlich ohne eine tiefe Gläubigkeit der Menschen nicht vorstellbar gewesen. Die zentralen Elemente der altägyptischen Religion waren dabei stets die inbrünstige Götterverehrung und der allgemeine Totenkult. Allein der aufwendige Totenkult zur Verehrung des verstorbenen Pharao ist ein Indiz für Menschen, die ihr gesamtes Leben einem tiefen Glauben unterordneten. Erhalten ist der Spruch eines einfachen Mannes: »Amun-Re; ich liebe dich, ich habe dich in mein Herz geschlossen, und ich folge nicht der Sorge meines Herzens, denn was Amun gesagt hat, gedeiht.« Auch der arme Mann, der vor Gericht Schreiber nicht bestechen konnte, war von der göttlichen Fürsorge überzeugt, denn hatte sich ein Mensch gegenüber den Göttern vergangen, wurde er mit Krankheiten bestraft. Den Göttern wurde auch für ihr Wohlwollen gedankt. In Theben wird auf einem Gedenkstein von einem Vater berichtet, der sich für die plötzliche Genesung seines zu Tode erkrankten Sohnes bedankte. In Memphis besaßen Gedenksteine des Gottes Ptah zahlreiche Ohren, in die hinein die Menschen ihre Bitten vortragen konnten. In luxuriösen Privathäusern gab es sogar Zimmer für das Gebet an die Götter, ähnlich den Hauskapellen in späteren Jahrtausenden. Die Göttin Thoeris war die Beschützerin der schwangeren Frau und wurde als ein trächtiges Nilpferd dargestellt. Es sind Statuen der Göttin erhalten, die innen hohl sind, damit schwangere Frauen eigene Kleidungsstücke deponieren konnten, um

eine komplikationslose Geburt zu erflehen; andere Statuen konnten im Inneren mit Milch gefüllt werden, um einen guten Milchfluß der Mutter zu erbitten.

Tempel für rituelle Handlungen

Tempel wurden von der Bevölkerung regelmäßig mit Opfergaben versorgt. Die Opferübergabe war eine feierliche Prozession. Meist wurden Lebensmittel übergeben, mit denen arme Menschen versorgt werden konnten.

Opfergabenprozession, Mittleres Reich, 12. Dynastie, um 1900 v. Chr., Holz, Länge 85 cm; Berlin, Staatliche Museen Preußischer Kulturbesitz, Ägyptisches Museum (Bildarchiv Preußischer Kulturbesitz, Berlin, Foto: Margarete Büsing)

Für die vielen regionalen Götter kannten die Ägypter am Beginn ihrer Hochkultur nur einfache Häuser, die liebevoll als Götterwohnungen umsorgt wurden. Die frühen Beamten und hohen Würdenträger waren in ehrenvollen Nebenfunktionen auch Priester und dienten den Gottheiten durch alltägliche Versorgungsaufgaben. Da ein Pharao mit seinem Staat identisch war, förderte natürlich jeder von ihnen die Götter, indem er ihre Häuser verschönerte. Aus den einfachen Götterhäusern wurden auf diese Weise bald gewaltige Tempelanlagen. Einzelne Pharaonen versuchten durch immer aufwendigere Tempelbauten ihre Vorgänger zu übertrumpfen. Tempelbauten halfen ihnen, in die Geschichte einzugehen und ihre Taten für die Ewigkeit zu bewahren.

Mit der Zeit wurden Tempelanlagen so groß, daß sich die Tätigkeit der Priester von einer ehrenvollen Nebenaufgabe für Würdenträger zu einer zentralen Hauptbeschäftigung für einen besonderen Berufsstand wandelte und wichtige Priesterämter nicht mehr nebenbei erledigt werden konnten. Der Priester wurde zu einer angesehenen Sonderform des Beamten mit großen Karrierechancen, denn der Priester vertrat den Pharao gegenüber den Göttern. Im Gegensatz zu den Priestern unserer Zeit hatten die Priester der Pharaonen allerdings nicht die Aufgabe, sich um das Seelenheil ihrer Mitmenschen zu kümmern, sondern dienten allein dem Gott, der in dem Tempel wohnte. Sie waren also ein göttliches Haus- und Bedienungspersonal.

In jedem Tempel wohnte der verehrte Gott in Form eines besonderen Kultbildes oder einer meist kleinen Statue in einem abgeschiedenen Raum. Dieser war das Allerheiligste des Tempels, das nur von Auserwählten unter Ausschluß der Bevölkerung betreten werden durfte. Auf verschiedenen Papyri und Reliefs wird über das alltägliche Verehrungsritual und die Kulthandlungen der Priester berichtet. Für ihren Dienst mußten sie täglich bestimmte Voraussetzungen erfüllen, dazu gehörte zum Beispiel, zweimal am Tage und zweimal in der Nacht zu baden.

Nach einer sorgfältigen eigenen Waschung schritt somit der Priester am Morgen feierlich in das Allerheiligste, um die Gottheit nach einem strengen Ritual mit Weihrauch und Gesang zu wecken und zu begrüßen. Dabei mußte sich der Priester immer wieder als der für diesen Tag befugte Gottesdiener vorstellen. Anschließend wurde die Tür des vergoldeten Schreines, in dem das Abbild der Gottheit aufgewahrt wurde, nach bestimmten Regeln geöffnet. Der Priester mußte, wenn er das Götterbild erblickte, sofort auf den Boden sinken, die Erde küssen und feierliche Gebete sprechen. Danach wurde die Gottheit gewaschen, mit Öl gesalbt und sorgfältig neu eingekleidet und geschmückt. Anschließend kam die Gottheit wieder in ihren Schrein zurück, und auf einem mit Blumen geschmückten Tisch wurde für sie ein festlichen Essen aufgetragen. Der Priester mußte jetzt rückwärtsschreitend das Allerheiligste verlassen, um das Festmahl der Gottheit nicht zu stören. Später wurde das Essen abge-

holt und verbrannt oder als eine besondere Anerkennung an die Priesterschaft verteilt. Am Mittag kam der Priester erneut, um das Allerheiligste mit Weihrauch und Wasser zu besprengen. Eine weitere Mahlzeit erhielt die Gottheit am Abend. Zuletzt wurde der Schrein für die Nacht versiegelt, und der Priester mußte das Allerheiligste von allen menschlichen Spuren reinigen. In Theben bestand das tägliche Ritual zur Versorgung der Gottheit aus etwa 60 einzelnen Handlungen, während es in Abydos nur 36 Handlungen waren. Begleitet wurden alle Handlungen von festgelegten feierlichen Gebeten, die gegenüber der Gottheit demütige Ehrerbietung ausdrückten. Meist waren die Abbildungen der Gottheit klein, aber es gab auch lebensgroße und überlebensgroße Darstellungen. In Abydos besaß man zum Beispiel eine fast vier Meter große Statue des Osiris aus Rosengranit. Verschiedene Abbildungen von verehrten Gottheiten sind noch heute erhalten und zeigen oft meisterhafte Bildhauerarbeiten. In feierlichen Prozessionen konnte die Gottheit auch an Festtagen den Tempel verlassen, um auf einer Barke durch die Städte der Menschen getragen werden. Der Gottheit wurden dann besondere Opfer gebracht.

Der große Tempel von Medinet Habu erhielt nach erhaltenen Listen während der Zeit von Ramses II. und Ramses III. täglich etwa 3220 Brote, 24 Kuchen, 144 Krüge Bier, 32 Gänse und zahlreiche Krüge mit Wein, dazu kamen noch Honig, Blumen, Weihrauch und andere Gegenstände. Mit den Naturalien wur-

Ein Ehepaar bringt ein Opfer dar und übergießt die köstlichen Speisen mit einem wohlriechenden Öl. Diener zerlegen zusätzlich ein Opfertier. Opfergaben wurden den Verstorbenen symbolisch präsentiert und dann von den Angehörigen verzehrt.

Ein reich gedeckter Opfertisch wird mit duftendem Öl übergossen, Wandmalerei, Grab des Nakht, um 1400 v. Chr.; Theben (Foto: D. Karig, Bildarchiv Preußischer Kulturbesitz, Berlin)

den, nachdem sie der Gottheit gezeigt worden waren, die Priesterschaft, das Personal des Tempels und arme Menschen versorgt.

Große Tempelfeste

Jeden Monat wurden im Tempel acht Festtage gefeiert, an denen es noch einmal weitere Opfer gab. Bei sehr hohen Festen, die sich über mehrere Tage hinzogen, schwankten die Opfergaben beträchtlich. Es wurden dann für den oben erwähnten Tempel zusätzlich täglich zwischen 50 und 3694 Brote, 15 bis 905 Krüge Bier oder vier bis 206 Stück Geflügel geliefert. Mit diesen Opfergaben bewirtete man vermutlich die Bevölkerung als Gäste des Gottes und der Priesterschaft. Zu großen Festen gehörten auch regelrechte Festspiele, bei denen Ereignisse aus der Mythologie in einer Art Theaterstück dargestellt wurden. Beliebt waren Szenen aus dem Mythos um Osiris, gespielt von Berufsschauspielern und Laiendarstellern. Die Zuschauer verfolgten solche Darstellungen mit großer Anteilnahme und bekundeten Zufriedenheit wie in unserer Zeit durch Händeklatschen.

Herodot berichtet, daß zu einem großen Tempelfest einmal etwa 700 000

Pilger aus allen Landesteilen kamen, die über mehrere Festtage verköstigt wurden. Während der großen Feste hatte die Bevölkerung die Gelegenheit mit der Priesterschaft Kontakte zu knüpfen und, als Höhepunkt, sogar den Pharao zu treffen. Der Herrscher wurde mit einer Sänfte durch die staunende Menschenmenge getragen und glänzte als ein Sohn der Sonne in Gold.

Wichtige Feste waren der Beginn des neuen Jahres, der Wechsel der Jahreszeiten, Gedächtnistage der Götter und Jubiläumsfeiern des Pharao. Das Sedfest feierte der Pharao nach einer Regierungszeit von 30 Jahren und wiederholte es dann alle drei Jahre. In der Hauptstadt Theben dauerte das Opetfest im Neuen Reich zunächst elf Tage und wurde in späterer Zeit sogar auf 27 Tage ausgedehnt. Das Fest fiel in die Hochwasserzeit. Die Statuen von Amun und anderen Göttern des Tempels in Karnak wurden von Prachtbarken begleitet von einer großen Flotte nach Luxor und zurückgebracht. Entlang der Uferstrecke feierten die Menschen ausgiebig, Festzelte waren errichtet, Musikanten traten auf und Speisen und Getränke wurden gereicht.

Die Priesterschaft eines Tempels wies eine Hierarchie auf, die sich auch in den Titeln niederschlug. Die Titelhierarchien sind allerdings nur zum Teil überliefert. Der oberste Priester von Heliopolis führte die Hauptbezeichnung »der im Schauen Große« und die Nebenbezeichnungen »der das Geheimnis des Himmels schaut« sowie »Oberster der Geheimnisse des Himmels«. Für die Oberpriester von Memphis galt noch der Titel »Oberleiter der Künstler«, denn diese Priester unterhielten im Tempel große Künstlerwerkstätten und Ateliers. Der Tempel war somit zusätzlich eine Werkstatt des Gottes und die Künstler seine Werkzeuge. Kunstwerke erhielten dadurch eine göttliche Anerkennung.

Mächtige Priesterkönige

Jeder Tempel hatte ein Kollegium von Priestern, die Beamte waren. Daneben gab es noch die sogenannten Stundenpriester, ehrenvolle Nebenpositionen für hohe Würdenträger. Ärzte waren auf diese Weise Priester der Sachmet, Künstler des Ptah und Richter der Göttin des Rechts. Zahlreiche Priester waren zusätzlich Gelehrte, denn der Tempel sorgte für ihren Lebensunterhalt, so daß während der Zeit außerhalb der alltäglichen rituellen Handlungen wissenschaftlich gearbeitet werden konnte. Leiter des Kollegiums aus Priesterbeamten war der »Vorsteher der Priester«, dessen Aufgabe der Herrscher der betreffenden Provinz automatisch übernahm und dann delegierte. Die Priesterkollegien des gesamten Reiches waren zusammengefaßt und wurden von einem sehr einflußreichen Oberpriester geleitet, der in Theben residierte. In Konkurrenz zum Pharao nannte sich der thebanische Oberpriester wiederholt sogar Priesterkönig, denn neben seiner Priestertätigkeit nahm er noch zahlreiche politische Aufgaben war. Die Eigenständigkeit der Priesterschaft führte am Ende der ägyptischen Hochkultur zu staatlichen Zerrüttungen.

Im täglichen Ritual war neben der üblichen Priesterschaft noch der sogenannte reine Priester oder »web« von Bedeutung. Er mußte die Reinheit des geschlachteten Opfertieres prüfen und das Fleisch der Gottheit anbieten. Daneben gab es noch den Vorlesepriester

oder »cheriheb«, der bei Kulthandlungen aus den heiligen Büchern zitierte. Da den heiligen Büchern Zauberkräfte innewohnten, besaß der »erste Vorlesepriester des Pharao« selbst Zauberkräfte. Die Priesterschaft des Tempels von Gott Amon in Theben war während der Zeit des Neuen Reiches in fünf Rangstufen unterteilt: die ersten, zweiten und dritten Priester, den sogenannten Gottespriester und den »web«, der in diesem Tempel auch Vorlesepriester war. Der Verlauf einer erfolgreichen Priesterkarriere wurde von Beknechon, einem Oberpriester unter Ramses II., überliefert. Vom fünften bis zum 16. Lebensjahr absolvierte er in den »Ställen des Pharao« eine militärische Ausbildung, mit 17 Jahren trat er als »web« in den Dienst von Gott Amon. Mit 21 Jahren war er bereits in der Hierarchie aufgestiegen und führte für zwölf Jahre den Titel »Gottesvater«. Ab seinem 33. Lebensjahr wurde er in den Kreis der Priesterschaft aufgenommen, wo er 15 Jahre als dritter und zwölf Jahre als zweiter Priester diente. In seinem 60. Lebensjahr wurde er schließlich vom Pharao zum »ersten Priester des Amon« ernannt.

Ausgeprägtes Standesbewußtsein

Priester waren in der Regel Söhne von Priestern, dennoch war das Priestertum nicht erblich. Söhne von Priestern wurden schon früh auf Schulen geschickt, in denen ihnen das Schreiben und Lesen beigebracht wurde. Sie mußten sich zusätzlich mit der komplizierten Götterwelt und den großen Mythen vertraut machen. Danach war es notwendig, schwierige Prüfungen zu bestehen, denn zum Priester konnte ein Ägypter nur nach einem erfolgreichen Examen berufen werden. Selbst Kinder von hohen Würdenträgern konnten keine Karrierestufe überspringen und mußten bei Prüfungen erfolgreich sein. Priester hielten sich deshalb oft für ganz besondere Menschen. Neben den Priestern für den Kult gab es noch Spezialisten mit Priesterfunktionen; es waren dies zum Beispiel Einkäufer, Verwaltungsfachleute der Tempelgüter oder Juristen für allerlei Zweifelsfälle und vor allen Dingen Totenpriester, die Mumifizierungen und Bestattungszermonien überwachten und leiteten. Insbesondere Oberpriester waren sich ihrer herausragenden Stellung bewußt und legten immer wieder eine große Arroganz an den Tag. Erhaltene Aufzeichnungen des ersten Priesters im Tempel des Amun in Theben aus der Zeit um 1100 v. Chr. belegen sogar eine wirklichkeitsfremde Überheblichkeit.

Ein Priester in gefährlicher Mission

Dieser erste Priester mit dem Namen Wenamon war beauftragt worden, in Syrien Zedernholz für den Bau einer heiligen Barke einzukaufen. Er reiste mit dem Schiff und einem Begleiter zunächst in Richtung Byblos und nahm zur Bezahlung der Ware Silber mit. Bei einem Zwischenaufenthalt in Dor (heute Haifa) brannte sein Begleiter jedoch mit dem Silber durch und schloß sich den Piraten an, die damals die Stadt beherrschten. In Sidon, dem nächsten Hafen der Piraten, drehte Wenamon nun den Spieß einfach um und stahl im Bewußtsein der eigenen Unantastbarkeit und ohne an Konsequenzen zu denken den Piraten Silber, um den eigenen Verlust auszugleichen. Danach lief sein

Schiff eilig Byblos an, und Wenamon sah sich nach geeignetem Zedernholz um. Der Hafenmeister hatte bereits von dem Vorfall gehört und fürchtete die Vergeltung der Piraten, er wollte den Priester umgehend aus der Stadt jagen. Doch Wenamon lehnte unbeeindruckt seine Abreise einfach ab und blieb. Der Herrscher von Byblos verhielt sich nun abwägend, denn er wollte es sich nicht mit dem Vertreter des Pharao verscherzen und ließ den Priester nicht hinauswerfen. Da er sich der Rache der Piraten bewußt war, ordnete er jedoch an, daß der Hafenmeister jeden Tag Wenamon bedrohen solle. Nach etwa vier Wochen hatte Wenamon die Holzlieferung erhalten und bereitete erst jetzt in aller Ruhe seine Abreise vor. Genau zu diesem Zeitpunkt traf eine Piratenflotte vor dem Hafen ein, um Wenamon festzunehmen. Der Herrscher von Byblos bewies diplomatisches Geschick und erklärte den Piraten: »Einen Diener des Amun kann ich in meinem Machtbereich nicht ins Gefängnis werfen. Ich lasse ihn ziehen, ihn zu verfolgen steht euch frei«. Wenamon hatte Glück, ein Sturm kam auf und trieb die Piratenflotte ab. Ihn selbst verschlug das Unwetter nach Zypern. Dort hielten ihn die Bewohner für einen Piraten und wollten ihn totschlagen. Erst als der örtliche Herrscher einschritt, war sein Leben gerettet. Er durfte nach Ägypten zurückkehren, wo er stolz seinen bis heute erhaltenen Reisebericht niederschrieb.

Die Armee des Pharao

Die alten Ägypter waren kein sehr kriegerisches Volk. Nur am Beginn ihrer Geschichte, als sich das Reich nach blutigen Kämpfen vereinigte, und zur Zeit des Neuen Reiches, vor allem während der 18. Dynastie, dominierte in ihrem Staat das Militärwesen. Der Reichtum des Landes und die Fruchtbarkeit der Böden lockten aber immer wieder fremde Völker an, so daß der Staat trotz seiner isolierten Lage stets militärisch gewappnet sein mußte. Im Gegensatz zu Mesopotamien war Ägypten allerdings für die Völker kein Durchgangsland, und härteste militäri-

Aufmarsch der Armee von Sethos I. beim Kampf gegen die Hethiter. Der siegreiche Pharao selbst fährt einen Kampfwagen. Links oben sind bereits die ersten Gefangenen abgebildet.

Die Feldzüge Sethos' I., Relief, Tempel des Amun-Re, nördliche Außenwand des Hypostyls, 19. Dynastie, um 1285 v. Chr.; Karnak (Eberhard Thiem, Lotos Film, Kaufbeuren)

Die Rekruten der ägyptischen Armee wurden von Ausbildern militärisch gedrillt. Auf dem Wandgemälde aus dem Grab eines Armeeoffiziers sind sie in Reih und Glied angetreten und warten auf Befehle der Vorgesetzten. In der unteren Reihe drängen sie sich zum Haareschneiden beim Friseur, während in den beiden oberen Reihen rechts die höheren Dienstgrade Wein und Bier genießen.

Wandgemälde im Grab eines Armeeoffiziers, Neues Reich

sche Auseinandersetzungen, die den Staat bedrohten, blieben deshalb seltene Ausnahmen, wie etwa am Ende des Mittleren Reiches, als die aus dem asiatischen Raum eindringenden Hyskos die Macht der Pharaonen brachen.

Zu Beginn des Reiches unterhielten die Pharaonen kein stehendes Heer, sondern griffen bei Auseinandersetzungen auf Miliztruppen zurück. Es gab eine Art Wehrpflicht, und da das Land straff verwaltet war, konnten die Beamten schnell geeignete Personen rekrutieren. Jede Provinz des Reiches hatte eine eigene Miliz, die vom zuständigen Provinzfürsten befehligt wurde und dem Pharao zur Verfügung stand. Tempelgüter und Schatzhäuser des Pharao konnten im Bedarfsfall ebenfalls Soldaten stellen. Doch diese Soldaten mußten zuerst unter großem Zeitaufwand eingezogen werden, so daß selten eine schlagkräftige Armee zusammenkam.

Bewaffnung

Bewaffnet waren die Männer mit steinverstärkten Holzkeulen, Streitäxten und Dolchen. Als Fernwaffen wurden Lanzen, Schleudern sowie Pfeil und Bogen eingesetzt. Die Fernwaffen waren zunächst recht einfach, und erst im Laufe der Zeit wurde zum Beispiel der Bogen verfeinert und wandelte sich in seiner Konstruktion vom einfachen Holzbogen zu dem aus Holz- und Hornschichten sorgfältig verleimten Kompositbogen mit verbesserter Reichweite. Beim Nahkampf schützten sich die Soldaten mit einem Holzschild, der mit Tierfellen bespannt war. Metallwaffen bestanden zuerst aus Kupfer und später aus Bronze, spezielle Rüstungen oder Helme gab es in der Frühzeit noch nicht. Die Führung der Truppe war oft nicht sehr effektiv, und es wurden zunächst keine ausgefeilten Kampftaktiken angewandt. Bereits im Alten Reich bestand die Bewaffnung der Truppen entweder aus großen Schilden und Lanzen oder kleinen Schilden und Streitäxten; Sondereinheiten führten Pfeil und Bogen oder Schleudern mit sich. Auf dem Kopf wurde zur besseren Identifizierung der Kämpfer eine unterschiedliche Zahl von Straußenfedern getragen.

Als Pharao Phiops I. einmal gegen räuberische Beduinen vorgehen mußte, die in großen Scharen in das Nildelta eingefallen waren, hatte er zunächst Schwierigkeiten einen geeigneten Befehlshaber zu finden. Den militärischen Qualitäten seiner Provinzfürsten, die sich auch »Vorsteher der Soldaten«

nannten, wollte er nicht trauen, und er beförderte deshalb einen Richter mit dem Namen Une zum Befehlshaber. Une berichtete später stolz, die Soldaten hätten beim Feldzug nicht untereinander gestritten und sie hätten nicht geplündert. Die Disziplin der Truppen war also häufig unberechenbar.

Ägypten war in seiner frühen Geschichte hauptsächlich von kleineren, wenig entwickelten Staaten umgeben und konnte Kriege von vornherein durch eine enorme Übermacht an Menschen und Material gewinnen. Neben den Miliztruppen setzte sich das Heer der Ägypter noch aus der Leibwache des Pharao zusammen. Diese Soldaten standen ständig zur Verfügung und waren sicherlich eine rasch einsatzbereite Eliteeinheit. Sie hatten sich insbesondere bei Eroberungen in Nubien bewährt und wurden zur Auszeichnung »Gefolgsleute des Herrschers« genannt. Zur Armee des Pharao gehörten auch angeworbene Söldnertruppen aus fremden Völkern, die mit der Zeit eine immer größere Bedeutung gewannen.

Festungsbauten

An bedrohten Grenzbereichen des Reiches wie etwa im Süden oder in Richtung Kleinasien waren bereits in der Frühzeit der Hochkultur Festungen mit dauerhaft stationierten Garnisonen errichtet worden. Nach Fundrekonstruktionen besaßen solche Festungen zum Teil eine beachtliche Größe. Interessant war die Festungsarchitektur, denn die Festungsmauern waren in etwa halber Höhe leicht abgeknickt, um das Anlegen von Sturmleitern zu erschweren. Angreifer konnten durch eine solche Baumaßnahme eine Leiter nicht direkt an der Mauerkrone anlegen, da die Knickzone der Mauer im Wege war. Auf den Mauerkronen gab es für die Verteidiger Brustwehre und kleine Vorbauten, von denen aus schwere Steine direkt auf die Angreifer geworfen werden konnten. Archäologen haben Abbildungen gefunden, die Szenen von der Belagerung einer Festung zeigen. Die Angreifer haben auf dem Bild eine Art Schutzdach gegen den Pfeilregen der Verteidiger errichtet und versuchen mit einer langen Ramme ein Loch in die Mauer zu stoßen.

Angriffstaktiken

Aus der Zeit des Mittleren Reiches sind aus einem Fürstengrab Holzmodelle von marschierenden Soldaten erhalten. Die Männer bewegen sich in strenger

Neue Rekruten der ägyptischen Armee sind in Zehnergruppen angetreten und werden von Schreibern und Offizieren registriert. Nach der Aufnahme in die Armee erwartete sie eine militärische Ausbildung mit einer Spezialisierung in Waffengattungen.

Wandmalerei, Grab des Dedi; Theben, TT 200

Marschkolonne der ägyptischen Armee. Die 40 Soldaten marschieren in 10 Reihen zu je 4 Mann. Die Bewaffnung ist einfach, sie tragen nur eine Lanze sowie einen großen Schild zur Abwehr. Die Schilde bestehen aus Holz und sind mit Rinderfell bespannt.

Ägyptische Soldaten, Grab des Mesehti, Assiut, Mittleres Reich, 11. Dynastie, um 2000 v. Chr., Holz, bemalt, Länge 169,8 cm, Breite 62 cm, Höhe 5,9 cm; Kairo, Ägyptisches Museum, JE 30986 (CG 258)

militärischer Disziplin in Kolonnen fort. Eine Abteilung der Holzsoldaten besteht aus 40 Männern, die in zehn Reihen zu je vier Soldaten unterteilt sind. Als Bewaffnung dienen lange Speere mit einer Bronzespitze, zur Abwehr von Angriffen werden Holzschilde mit einer Bespannung aus Rinderfellen getragen. Besondere Schutzrüstungen oder Helme gibt es nicht. Die Bekleidung besteht ausschließlich aus einem Lendenschurz. Eine zweite Kolonne von Holzfiguren stellt nubische Soldaten mit Pfeil und Bogen ebenfalls in Marschordnung dar. Diese schwarzen Krieger waren vermutlich Söldner. Die Ordnung im Aufmarsch läßt vermuten, daß es während des Mittleren Reiches auch disziplinierte Angriffstaktiken gab.

Ein festes staatliches Heer

Während der Zeit des Neuen Reiches wurde Ägypten schließlich zu einer militärisch dominierten Weltmacht, die expandierte und Eroberungszüge durchführte. Insbesondere der Adel wurde kriegerisch, und manche Pharaonen waren eher Feldherren als friedliche Landesväter. Auf Abbildungen werden sie immer wieder als athletische und furchtlose Krieger dargestellt. Das Mittlere Reich war nach dem Einfall der militärisch überlegenen Hyskos zusammengebrochen, und Ägypten mußte eine Fremdherrschaft von etwa 100 Jahren Dauer erdulden. Der Widerstand gegen die Eroberer wurde von Theben aus organisiert und zeigte erst nach einer umfassenden Militärreform Erfolg; das Reich konnte erneut entstehen. Die Ägypter kopierten die erfolgreichen Hyskos und übernahmen von ihnen das Pferd als Kriegswaffe. Es wurden Kampfwagen konstruiert, die wie moderne Panzer das Kampfgeschehen beherrschten. Einheiten mit Kampfwagen wurden zum Rückgrat der Armee. Das Neue Reich griff bei schnellen Entscheidungen kaum noch auf die Miliztruppen der Provinzen zurück, sondern unterhielt ein festes staatliches Heer mit den Waffengattungen Fußsoldaten, Bogenschützen und Kampfwagen.

Militärische Karrieren

Im stehenden Heer der Ägypter dominierten zahlenmäßig Söldner aus fremden Völkern. Es gibt Hinweise, daß während der 19. Dynastie ein festes Heer zur Verfügung stand, das von etwa 3200 ausländischen Söldnern und nur etwa 1900 Ägyptern gebildet wurde. Für Rekruten, die militärischem Drill unterstanden, gab es eigene Ausbildungszentren mit Spezialisierungsmöglichkeiten auf einzelne Waffengattungen. In Manövern wurden Kampftaktiken für Schlachten erprobt. Mit den fremden Söldnern kamen regelmäßig weitere neue Bewaffnungen und Ausrüstungsgegenstände in Gebrauch, so daß bald ein vielfältiges Waffenarsenal vorhanden war; insbesondere Söldner trugen zum eigenen Schutz Helme und Kettenhemden. Die Kampfeinheiten wurden in Scharen unterteilt, und es gab zum Beispiel eine »Schar des Amun«, eine »Schar der Schönheit der Sonnenscheibe« und eine »Schar des Pharao«. Jede Einheit hatte ihre besonderen Markierungen und Abzeichen, um sie während des Kampfes lokalisieren zu können. Häufig wurde auf Inschriften der Standartenträger erwähnt. In der Armee von Ramses III. gab es Standarten mit dem Widderkopf des Amun-Re oder der

Der Pharao wollte bei Feldzügen nicht auf den gewohnten Luxus seiner Umgebung verzichten und besaß, geschützt im Zentrum des Feldlagers, einen prächtigen Pavillon für Empfänge. Der abgebildete Pavillon von Pharao Haremhab wird von Soldaten gefegt und wegen des Staubes mit Wasser bespritzt, strenge Offiziere überwachen die Arbeiten.

Ein Pavillon im Zentrum des Feldlagers von König Haremhab; Bologna, Museo Civico Archeologico

Sonnenscheibe. Wagenkämpfer waren die Eliteeinheiten der Armee, nur höchste Offiziere konnten hier Karriere machen. Söhne des Pharaos führten oft den Titel »Erster Wagenlenker«. Auf jedem Kampfwagen gab es zwei Männer als Besatzung: einen Wagenlenker und einen Kämpfer, der mit Pfeil und Bogen sowie Wurfspießen die Feinde angriff. Manchmal waren sogar die Pferde durch wattierte Panzer vor Angriffen durch Fußtruppen geschützt.

Zum stehenden Heer der Ägypter zählten wahrscheinlich auch Marineeinheiten auf dem Nil und in den Küstengewässern, denn es ist der Titel »Oberster der Schiffsmannschaften« überliefert. Daneben sind Kampfschiffe mit Namen wie etwa »Der Wildstier«, »Nördliches Schiff« oder »Der König erscheint in Memphis« bekannt.

Erfolgreichen Kämpfern wurde das Gold der Tapferkeit als eine Art Orden verliehen. Dieser goldene Halsschmuck wog etwa 250 Gramm und bestand aus einer Kette mit goldenen Fliegen, denn die Kämpfer hatten den Feind tapfer und unnachgiebig wie die Fliegen verfolgt.

Söldner übernehmen die Macht

Von den gebildeten Ägyptern wurde der gemeine Soldat verachtet. Den elitären Schreibern war es sehr wichtig, sich von Soldaten zu unterscheiden, um ihren hohen Status zu verdeutlichen. Diese Einstellung förderte das Söldnertum und legte einen Grundstein zum Zerfall und Untergang des Reiches, denn mit der Größe Ägyptens war es vorbei, als Söldner die Macht im Staat übernahmen. In Schulungstexten für Schreiber wurde immer wieder auf das üble Leben der Soldaten verwiesen und vor dem Beruf des Soldaten gewarnt:

»O, was soll es, daß du sagst:
›Der Soldat hat es besser als der Schreiber!‹
Komm, ich will dir erzählen, wie es dem Soldaten geht, dem vielgeplagten:
Man bringt ihn als Kind ... und sperrt ihn in eine Kaserne.
Einen schmerzenden Schlag bekommt er auf den Bauch,
einen spaltenden Schlag bekommt er auf seine Augenbrauen.

Gelangt er heim nach Ägypten,
so ist er wie Holz, das der Wurm frißt.
Er ist krank und muß sich hinlegen.

(Darum) O, Schreiber, ändere deine Meinung
wegen des Spruches, ›Der Schreiber hat es besser als der Soldat!‹«.

Dieser Text stammt von Amen-em-epe, der immerhin selbst aus dem militärischen Bereich kam und »Erster Wagenlenker« sowie Diplomat war, wegen seiner eigenen Bildung aber den ungebildeten gemeinen Soldaten verachtete. In der ägyptische Gesellschaft orientierte man sich bei der sozialen Akzeptanz und Anerkennung anderer an deren Herkunft und Bildung. Trotz all des Staatsinteresses am Militär bedeutete dennoch allein die Bildung das höchste persönliche Glück. Kriegerische Aktionen wurden im alten Ägypten auch satirisch betrachtet. Es gibt Abbildungen aus dem Neuen Reich, auf denen ein Mäusekönig die Festung der Katzen erobert oder Mäusegruppen einer Katze ihren Tribut entrichten.

Ägypten im Krieg

Bei den Pharaonen des Neuen Reiches nahmen kriegerische Tugenden einen vergleichbaren Stellenwert wie die Ehrfurcht vor den Göttern ein. Große Siege brachten besondere Anerkennung und Ruhm für die Nachwelt. Ägypten begann während dieser Zeit nach Kleinasien und in den Süden zu expandieren. Zahlreiche Darstellung zeigen dabei den stets siegreichen Pharao mit seiner Armee, die über die am Boden liegenden geschlagenen Feinde hinweggeht. Solche Darstellungen hatten für die wenig informierte breite Bevölkerung einen hohen Propagandawert und halfen, auch wenig erfolgreiche Feldzüge als Siege erscheinen zu lassen. Zahlreiche erhaltene Aufzeichnungen schildern große Feldzüge und Siege wenig objektiv. Sie relativieren sich meist, wenn gleichzeitig Dokumente der Gegner berücksichtigt werden können.

Pharao Thutmosis III. war der militärisch erfolgreichste Herrscher des Neuen Reiches, weshalb er auch als Napoleon Ägyptens bezeichnet wird. Sein ärgster Gegner war das Mitannireich in Kleinasien. In 17 Feldzügen dehnte er Ägypten bis zum Euphrat aus und machte die syrischen Kleinstaaten zu seinen Vasallen. Er hinterließ Kriegstagebücher mit den Beschreibungen seiner zahlreichen Feldzüge und Schlachten. Seine Truppen führte er dabei persönlich an, und es wird geschildert, wie die Armee in langen Kolonnen von Streitwagen, Fußsoldaten und dem Nachschubtroß aus Eseln und Ochsengespannen vorrückte. Die einfachen Soldaten seines Heeres hießen »Angehörige des Heeres«, der niedrigste Offiziersstand wurde »der Größte von fünfzig« genannt, danach kamen die »Vorsteher von Hundert« und schließlich die »Standartenträger«.

Bereits sein erster Feldzug endete mit einem überwältigenden Sieg über den Fürsten von Kadesch und dessen Verbündeten. Diese wollten ihn in der Schlacht stellen, mußten sich aber im Verlauf des Kampfes in eine Stadt zurückziehen. Der Pharao brillierte

durch militärisches Geschick, und es gelang ihm, eine Schlachtordnung aufzubauen und Kampfstrategien zu entfalten. Eine seiner Eliteeinheiten hieß »die Tapferen des Königs«, und es wurde ausführlich dokumentiert, wie diese Tapferen die Stadt des feindlichen Fürsten stürmten. Seine Truppen erbeuteten 942 Kampfwagen, 2238 Pferde und gewaltige Mengen an Gold und Silber. Den unterworfenen Staaten wurden hohe jährliche Tributzahlungen auferlegt. Anschließend blieben ägyptische Garnisonen in den eroberten Gebieten zurück. Mit dem Reich Mitanni schlossen spätere Pharaonen dann allerdings Friedensverträge ab.

Von den Feldzügen des Pharao Ramses II. ist eine ausführliche Beschreibung der Schlacht von Kadesch erhalten. Das Reich der Hethiter lag damals mit Ägypten im Streit, und im fünften Jahr seiner Regierung (1274 v. Chr.) startete deshalb Ramses II. einen Feldzug gegen den Hethiterkönig Muwatallis. Der Pharao rückte mit der Macht von vier Armeen vor, die nach Göttern benannt waren: die Armee des Amun, die Armee des Re, die Armee des Ptah und die Armee des Seth. Jede Armee bestand aus etwa 5000 Soldaten, so daß mindestens 20 000 Männer im Anmarsch waren. Gleichzeitig wurden Truppenverbände auf Schiffe verladen und erhielten den

Ramses II. hat die Schlacht von Kadesch auf zahlreichen Abbildungen verewigen lassen. Der Ausschnitt zeigt den siegreichen Pharao, wie er über die Feinde hinwegfährt. In der Realität führte die Schlacht für Ägypten allerdings zu keinem Sieg, sondern ging unentschieden aus.

Die Kadesch-Schlacht, Ausschnitt aus dem Relief des großen Pfeilersaals, Felsentempel, Abu Simbel; Umzeichnung

Rechts: Schreiber-Beamte auf dem Schlachtfeld, Relief im Totentempel von Ramses III., Neues Reich, 20. Dynastie; Medinet Habu (Eberhard Thiem, Lotos Film, Kaufbeuren)

Auftrag, nahe der Stadt Byblos zu landen, um von dort den Hethitern in den Rücken zu fallen. In einer klassischen Zangenbewegung wollte Ramses II. die Hethiter einkesseln und am Fluß Orontes nahe der Stadt Kadesch vernichtend schlagen. Er selbst nahm mit den Eliteeinheiten seiner Leibgarde an dem Feldzug teil und leitete die Aktionen.

Strategische Fehler des Pharao

Der Pharao machte allerdings durch eine falsche Einschätzung der geographischen Situation beachtliche Fehler. Er ließ die einzelnen Armeen im Abstand von etwa zehn Kilometern marschieren. Diese Entfernung war für eine gute Verständigung der Truppenteile zu groß, und es gab Koordinationsprobleme. Zu allem Unglück überschritten die vier Armeen zu unterschiedlichen Zeitpunkten den Fluß Orontes, so daß es Truppenverbände diesseits und jenseits des Flußes gab, die sich bei einem Kampf nur schwer gegenseitig unterstützen konnten. Ramses II. war siegessicher gewesen und hatte die Fernaufklärung seiner Späher vernachlässigt. Er hatte mit der ersten und zweiten Armee bereits den Fluß überschritten, als seine Soldaten zwei Beduinen gefangennahmen und verhörten. Die Männer teilten mit, das Heer der Hethiter hätte sich feige zurückgezogen und würde weit im Norden stehen, der Hethiterkönig hätte große Angst vor dem mächtigen Pharao. Ramses II. glaubte zu gern den beiden Beduinen und bereitete keinen Kampf vor. Dabei merkte er nicht, daß er in eine Falle gelaufen war. Die beiden gefangenen Männer waren hethitische Spione und sollten nach ihrer Festnahme den Pharao ablenken. Die Hauptmacht der Hethiter stand in Wirklichkeit ganz in der Nähe. Noch bevor die dritte und vierte ägyptische Armee den Fluß überquert hatte, griffen sie die ahnungslosen Ägypter mit über 1000 Kampfwagen an und vernichteten die zweite ägyptische Armee in einem Massaker. Ramses II. bemerkte die Schlacht wegen der großen Entfernung erst verspätet und flüchtete mit seiner ersten Armee auf einen Hügel, um eilig ein Feldlager mit Verteidigungspositionen zu errichten. Die Hethiter rückten rasch an sein Lager vor und eroberten es. Gedeckt von seiner Leibgarde zog sich der Pharao zurück, um einer Gefangenschaft zu entgehen. Statt den Pharao zu verfolgen, begannen die Hethiter jedoch

Sogar nach einer Schlacht wurde in Ägypten die Bürokratie aktiv. Von den getöteten Feinden wurde noch auf dem Schlachtfeld jeweils eine Hand abgeschlagen und auf einem Haufen gesammelt. Eifrige Beamte zählten dann die Hände, um sich ein Bild über die Zahl der gefallenen Feinde zu verschaffen und dem Pharao den Triumph seiner Macht zu verkünden.

das Lager der Ägypter zu plündern und gerieten durch die enorme Beute in einen Plünderungsrausch. Ramses II. gewann auf diese Weise eine sichere Fluchtdistanz.

In dieser hoffnungslosen Situation geschah plötzlich für die Ägypter ein Wunder. Die nach Byblos verschifften ägyptischen Truppenverbände trafen ein und konnten die plündernden und unachtsam gewordenen Hethiter einkesseln. Die hethitischen Feldherrn bemerkten sofort die Gefahr, brachen wegen der allgemeinen militärischen Unordnung den Kampf ab und zogen sich zur Stadt Kadesch zurück. Die gesamte ägyptische Armee stürmte nun in Eilmärschen zurück, um die sicheren Reichsgrenzen zu erreichen. Nur zufällige Ereignisse hatten sie gerettet.

Ägyptische Propaganda

Zuhause ließ Ramses II. die Schlacht sofort als einen großen Sieg feiern und wurde nicht müde, der Nachwelt über seine Erfolge zu berichten. Da er als Gott keine Fehler machen konnte, trugen allein seine Feldherrn die Schuld an dem Fiasko. Die ägyptische Propaganda lief auf Hochtouren, um den Sieg im Lande zu verbreiten, doch eine Entscheidungsschlacht konnte es nicht gewesen sein. Der Krieg mit den Hethitern ging weiter, und Ägypten konnte zuletzt nicht gewinnen. Auch waffentechnisch waren die Hethiter im Vorteil, denn sie kämpften bereits mit Schwertern aus Eisen, während die Ägypter nur Bronzewaffen hatten. Später berichteten ägyptische Dokumente, die Hethiter hätten Gesandte geschickt, um beim Pharao um Frieden zu bitten. Tatsächlich stellten die Hethiter allerdings Bedingungen, und Ägypten mußte ihr Reich von nun an als eine gleichwertige Macht anerkennen. Um den Frieden zu sichern, nahm Ramses II. die Tochter eines gegnerischen Fürsten als Gemahlin in seinen Harem auf, und ein »elender Großer«, ein Fürst der Hethiter, besuchte sogar sein Reich.

Die Windstille nutzen

Große militärische Auseinandersetzungen gab es auch in späteren Zeiten. Hauptsächlich während der Regierungszeit von Pharao Ramses III. drangen einzelne Stämme einer ausgedehnten Völkerwanderung aus dem Mittelmeerraum bis nach Ägypten vor und bedrohten den Staat. Durch diese Wellen von Völkerverschiebungen waren bereits im ägäischen Raum ganze Reiche untergegangen, und wie im benachbarten Kleinasien und Palästina versuchten nun auch im Niltal die sogenannten Seevölker sich breit zu machen und zu siedeln. Ramses III. bekämpfte sie in einer Seeschlacht und hatte dabei durch günstige Wetterbedingungen ebenfalls das Glück auf seiner Seite, ähnlich wie einst sein Vorfahre bei Kadesch. Außerdem war die ägyptische Armee den Eindringlingen waffentechnisch überlegen und konnte den Gegner einkesseln. Auf Reliefs an seinem Totentempel in Medinet Habu wird diese Schlacht bildlich dargestellt, wobei die mit einem federartigen Kopfschmuck abgebildeten Gegner in Reihen fallen.

Die Darstellung ist eines der wenigen bekannten Beispiele für Seeschlachten im alten Ägypten. Ägyptische Schiffe tragen auf den Abbildungen einen Löwenkopf an ihrem Bug. Sie konnten bei der vorherrschenden Windstille die

Unbeweglichkeit der sonst vorzüglichen gegnerischen Segelschiffe gut zu ihrem Vorteil ausnutzen. Es gelang den ägyptischen Besatzungen, einen Großteil der Schiffe der Seevölker mit langen Seilen am Mast zu packen und zum Kentern zu bringen. Truppen ihrer Bogenschützen konnten anschließend die Schlacht entscheiden, denn die Seevölker waren stärker auf den direkten Nahkampf eingestellt und besaßen im Gegensatz zu den Ägyptern keine wirksamen Fernwaffen wie Pfeil und Bogen. Ihre Stärke war das Rammen von gegnerischen Schiffen und das anschließende Gemetzel beim Niederkämpfen der Besatzungen. Die Eindringlinge mußten nun bei Windstille rudern und konnten nicht zum direkten Kampf übergehen, sie waren den ägyptischen Bogenschützen somit hilflos ausgeliefert. Bei einem echten Nahkampf wäre es wahrscheinlich für die ägyptischen Soldaten schlimm ausgegangen. Schreiber hatten vor dem Kampf immer wieder die Grausamkeit der Seevölker betont und dokumentiert: »Wehe uns, die Inseln des Nordens lassen in Scharen ihre Männer los; sie suchen die Häfen heim und verheeren sie«; »kein Land, das sich nicht ihrer Waffengewalt gebeugt hätte«; »eine Bahn des Feuers zog vor ihnen her nach Ägypten«. Um so größer war deshalb für Ramses III. der Triumph, diese erste überlieferte bedeutende Seeschlacht gewonnen zu haben.

Am Tempel von Abu Simbel werden auch die militärischen Leistungen der Pharaonen verherrlicht. Zu einem großen Sieg gehörten große Scharen von Gefangenen. Auf dem Relief der Abbildung müssen afrikanische Gefangene gefesselt vor dem glorreichen Sieger niederknien.

Afrikanische Gefangene im Kniefall vor ihren ägyptischen Besiegern, in einem Felsentempel; Abu Simbel

Die Gesellschaft

Am Hof des Pharao

Für sein Volk war der Pharao stets ein Gott und keine Privatperson, die man sich als einen vertrauten Nachbarn hätte vorstellen können. Persönlich litt mancher Pharao möglicherweise unter einer solchen Isolierung, aber er mußte zumindest nach dem Protokoll stets wie ein Gott vor der Bevölkerung auftreten. Für seine Untertanen war jeder Pharao weitgehend unnahbar. Wenn er offiziell seinen Palast verließ, kam er als ein Sohn der höchsten Gottheit, der Sonne, dem allgemeinen Sprachgebrauch seines Hofes entsprechend aus seinem Horizont hervor. In der Öffentlichkeit mußte er dann sogleich strahlen wie die Sonne und in seiner Wirkung die Menschen regelrecht blenden. Den Pharao zu sehen, mußte ein Erlebnis sein. Es wurde deshalb in der Ausstattung seiner Person und seiner gesamten Umgebung nicht mit Gold und anderen Symbolen des Luxus gespart. Meist wurde er in einer Sänfte mit prachtvoller Ausstattung aus dem Palastbereich herausgetragen und den Untertanen präsentiert. Durchschnittlich trugen zwölf Soldaten die mit Löwen verzierte Sänfte an langen Stangen auf ihren Schultern. Neben dem Herrscher gingen stets würdevoll die Wedelträger, die ihm Kühlung zufächern durften. Der »Wedelträger zur Rechten des Königs« war für Beamte ein begehrter Titel, denn dann durften sie sich regelmäßig zusammen mit dem göttlichen Pharao dem Volk zeigen.

Der Herrscher fährt aus

Neben dem Umhertragen des Pharao mit der Sänfte gab es auch noch eine dramatisch inszenierte Ausfahrt des Herrschers mit dem Wagen. Wie eine solche Ausfahrt der königlichen Familie ablief, zeigen Abbildungen aus Amarna, der Residenzstadt von Pharao Echnaton. Ein Bild zeigt diesen Herrscher beim Besuch des Tempels des Sonnengottes. Das Protokoll machte aus der Ausfahrt ein eindrucksvolles Ereignis für die neugierige Bevölkerung. Vor der königlichen Wagenkolonne laufen aufgeregt zwei Diener her, die mit Stöcken auf die neugierigen Menschen einschlagen, um für den notwendigen Abstand zum göttlichen Pharao zu sorgen. Dicht hinter den Dienern fährt dann der Herrscher persönlich in kostbarer Kleidung auf einem reich geschmückten Kampfwagen und lenkt selbst die ausgesucht feurigen und kraftvollen Hengste. Er blickt unbeeindruckt über die Menschen hinweg und sieht nur den Tempel. Im Laufschritt begleiten ihn auf beiden Seiten des Wagens Soldaten aller Waffengattungen. Seinem Wagen folgen die nicht minder prachtvoll ausgestatteten Wagen der Königin und der Töchter der Herrscherfamilie. Eine der Prinzessinnen hält keck die Zügel der Pferde sogar selbst, während sich ihre kleine Schwester ängstlich an sie schmiegt. An die Wagen der Frauen der königlichen Familie schließen sich noch sechs weitere Wagen mit dem weiblichen Hofstaat sowie Fahrzeuge mit hohen Offizieren an. Immer wieder tauchen dazwischen Diener auf, die drohend Stöcke schwingen, um neugierige Menschen auf Distanz zu halten. Eine reiche Goldausstattung der Wagen sowie kostbares Geschirr und prachtvolle Federbüsche auf den Köpfen der Pferde verdeutlichen den symbolischen Sonnenglanz des göttlichen Pharao. Die Kolonne fährt recht rasch, und für die

Zu den Festlichkeiten der Oberschicht gehörten Musikdarbietungen. Es gab Damenkapellen, die zur Musik auch das Unterhaltungsprogramm lieferten und oft spärlich bekleidet auftraten.

Damengesellschaft, weibliche Gäste mit parfümierten Salbkegeln auf dem Kopf und eine Dienerin auf dem Totenbankett, Wandmalerei, Grab des Nakht, um 1400 v. Chr.; West-Theben (Bildarchiv Preußischer Kulturbesitz, Berlin)

Die Ausfahrt eines Pharao aus dem Palast wurde als ein besonderes Ereignis inszeniert. Der Herrscher lenkte dabei seinen prachtvollen Wagen selbst. Zu seiner Sicherheit saßen allerdings Helfer auf den Pferden, die verhindern mußten, daß die Tiere durchgingen. Der Pharao mußte stets göttlich sein, und kein Gott durfte vor den Augen des Volkes vom Wagen fallen.

Stele, 18. Dynastie; Kairo, Ägyptisches Museum

Menschen auf der Straße wurde diese Ausfahrt vielleicht zu einer kurzen Episode ihres Lebens, an die sie sich sicher noch lange erinnert haben werden.

Das Hofzeremoniell

Über den Ablauf der vielen Zermonien und Rituale am Hof des Pharao, aber auch über das Alltagsleben sind nur unzureichende Aufzeichnungen überliefert. Die Titelsucht der zahlreichen Hofbeamten, ihre Eifersüchteleien und regelmäßigen Belohnungen durch Privilegien zeigen allerdings, daß es pompös zuging und sich nur ausgesuchte Personen direkt dem Pharao nähern konnten. In ihren Gräbern verweisen wichtige Beamte und Priester immer wieder auf ihre besondere Nähe zum Herrscher und bezeichnen sich als Freunde oder gar als einzige Freunde des Pharao. Im Spiel der Intrigen um Macht und Einfluß mußte der Pharao jedoch mit der Auswahl seiner Freunde vorsichtig sein, denn Attentate waren nicht immer ausgeschlossen. Der Titel »Freund des Pharao« bezeichnete deshalb eine besonders einflußreiche Persönlichkeit.
Während des Alten Reiches ließ es zum Beispiel Pharao Schepseskaf einmal zu, daß ihm der Oberpriester von Memphis als höchste Ehre die Füße küssen durfte. Ansonsten wurde als ein Zeichen der Anerkennung allenfalls erlaubt, die Erde vor dem Pharao zu küssen. Zur allgemeinen Begrüßung zeigte man sonst gegenüber dem Pharao eine tiefe Verbeugung, bei der die Hände ehrfürchtig wie zu einem Gebet erhoben und gesenkt wurden. Insbesondere während der Zeit des Neuen Reiches wurde der

Herrscher bei Gesprächen nicht direkt angeredet, sondern man sprach monologartig vor dem Herrscher. Bevor das eigentliche Gespräch allerdings begann, mußten zeitraubende und für die Menschen sicherlich manchmal peinliche Lobeshymnen vorgetragen werden. Auch wenn der Pharao nur eine kurze Antwort erwartete, verlangte das Zeremoniell eine Aufzählung von Lobpreisungen. Ramses II. lud beispielsweise einmal seine Räte ein, um ein Programm über den Bau von neuen Brunnen zu besprechen. Obwohl das allgemeine Begrüßungszeremoniell bereits abgelaufen war, drückten die Räte in langen Sätzen zunächst ihre Bewunderung für den Pharao aus und stimmten erst dann einem Programm zu, das sowieso bereits beschlossene Sache gewesen war.

Wichtige Gäste und auch fremde Gesandte empfing der Pharao in einem Audienzsaal in seinem Palast. Sein Thron war trotz des Luxus der Umgebung recht einfach gestaltet und bestand bereits in frühen Zeiten nur aus einem würfelförmigen Sitz mit einer kurzen Rückenlehne, über die Kissen gelegt waren. Der Schmuck an den Seitenflächen des Sitzes imitierte das Gefieder eines Vogels. Erst zu späteren Zeiten wurde der Thron noch von einem Baldachin überwölbt und Teil eines kompletten Dekorationsprogrammes, das die Siege und Erfolge des jeweiligen Herrschers feierte. Wurde eine größere Anzahl von Gästen zum Empfang geladen, erschien der Pharao häufig mit Angehörigen seiner Familie auf einem Balkon an der Wand eines Prachtsaales seiner Residenz. Dabei nahm er Huldigungen entgegen, sprach seine Gunstbezeigungen aus oder verteilte Geschenke.

Unter den Frauen des Hofes fand die erste Gemahlin oder auch große königliche Gemahlin des Pharao die höchste

Der Thronsaal im Palast von Ramses III. besaß vermutlich Gewölbe. Die Säulen waren etwa 5,30 Meter hoch und hatten Palmen als Vorbild. Die kolossale Raumwirkung wurde durch Farbanstriche noch verstärkt.

Thronsaal im Palaste Ramses III. in Medinet Habu; Rekonstruktionszeichnung, 19. Jh.

Anerkennung, die sie manchmal allerdings mit der Mutter des Herrschers teilen mußte. Sie hatte stets von vornehmer Herkunft zu sein und zu den großen Familien des Landes zu gehören. Ihre Bedeutung in der Hierarchie wurde wie auch beim Pharao durch eine feste Titulatur unterstrichen. Mit Hatscheput erreichte sogar einmal eine Frau die Stellung einer Pharaonin. Dies blieb allerdings eine seltene Ausnahme, denn sonst wurden nur Männer zum Pharao ernannt. Häufig errang die erste Gemahlin des Pharao eine große politische Bedeutung und ihr Name erschien neben dem Namen ihres Gatten auf amtlichen Dokumenten. Auf Darstellungen durfte sie wie der Pharao die heilige Uräusschlange in einem Stirnreif tragen. Nach dem Tod ihres königlichen Gemahls blieb ihr hohe Wertschätzung erhalten, denn sie war die Mutter des Nachfolgers und damit Mutter eines Gottes. Für die Mutter des Pharao gab es den zusätzlichen Titel »Gottestochter«, der sie zu einem Teil der religiösen Mythen machte und sie in die Generationenfolge eingliederte. War der Pharao noch ein unmündiges Kind, konnte seine Mutter im Hintergrund wichtige Entscheidungen treffen und zur heimlichen Regentin werden. Teje, die erste königliche Gemahlin von Amenophis III. und Mutter von Echnaton, war zum Beispiel in der Außenpolitik Ägyptens recht erfolgreich.

Frauen und Nebenfrauen

Neben der aus politischen und öffentlichen Gründen wichtigen ersten und großen Gemahlin besaß der Pharao noch weitere königliche Nebengemahlinnen sowie einen Harem. Für diesen Palast der Frauen gab es eine eigene Verwaltung und große Scharen von Dienern und Dienerinnen, die ein Leben im Luxus garantierten. Bei großer Attraktivität konnten auch Mädchen aus einfachen Familien in den Harem des Pharao aufgenommen werden und an Bedeutung gewinnen. Im Gegensatz zur ersten Gemahlin ergab sich ihr Rang dabei nicht aus ihrer vornehmen Herkunft, sondern aus ihrer Schönheit. Sie führten Titel wie etwa »Schöne des Palastes« oder »Geliebte des Pharao«. Zur Zeit der 18. Dynastie hatte ein Pharao sogar der hübschen Tochter eines Palastwächters die höchste Ehre erwiesen, indem er sie zur königlichen Nebenfrau auserwählte. Ihr war sogar gestattet, die heilige Uräusschlange als Kopfschmuck zu tragen. Für manche Pharaonen war der Umgang mit der ersten und offiziellen Gemahlin eine lästige Pflicht des Amtes und der Umgang mit den Nebenfrauen reine Lebensfreude. Von Ramses III. sind in einem Tempel Abbildungen überliefert, die ihn bei vergnüglichen Brettspielen in seinem Harem zeigen. Die attraktiven Damen sind dabei ohne Bekleidung und tragen allein kostbaren Schmuck und wertvolle Sandalen. Mit seinem Harem hatte Ramses III. allerdings Pech, denn eine Haremsverschwörung trachtete ihm später nach dem Leben. Durch den Harem und die zahlreichen Nebenfrauen waren viele Pharaonen mit einer reichen Schar von Nachkommen gesegnet. Ramses II. hatte mindestens 200 Kinder, gesichert sind 111 Söhne und 59 Töchter. Unabhängig vom Status der Mutter erhielten alle Kinder des Pharao einen eigenen Hofstaat und eine ausgesucht gute Erziehung, denn sie waren aus »göttlichem Samen«. Sie lebten im

Pharao Echnaton ließ sein glückliches Familienleben unter dem Schutz des Sonnengottes immer wieder darstellen. Auf der Abbildung spielen er und seine Gattin Nofretete zusammen mit den drei Töchtern. Die Tochter auf dem Schoß der Mutter starb bereits in jungen Jahren, während die Tochter auf ihrer Schulter später mit Tutanch-amun verheiratet wurde.

Die königliche Familie: Echnaton, Nofretete und Töchter, Altarrelief, um 1345 v. Chr., Kalkstein, 32,5 × 39 cm; Berlin, Staatliche Museen Preußischer Kulturbesitz, Ägyptisches Museum und Papyrussammlung, 14145 (Bildarchiv Preußischer Kulturbesitz, Berlin, Foto: Margarete Büsing)

Palast der Königskinder. Im Grab einer früh verstorbenen Pharaonentochter findet sich ein Bericht darüber, daß sie bereits als Kleinkind vier persönliche Diener gehabt hatte. Teile des Palastes dienten auch für sie als Schule, und es war für die großen Familien eine Ehre, Erzieher und Lehrer abzustellen. Die Schulungen erfolgten meist zusammen mit Kindern der Großen des Landes, so daß sich früh einflußreiche Freundschaften ergaben. Mancher bedeutende Beamte rühmte seine gemeinsame Erziehung mit den Kindern des Pharao sein ganzes Leben lang und dokumentierte diese Ehre sogar in seinem Grab. Ein Gaufürst erzählte zum Beispiel immer wieder, daß er zusammen mit einem Sohn des Pharao einst schwimmen gelernt hatte. Insbesondere die Söhne des Pharao nahmen später als Erwachsene wichtige Ämter wahr und genossen Privilegien, während die Töchter zu begehrten Ehepartnerinnen wurden und oft der Heiratspolitik dienten, denn sie garantierten die Nähe zum Pharao. Der Militärpropaganda entsprechend waren zum Beispiel die Ramsessöhne die ersten, die mit großem Mut feindliche Festungen stürmten.

Im Harem wird Politik gemacht

Mit dem Harem wurde auch Außenpolitik gemacht, denn ausländische Fürsten gaben immer wieder eigene Töchter in den Harem des Pharao, um Kontakte mit Ägypten zu festigen. Die fremden Prinzessinnen waren allerdings keine einfachen Liebschaften des Pharao, sondern genossen wegen ihrer wichtigen politischen Bedeutung einen

hohen Rang. Manche ausländische Prinzessin wurde sogar offizielle Gemahlin des Pharao. Der Eroberer Thutmosis III. nahm sich zum Beispiel eine Prinzessin aus Mitanni zur Nebenfrau. Allerdings war die Braut wählerisch und erhörte den Wunsch des Pharao erst nach der siebten Anfrage. Ein weiterer Herrscher von Mitanni schickte einmal eine seiner Töchter mit 317 ausgesucht hübschen Dienerinnen in den Harem des verbündeten Pharao Amenophis III. nach Ägypten, wo sie betont freundlich empfangen und aufgenommen wurden. Aus dem Palast des Pharao Echnaton gibt es Abbildungen, auf denen zahlreiche Haremsdamen durch ihre Kleidung deutlich als Ausländerinnen gekennzeichnet werden. Als Ramses II. mit den Hethitern Frieden schloß, sandte der König der Hethiter eine seiner Töchter in den Harem des Pharao. Die junge Frau erhielt sogleich die Stellung einer großen königlichen Gemahlin. Ramses II. besaß anschließend drei große königliche Gemahlinnen. Verlor eine Haremsdame die Gunst des Herrschers, war sie als Ehepartnerin von höchsten Beamten begehrt und wurde nicht als eine Verstoßene beurteilt. Ein Beamter mit dem Titel »Vorsteher der Sandalen des Königs« rühmte einmal ausführlich die Gunst seines Herrschers, ihm eine königliche Nebenfrau als Ehefrau überlassen zu haben.

Einflußreiche Persönlichkeiten am Hofe waren schließlich noch die Amme des Pharao und diejenige seiner ersten Gemahlin. Sie nährten einst einen Gott beziehungsweise die Mutter eines späteren Gottes. Mancher Pharao ließ ihnen aus Anhänglichkeit kostbare Grabanlagen errichten. Leibliche Kinder der königlichen Ammen waren die Milchgeschwister des Pharao und seine engen Vertrauten.

In der Hierarchie am Hofe drängten sich auch die königlichen Verwandten nach vorne. Sie waren für den Pharao wichtige Bezugspersonen, die sein Vertrauen genossen und die deshalb bevorzugt hohe Ämter erhielten. Ob ihnen der Pharao tatsächlich trauen konnte, blieb jedoch oft dahingestellt. Der Personenkreis der königlichen Verwandten wurde manchmal so stark erweitert, daß wiederholt der Titel »wirklicher königlicher Verwandter« eingeführt werden mußte, der den Titelträger deutlich von den übrigen »königlichen Verwandten« abhob.

Rekonstruktion eines Säulensaals im Totentempel von Pharao Sahurê (5. Dynastie). Der Saal sollte einen Palmenhain symbolisieren, war farbig ausgemalt und mit Reliefs verziert. Sicherlich waren auch die nicht erhaltenen Privaträume der Herrscher in ähnlicher Pracht gestaltet.

Säulensaal im Totentempel des Königs Sahurê bei Abusir; Rekonstruktionszeichnung, 19. Jh.

Der Pharao als Privatmann

Aus dem Privatleben der Pharaonen gibt es insgesamt nur wenige Hinweise, die den Menschen hinter der göttlichen Aura verdeutlichen könnten. Häufig gewähren allerdings zufällige Dokumente wichtige Einblicke. Kriegerische Herrscher waren gerne an der Spitze ihrer Truppen unterwegs, um persönliche Kontakte zu den Soldaten zu pflegen

Vorder- und Rückseite einer Tonscherbe aus einer Arbeitersiedlung beim Tal der Könige; links die Zeichenvorlage des Lehrers, rechts die noch unbeholfene Kopie eines Schülers. Es ist die Kartusche (umrahmter Herrschername) von Pharao Amenophis I. dargestellt. Ägyptische Kinder mußten bereits früh zahlreiche Hieroglyphen kennen.

Johns-Hopkins-Universität, Baltimore

und dem strengen Hofprotokoll zu entgehen. Trotz aller Gefahren konnten sie in solchen Fällen ein gemeinsames Schicksal mit anderen teilen und menschliche Nähe finden. Der Feldzug entschädigte sie für die Isolation ihres Amtes. Viele der Herrscher waren außerdem ausgesprochene Familienmenschen. Sie genossen das Treiben ihrer zahlreichen Kinder und konnten dabei wahrscheinlich die persönliche Einsamkeit ihres Herrschertums überwinden. Bis auf die Zeit des Ketzerpharao Echnaton war das Familienleben eines Pharao allerdings für die Öffentlichkeit weitgehend tabu, weshalb Dokumente fehlen. Doch Echnaton ließ hier Ausnahmen zu. Seine Künstler zeigten ihn oft im Kreise seiner Familie beim zwanglosen gemeinsamen Spiel oder beim Festmahl ohne steifes Protokoll. Eltern und Kinder schmausten dann ohne Rücksicht auf die strengen Sitten des Hofes. Eine Abbildung dokumentiert sogar, wie er seine erste königliche Gemahlin Nofretete bei einer Ausfahrt auf dem Wagen mitten in seiner Hauptstadt Amarna küßte. Auf einem anderen Bild wird Nofretete auf dem Schoß des Pharao sitzend dargestellt, und beide spielen mit den Kindern. Ein weiteres Bild zeigt schließlich das Herrscherpaar voller Trauer am Totenbett der geliebten Tochter Maketaton. Vater Echnaton faßt seine Frau am Arm und beide beugen sich den Gesten der Totenklage entsprechend. Von dem mächtigen Ramses III. ist ein Bild erhalten, das ihn als zärtlichen Vater beim Streicheln der Wangen einer seiner Töchter darstellt. Die Töchter nannten ihren Vater »Sesi«. Von Amenophis III. gibt es eine Stele mit einer Abbildung des bereits greisen Pharao. Die Gestalt erscheint zusammengesunken, und Ärzte würden diagnostizieren, daß der Herrscher einen Schlaganfall erlitten hatte.

Andere Pharaonen waren fröhliche Zecher. Ramses IV. bat in einer inoffiziellen Urkunde Gott Osiris, er möge ihm immerwährende Gesundheit und einen Alkoholgenuß bis zur Volltrunkenheit schenken. Auf einer Stele, die sich heute in einem Museum in Boston befindet, ließ der als vorzüglicher Sportler bekannte Pharao Amenophis II. in Umgangssprache, und nicht im gestelzten Hofstil über gemeinsame Erlebnisse mit

einem Freund berichten, der während seiner Herrschaft Vizekönig war. Das Dokument schildert fröhliche Zechgelage und beschreibt ironisch die Erfolge des Freundes bei den Frauen sowie gemeinsame Abenteuer auf Feldzügen.

Rührend ist ein amtliches Dokument des damals erst achtjährigen Pharao Pepi II. an einen Gaufürsten, der von einer gefährlichen Expedition im südlichen Afrika einen Tanzzwerg (wahrscheinlich einen Pygmäen) zur Zerstreuung seines Herrschers mitgebracht hatte. Der kindliche Pharao freute sich so sehr über das Geschenk, daß er auf das Dokument seiner Schreiber persönlich in unbeholfenen Hieroglyphen schrieb: »vom König selbst gesiegelt«. Pepi II. herrschte am Ende des Alten Reiches 94 Jahre lang über Ägypten und erreichte das sagenhafte Alter von etwa 100 Jahren. Er war kein Kind von Traurigkeit. In einer Erzählung wurde später berichtet, daß der Pharao häufig auf nächtlichen Spaziergängen allein durch Gärten schlich und das Haus eines Generals besuchte. Der Besuch galt allerdings nicht der Pflege einer Männerfreundschaft, denn der Pharao begehrte keinen offiziellen Einlaß, sondern warf stets einen kleinen Stein gegen das Haus, worauf eine Leiter herabgelassen wurde. Anschließend vergnügte sich Pepi II. mit der Ehefrau des Generals. Feinde des Herrschers dokumentierten später, er sei stets vier Stunden im Haus gewesen und habe schändlichen Ehebruch begangen. In Erzählungen wird Pepi II. auch unterstellt, er habe morgens hart und schwer gearbeitet, dann aber seine Geschäfte abrupt unterbrochen, um sich Zechgelagen hinzugeben.

Während der 26. Dynastie machte der trinklustige Pharao Amasis einmal mit Damen seines Harems einen Ausflug zu einem Lusthaus an einem See. Es wurde schwerer Wein serviert, und der Pharao wurde immer lustiger. Die Damen tranken vornehm und zurückhaltend, doch der Herrscher genoß den Wein und war zuletzt völlig betrunken. Er hatte nun keine Lust mehr, zum Palast zurückzugehen und legte sich einfach unter freiem Himmel hinter das lauschige Lusthaus, um seinen Rausch auszuschlafen und hoffte gleichzeitig, daß der nächtliche Wind seinen Kopf kühlen würde. Am nächsten Morgen weckte ihn sein Kater, aber er konnte immer noch nicht aufstehen. Dem Hofzeremoniell zufolge durfte ihn kein einzelner Mensch ohne Vorabsprache ansprechen, deshalb eilte der gesamte Hof zu ihm und wehklagte. Der Pharao aber meinte, er sei noch immer besoffen und könne für den Rest des Tages nichts mehr tun.

Pharao Tut-anch-amun wurde im Alter von neun Jahren mit der ebenfalls noch sehr jungen Anches-en-pa-aton verheiratet und starb bereits im Alter von 18 Jahren vermutlich an einer Vergiftung. Im berühmten und unversehrten Grab dieses jugendlichen Herrschers wurde später eine Locke gefunden, die ihm Teje, seine Schwiegergroßmutter und mächtige große königliche Gemahlin von Amenophis III., bei der Bestattung mitgegeben hatte. Die junge Witwe fühlte sich nach dem frühen Tod des Tut-anch-amun sehr einsam und schrieb zweimal an den Hethiterkönig Suppiluliuma, um von ihm einen seiner Söhne als Gemahl zu erbitten. Sie hatte keine Kinder, wollte unbedingt Mutter werden und konnte sich nach eigenen Worten nicht überwinden, einen »ägyptischen Diener« zu heiraten. Der fremde

König erhörte sie, und tatsächlich machte sich ein hethitischer Prinz auf den Weg zu ihr. Doch er kam nie in Ägypten an, sondern wurde unterwegs mit seinem Gefolge vermutlich auf Betreiben des mächtigen ägyptischen Generals Haremhab ermordet. Enttäuscht wurde die junge Witwe später eine unbedeutende Nebenfrau des bereits greisen Eje, Nachfolger in der Herrschaft ihres verstorbenen Gatten.

Besuche bei der Oberschicht

Der Palast des Pharao hatte vielfältige Funktionen: er war sowohl Wohnsitz eines Gottes als auch der verzweigten Herrscherfamilie mitsamt Harem sowie einem Heer von Beamten, Handwerkern und Dienern, gleichzeitig war er aber auch Mittelpunkt der Regierung und Zentrum der Verwaltung des Landes. Aus diesem Grund wurden gewaltige Wohnanlagen errichtet. In vielen Staaten waren solche Zentren immer von dauerhaftem Bestand und befanden sich meist in der Hauptstadt. Im alten Ägypten dagegen gab es zwar ebenfalls Hauptstädte wie etwa Memphis oder Theben mit unterschiedlichsten Bevölkerungsgruppen, die eigentliche Residenzstadt des Pharao mit ihren Wohnpalästen wurde jedoch überraschend oft gewechselt. Es gibt Hinweise, daß zahlreiche Pharaonen nach ihrem Regierungsantritt neue Residenzen gründeten, die keine gewachsenen Siedlungen, sondern künstliche und nach genauen Plänen errichtete Stadtgebilde waren, die bald zu einer Art Hauptstadt aufgewertet wurden. In der Frühzeit des Reiches residierten die Herrscher mit ihrem Hof meist in der Nachbarschaft der Pyramiden, um sich immer wieder

Eine Dienerin gießt vor einem Festmahl Parfum in die Hände einer Dame der Oberschicht. Eine andere Dame riecht währenddessen an einer Blüte. In ihrem Haar tragen beide einen Duftkegel. Bei Festlichkeiten wurde auf Wohlgeruch im Haus großer Wert gelegt.

Die Dienerin des Herrn Djehuti gießt Parfum über die Hände eines Gastes, Wandmalerei, Grab des Djehuti, 18. Dynastie; Theben, TT 45

ihr zukünftiges Leben in der Ewigkeit vor Augen zu führen. Doch später wurden neue Schwerpunkte gesetzt, und Stadtgründungen erfolgten nun hauptsächlich aus strategischen und verkehrstechnischen Gründen, um das Reich besser erschließen und verwalten zu können. Viele dieser Stadtgründungen waren kurzlebig, und von manchen Residenzen sind heute leider nicht einmal mehr Ruinen erhalten. Ramses II. und Ramses III. ließen sogar weit im Norden, im Nildelta, ihre Ramsesstadt errichten, die rasch großzügig ausgebaut wurde und durch Kanäle und Seen optisch sehr ansprechend gegliedert war.

Mit der Gründung einer neuen Residenz mußte auch die Oberschicht baulich aktiv werden, um ihre Nähe zum Pharao zu erhalten. Architekten und Bauhandwerker waren deshalb im alten Ägypten stets beschäftigt. Fast jeder konnte sich im Land ein Haus leisten, und allein die Größe der Wohnfläche und des Grundstückes drückte die soziale Stellung aus. Um dem Herrscher nachzueifern, waren die Villen und Paläste des Adels und der hohen Beamten oft Miniaturausgaben des königlichen Palastes. Neben den Bauaktivitäten war auch die Anzahl der Bediensteten ein Zeichen von Reichtum und Anerkennung. Aus Quellen ist überliefert, daß sich der vielbeschäftigte Graveur Qeni aus einer Arbeitersiedlung beim Tal der Könige zum Beispiel etwa zehn eigene Bedienstete leisten konnte. Sogar tüchtige Vorarbeiter waren oft in der Lage, private Bedienstete zu beschäftigen. Ein Beamter der mittleren Rangstufe konnte sogar fast 80 Bedienstete in seinem Haushalt unterbringen und seine Vorgesetzten mußten ihn natürlich übertrumpfen. Je höher die gesellschaftliche Stellung eines Menschen im alten Ägypten war, um so größer mußte zwangsläufig die Anzahl seiner Bediensteten

Vor jedem Fest betrieben die Gäste eine ausgeprägte Schönheitspflege. Frauen legten Schmuck an und salbten sich mit wohlriechenden Essenzen. Dabei gingen ihnen zahlreiche Dienerinnen zur Hand.

Wandmalerei, Grab des Rechmire; Theben, TT 100 (Eberhard Thiem, Lotos Film, Kaufbeuren)

sein. Es ist aus diesem Grund nicht verwunderlich, daß sogar der niedere Adel zu einer eigenen Hofhaltung fähig war, und Beamte in der Position eines Wesirs fast königlich auftreten konnten. In der Mehrzahl waren solche Bedienstete in den Haushalten der Oberschicht Sklaven, die nur zum Teil aus Ägypten stammten, häufiger aber aus dem tiefen Süden oder dem asiatischen Raum. Sie zu versorgen, erforderte keine großen Aufwendungen und sie zu ersetzen, bereitete keine Probleme.

Die Residenzstadt Kahun

Als Beispiel für eine Residenzstadt soll Kahun herausgegriffen werden, in der einst Pharao Sesostoris II. (Mittleres Reich) Hof hielt. Diese Stadt nahe dem heutigen Illahun war eine absolut künstliche Schöpfung und hatte einen Umfang von etwa 400 Metern im Quadrat. Sie war von einer Ziegelmauer umgeben und besaß zwei große Tore, die zu zwei völlig unterschiedlichen Stadtteilen führten. Der kleinere Stadtteil wurde von einer etwa neun Meter breiten Straße durchzogen, von der regelmäßig etwa vier Meter breite Gassen im rechten Winkel abzweigten. Hier standen dicht gedrängt die kleinen bescheidenen Häuser der Arbeiterschaft. Zwei Häuser hatten jeweils eine gemeinsame Rückwand, so daß es möglich war, auf einer Fläche von 240 mal 105 Metern etwa 250 kleine Häuschen unterzubringen. Häuser der Vorarbeiter waren zwar etwas größer als Häuser der Arbeiter, aber dennoch hatte jedes Haus nur eine Front von etwa sieben bis elf Metern mit höchstens zehn kleinen Räumen.

Ganz anders war die Situation im anderen Stadtteil, der etwa drei Viertel der Stadtfläche umfaßte, aber nur aus etwa zehn bis elf großen Prachtvillen bestand. Hier lebten zweifellos Angehörige der Oberschicht. Jedes ihrer Grundstücke war von einer Mauer umgeben und etwa 50mal größer als das Baugrundstück eines Arbeiters. Neben den Gebäuden befanden sich nachweislich Gartenanlagen. Im Durchschnitt hatten die Prachtvillen bis zu 70 Zimmer und Korridore. Hinter einem schmalen Eingang an der Straße mit speziellen Entwässerungsrinnen lagen zunächst Räume für einen Pförtner, der alle Besucher kontrollierte und den Weg zu den Herrschaften wies. Links hinter der Pförtnerwohnung verlief der Korridor zu den Küchenräumen und den Stallungen und rechts zum Wohnbereich des Hausherrn. In einem Vorzimmer wurde dann der Besucher empfangen und anschließend in einen schattenspendenden und repräsentativen

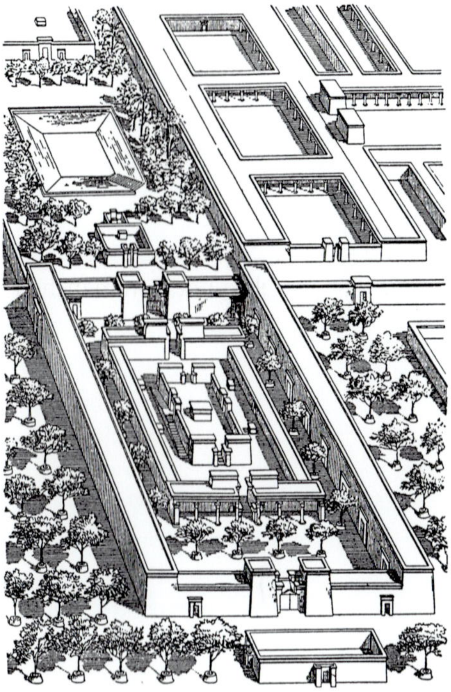

Rekonstruktion des Hauses eines hohen Beamten aus der 18. Dynastie. Die Oberschicht konnte sich höchst luxuriöse Wohnhäuser leisten, die sich bei einer großen Zahl von Räumen um verschiedene Innenhöfe gliederten. Nach außen waren die Häuser durch Mauern abgeschirmt.

Das Haus eines hohen Beamten der 18. Dynastie; Rekonstruktionszeichnung, 19. Jh.

Säulenhof mit Zugängen zu einem Herren- und einem Frauenhaus geführt, wobei das Frauen- vom Herrenhaus baulich isoliert war. Dieser Hof war der Mittelpunkt des gesamten Hauses, von dem aus noch eine Treppe zum Flachdach hinaufführte, wo sich die Familie des Hauses und auch Gäste nach Sonnenuntergang treffen konnten. Sowohl im Herren- als auch im Frauenhaus gab es streng private Bereiche und öffentlichere Räume für Gäste, die für Empfänge, Festmähler oder andere Anlässe genutzt werden konnten. Licht erhielten die zahlreichen Räume jeweils von Höfen, um die sie gruppiert waren. In einem besonderen Gebäude war schließlich die Küche untergebracht. Hier arbeiteten nicht nur Köche, sondern auch Bäcker, Metzger oder Bierbrauer, und besondere Dienerinnen mußten regelmäßig das Korn zum Brotbacken mahlen. Eigene Räume für die Dienerschaft und Vorratskammern vervollständigten das stattliche Anwesen.

Über das Innere der Räume in den Villen von Kahun können keine Aussagen gemacht werden. Sie waren vermutlich prachtvoll ausgemalt und auch kostbar möbliert. Aussagen über die Gärten enthalten dagegen Grabmalereien. Hinweise auf mehrstöckige Häuser gibt es in den Ruinenresten von Kahun nicht, ebenso sind sämtliche Spuren für eine etwaige Rekonstruktion des alles an Pracht überragenden Pharaopalastes ausgelöscht. Eine Vorstellung von weiteren »Traumhäusern« der Oberschicht erhält man aus Gräbern von hohen Beamten in Theben. Diese Häuser waren meist freistehend und wurden mit den umgebenden Gärten sowie kleinen Teichen als eine Einheit angesehen. Mehrstöckige Häuser waren bekannt, jedoch scheint die Oberschicht einstöckige Häuser mit einem Flachdach bevorzugt zu haben.

Gelage bis zur Volltrunkenheit

Der vornehme Ägypter liebte seine Feste und die Treffen mit Angehörigen seines Standes. Wenn keine Ausflüge oder Jagdvergnügungen unternommen wurden, versammelte sich die feine Gesellschaft meist in einer der Villen. Bei Gesang und Tanz wurden dann Bankette gegeben und auch Diskussionsrunden oder Spiele für Erwachsene veranstaltet. Berge von Essen wurden für die Gäste aufgetragen. Dabei saßen alle auf Matten oder kleinen Hockern und bedienten sich mit den Fingern von reich bestückten großen Platten. Regelmäßig wurden während des Festessens auch Wasserschalen zum Reinigen der Hände gereicht.

Als Getränk servierten die zahlreichen Bediensteten Wein in feinen Schalen. Bier galt dagegen eher als Grundgetränk für die einfache Bevölkerung und wurde von der Oberschicht seltener getrunken. Junge Tänzerinnen, die außer einer prachtvollen Perücke, einem Schmuckkragen und einem Schmuckgürtel keine weitere Kleidung trugen, sorgten während des Spieles von Musikanten und Sängerinnen für die nötige Unterhaltung und für Gesprächsstoff beim Publikum. Damen und Herren saßen allerdings meist getrennt auf verschiedenen Seiten des Raumes. Es war kein gesellschaftlicher Makel, wenn Wein bis zur Volltrunkenheit verabreicht wurde, und manche Abbildungen zeigen, wie sich Mitglieder der feinen

Gesellschaft ohne Bedenken in der Öffentlichkeit übergeben. Ein guter Gastgeber war zufrieden, wenn es hieß: »Das Gelage verwirrt sich in Trunkenheit.« Dann prüften die feinen Damen nicht mehr gegenseitig ihren kostbaren Schmuck und ihre edle Aufmachung, sondern übergaben sich wie die Herren. Dienerinnen überreichten in dieser Situation besondere Schalen.

Bei solchen Festlichkeiten waren die Räume sicher mit Wohlgerüchen erfüllt. Zur reichen Blumendekoration gehörten auch duftende Gewürzpflanzen wie etwa Rosmarin und Majoran. Bei der festlichen Ausstattung der Damen war ein spezieller Parfumkegel, der in die sorgfältig drapierte Perücke gesteckt wurde, ein Ausdruck von Lebensstil. Nicht nur der Festraum selbst, sondern auch Speisetische und Weinkrüge waren mit Blumen geschmückt. Die Ägypter liebten Blumen über alles, und insbesondere die Damen trugen bei Festbanketten Blumen in den Haaren und Blumenkränze am Körper. Von ihren Gastgebern wurden sie sogar mit Blumengirlanden empfangen. Auch gab es Stabsträuße, die größer waren als die Menschen, und jeweils an den Haustüren abgestellt wurden, um alle Besucher damit zu begrüßen und auf das Fest einzustimmen. Für einen solchen Strauß wurden lange Papyrusstengel zusammengebunden und anschließend reich mit Blüten, Früchten und wohlriechenden Pflanzenteilen dekoriert.

Klatsch und Tratsch

Wie zu allen Zeiten reagierte die Mehrheit der einfachen Bevölkerung auf die Festlichkeiten der Oberschicht mit Klatsch und Tratsch. Zahlreiche Geschichten machten die Runde, und es wurde einst gelästert, daß die Reichen aus den Villen neuerdings feinstes Behenöl, und nicht mehr einfache Öle als Sonnenschutz für die Haut verwenden würden.

Der durchschnittliche Ägypter saß nach Sonnenuntergang gerne vor dem Haus oder auf dem flachen Hausdach, um Neuigkeiten auszutauschen und zu lästern. Die Götter straften böse Menschen mit Krankheiten, und der gute Sonnengott Re sorgte stets dafür, daß auch den Reichen die Bäume nicht in den Himmel wuchsen. Gefürchtet waren der magische Zauber und übelgesinnte Geister. Es wurden bildhafte Geschichten über Tiere erzählt, in denen sich sonstige Todfeinde wie etwa Katzen oder Mäuse plötzlich vertrugen und Friede schlossen, oder die Fabel vom Löwen, der einst eine Maus verschont hatte und dann von derselben Maus aus der Gefangenschaft gerettet wurde, weil sie die Seile seines Fangnetzes zernagen konnte. Noch heute sind Karikaturen von solchen Bildgeschichten erhalten, etwa das Nilpferd und die Sau, die zusammen Bier brauen, während sich die Hyäne rührend um das kleine Ferkel kümmert. Katzen konnten sich mit Gänsen anfreunden und der Fuchs bisweilen die Ziegen hüten.

Beliebt waren auch Geschichten über die Heldentaten der kriegerischen Pharaonen, wie zum Beispiel die Geschichte über Thutmosis III., der einst der Stadt Joppe (heute Jaffa) Getreide versprochen hatte. Es wurden daraufhin 200 Säcke in die Stadt gebracht. Doch in den Säcken waren keine Getreidekörner, sondern 200 Elitekämpfer, die sich aus den Säcken herausschnitten und dann halfen, die Stadt zu erobern.

Eine Dienerin bringt Opfergaben. In der rechten Hand hält sie eine Ente und auf dem Kopf wird ein Korb getragen. Die junge Frau ist sorgfältig gekleidet, denn die Gaben sind sicherlich für ein wichtiges Opfer bestimmt.

Statuette einer Opferträgerin, Grab des Meketre, Theben, 11. Dynastie, um 1990 v. Chr., Holz, bemalt, Höhe 123 cm, Breite 17 cm; Kairo, Ägyptisches Museum, JE 46725

Die Familie

Die Familie bildete für die ägyptische Hochkultur das Zentrum der Gesellschaft. Sie zu erhalten, war ein hohes Ziel, und Grabanlagen zeigen immer wieder, daß die Familie in ihrem Zusammenhalt auch im Jenseits weiter fortbestehen sollte. Großfamilien waren eine seltene Ausnahme, die Regel war die übliche Kleinfamilie aus Vater, Mutter und den noch unmündigen Kindern. Zur entfernten Verwandtschaft und zur gesamten Sippe gab es vermutlich nur lockere Beziehungen, denn die ägyptische Sprache kannte für einen Onkel oder eine Tante keine eigenen Begriffe, es waren stets Umschreibungen notwendig, wenn solche Verwandten benannt werden sollten. Die Gründung einer Familie war allein über die Ehe möglich, die recht früh eingegangen wurde. Bei Mädchen erfolgte die Eheschließung in der Regel nach der Pubertät, etwa im Alter von 13 bis 14 Jahren. Junge Männer waren meist etwas älter, denn sie mußten in der Lage sein, ihre Ehefrau und später die gesamte Familie ernähren und versorgen zu können. Es wird angenommen, daß Männer im Alter von ungefähr 20 Jahren heirateten. Lehrtexte ermahnen immer wieder, daß der Mann in den ersten zehn Jahren seines Lebens tüchtig lernen sollte, um in den folgenden zehn Jahren Besitztümer anzuhäufen, die ihm die Gründung einer Familie ermöglichen konnten.

Bei der Eheschließung besaß der Mann in der Regel ein kleines Haus, in das seine Ehefrau als »Herrin des Hauses« einziehen konnte. Von dem Weisen Anchscheschonji ist der Satz überliefert: »Wohne nicht in einem Haus zusammen mit deinen Schwiegereltern.« Unverheiratete erwachsene Personen oder Personen, die sich kein Haus leisten konnten, lebten bei ihren Angehörigen. Starb der Vater, war es für den Sohn eine Pflicht, die Mutter in den eigenen Haushalt aufzunehmen und zu versorgen. Die Wertschätzung der Mutter war so hoch, daß in Gräbern die Mutter oft neben der Ehefrau dargestellt wurde. Alleinstehende Frauen zogen in den Haushalt eines männlichen Verwandten. Vorstand eines Hauses war nach außen hin der Mann und nach innen die Frau. Im Stadtregister von Theben aus der 20. Dynastie sind sorgfältig etwa 182 Haushalte mit Namen und Beruf des Vorstandes registriert. Waren Junggesellen oder alleinstehende Frauen vermögend, konnten sie durchaus ein eigenes Haus führen. Eltern waren stets darauf bedacht, daß der zukünftige Ehemann der Tochter einen standesgemäßen Lebensstil sichern konnte. In einem erhaltenen Dokument bittet Horudja, ein Priesterkandidat des Amun-Re, den Familienvorstand Padiese um eine Heiratserlaubnis für dessen Tochter. Padiese lehnte zunächst ab und stimmte erst zu, nachdem Horudja nach dem Verlauf eines Jahres Priester geworden war und die Tochter versorgen konnte. Arme Männer konnten nicht heiraten. Für Ägypter war es ein Alptraum, aus Armut kinderlos sterben zu müssen, denn keine Nachkommen konnten dann die Toten ehren.

Gleichberechtigte Ehepartner?

Wenn auch viele Ehen durch die Eltern vermittelt wurden, war die Liebesheirat doch das große Ziel. Lehrtexte raten immer wieder zur Liebesheirat und belehren Eltern mit Sätzen wie: »Suche deiner Tochter einen vernünftigen Mann, suche ihr keinen reichen Mann.« Die ägyptische Literatur und insbesondere die Lyrik ist voller Beispiele für zärtliche Liebesbeziehungen. In Liebesliedern wird oft der Wunsch vorgebracht, die Mutter möge die Zuneigung des Mädchens für den Jüngling erkennen. Junge Mädchen nannten ihren Freund wegen der menschlichen Nähe »meinen Bruder« und junge Männer ihre Freundin »meine Schwester«. Diese Bezeichnung von Bruder und Schwester für Freund und Freundin führte lange Zeit zu dem Mißverständnis, im alten Ägypten wären regelmäßig Eheschließungen zwischen Geschwistern vorgekommen. Solche Vermutungen treffen nicht zu. Ehen zwischen nahen Verwandten gab es nach Familienarchiven manchmal auf Zeit, um Frauen zu versorgen; aus ihnen gingen wahrscheinlich nur in Ausnahmefällen Kinder hervor. In der höchsten Oberschicht konnte es formale Ehen zwischen Halbgeschwistern, aber kaum zwischen Vollgeschwistern geben; diese Ehen dienten nicht der Erzeugung von Kindern, sondern waren politisch motiviert. Heiratete der Pharao zum Beispiel seine Halbschwester, stammte der Thronfolger stets von einer Nebenfrau ab. Tut-anch-amun war beispielsweise der Sohn einer Nebenfrau von Echnaton, er wurde noch als Kind mit einer der direkten Töchter von Echnaton und der großen königlichen Gemahlin verheiratet, um seinen Thronanspruch zu legitimieren. Formale Ehen zwischen Pharaonen und ihren Töchtern, die in einzelnen Fällen vermutet werden, gab es nicht.

Über formale Verträge bei einer Eheschließung oder wie der ägyptische Sprachgebrauch definierte, bei der Gründung eines Hauses, gibt es keine gesicherten Hinweise. Manchmal wird über ein »Jahr des Essens« berichtet, das als eine Ehe auf Zeit oder auf Probe angesehen werden kann. Hatte sich das Paar endgültig für die Ehe entschieden, wurde die Heirat offiziell von Beamten der staatlichen Verwaltung registriert, und beide vollzogen im Tempel ein Opferzeremoniell. Die Ehefrau war dem

Junges Ehepaar, das durch seine Kleidung die Zugehörigkeit zur Oberschicht ausdrückt. Die Haltung ist repräsentativ und stellt eine Standardausführung dar. Die junge Frau umfaßt ihren Mann und zeigt, daß sie zu ihm gehört.

Statuengruppe eines stehenden Mannes mit seiner Frau, Gisa, 5. Dynastie, um 2450 v. Chr., Kalkstein, bemalt, Höhe 56 cm; Wien, Kunsthistorisches Museum, ÄS 7444

Ehemann gleichberechtigt und konnte über Vermögensanteile, die sie in die Ehe einbrachte oder vom Ehemann erhielt, frei verfügen. Eheverträge zwischen Paaren sind nach der Geburt von legitimen Kindern bekannt. In solchen Verträgen wurde die Teilung des Besitzes nach einem Todesfall oder bei einer Scheidung geregelt. Eine Ehescheidung konnte von beiden Ehepartnern beantragt werden. War die wirtschaftlich meist schwächere Frau schuldlos geschieden worden, konnte sie mit einer Abfindung rechnen. Es gibt Grabanlagen von Männern, in denen auf Malereien oder Reliefdarstellungen Hinweise auf eine Ehefrau sorgfältig entfernt worden sind. Wahrscheinlich gehörte eine solche Grabanlage einem geschiedenen Ehemann, der noch zu Zeiten der Ehe das Grab anfertigen ließ, später aber nicht mehr an die geschiedene Ehefrau erinnert werden wollte und ihr Andenken löschte. Zumindest in der Oberschicht verlief die Erbfolge über die weibliche Linie. Es erbte die älteste Tochter, und der erste Sohn der ältesten Tochter war dann Nutznießer. Der Vater der Mutter war für einen jungen Mann eine wichtige Bezugsperson, mit der er es sich nicht verscherzen durfte. Ein Dokument belegt, daß beispielsweise ein Offizier wegen des Vaters seiner Mutter in die Stallungen des Pharao aufgenommen wurde.

Ehepaare begegneten sich meist mit einer großen Hochachtung. Ging es einem Witwer nach dem Tod seiner Ehefrau schlecht, wurde dies oft so interpretiert, als würde ihn der Zorn der verstorbenen Frau wegen deren schlechter Behandlung während der Ehe treffen. In einem Papyrus aus einer Sammlung in Leiden beklagt zum Beispiel ein Witwer seinen bedauernswerten Zustand und wirft seiner verstorbenen Ehefrau vor: »Was hast du mir Böses getan, daß ich mich in diesem elenden Zustand befinde. ... Was habe ich dir getan? Du wurdest meine Frau, als ich jung war, und ich war bei dir. Dann verwaltete ich allerlei Ämter indem ich bei dir war, ich verließ dich nicht und bereitete deinem Herzen keinen Kummer ...« Über viele Zeilen beschreibt der Witwer, wie gut er doch zu der Verstorbenen gewesen sei. Zuletzt bringt er das Schreiben zum Grab der Ehefrau, damit sich ihr Geist besänftigen sollte und es ihm wieder besser gehen könnte.

Eheschließung und Ehebruch

Die Einehe war der Normalfall. Eine Vielehe oder gar ein Harem war für den durchschnittlichen Bürger bereits aus finanziellen Gründen unerschwinglich, so daß es beides praktisch nur in der Oberschicht gab, wobei auch dort stets zwischen der großen Gemahlin und den Nebenfrauen unterschieden wurde. Der Große der Zehn von Oberägypten, Ameni, lebte während der Zeit des Mittleren Reiches friedlich und ohne Eifersuchtsdramen mit zwei Ehefrauen zusammen. Seine erste Frau Nebet schenkte ihm zwei Söhne und fünf Töchter und seine zweite Frau Hemut einen Sohn und drei Töchter. Beide Ehefrauen scheinen sich vertragen zu haben, denn Nebet nannte ihre zweite Tochter Hemut und Hemut alle ihre Töchter Nebet. Kriminelle scheinen in ihren Heiratssitten ebenfalls aus dem Rahmen gefallen zu sein. Ein gefaßter Grabräuber besaß zum Beispiel einmal, wie ein Großer des Reiches, zwei legitime Ehefrauen gleichzeitig.

Das Ziel jeder Ehe war eine möglichst große Schar von Kindern. Die Ägypter waren sehr kinderlieb und hofften, daß eine große Zahl von Nachkommen den Totenkult für die eigene Person garantieren konnte. Kinder sicherten nicht nur den Erhalt, sondern auch das Erbe der Familie und die Nachfolge im Amt, in ihren Kindern lebten die Menschen fort. In einem Totengebet wird berichtet: »... denn ein Mann, dem kein Kind geboren ist, er ist wie einer, der gar nicht gewesen ist, er ist gar nicht geboren. Seines Namens wird nicht gedacht ...« Außerdem war die Kindersterblichkeit recht hoch und nur eine kleine Zahl von Neugeborenen erreichte das Erwachsenenalter. Der Gelehrte Ptahhotep riet den Familien: »Wenn du angesehen bist und einen Hausstand hast, zeuge einen Sohn, der Gott erfreut.« In den Familien war jedes Kind willkommen, doch Söhne wurden bevorzugt. Kein Kind von einem ägyptischen Mann konnte ein Bastard sein, denn nach den Vorstellungen über den Vorgang der Befruchtung lieferte der Mann mit seinem Samen einen vollwertigen Menschen und der Körper der Frau war das Gefäß, in dem dieser Samen zum Kind heranwuchs. Kinderlose Ehepaare durften fremde Kinder adoptieren und als eigene Kinder anerkennen sowie mit allen Rechten und Pflichten aufziehen.

Wegen der hohen Wertschätzung leiblicher Kinder aus intakten Familien war Ehebruch ein besonders schweres Verbrechen. Ein Mann konnte, nicht nur wenn die Ehefrau unfruchtbar war, mit einer Dienerin oder Sklavin Kinder zeugen, aber er durfte mit keiner verheirateten Frau ein außereheliches Verhältnis eingehen. Nur die Treue garantierte legitime Kinder. Wurde ein Ehebrecher

Ägyptisches Ehepaar; der Mann schreitet forsch voran, während die Frau mehr im Hintergrund bleibt. Der Mann repräsentierte in der Gesellschaft die Familie nach außen, die Frau dagegen war die Herrin des Hauses.

Ägyptisches Ehepaar, Altes Reich, Akazienholz, Höhe: 69,9 cm; Paris, Museé du Louvre, N. 2293

erwischt, konnte er mit dem Tode bestraft oder kastriert werden. Bei ehebrechenden Frauen konnten die Strafen noch drastischer sein, sie wurden entweder verbrannt oder den Krokodilen zum Fraß vorgeworfen. Als ein Sohn von Sesostris einmal wegen eines Frevels von den Göttern mit der Strafe der Blindheit geschlagen wurde, wurde ihm geweissagt, er könne wieder sehen, wenn er sein Gesicht mit dem Urin einer Ehefrau waschen würde, die ausschließlich mit ihrem Ehemann verkehrt hatte. Viele Versuche waren vergeblich. Als der Sohn nun plötzlich nach einer der Urinproben wieder sehen konnte, ließ der Pharao alle Frauen, deren Urin keine Wirkung gezeigt hatte, verbrennen. Gerichtsakten zeigen jedoch, daß es in der Praxis bei der Bestrafung des Ehebruchs häufig nicht so drakonisch zuging. In manchen Arbeitersiedlungen wurde die eheliche Treue nicht gerade ernst genommen, und es gab ständig Streit. In einem Fall erwischte ein Arbeiter seine Ehefrau, die noch bei den Eltern wohnte, mit einem anderen Mann. Er ging deshalb vor Gericht und der Ehebrecher wurde zu 100 Stockhieben verurteilt. Danach mußte der Täter schwören, von der Ehefrau abzulassen, denn im Wiederholungsfall würden ihm Nase und Ohren abgeschnitten werden.

Geburt unter Zauberritualen

War eine Frau schwanger, mußte sie sich vor zahlreichen bösen Geistern hüten, die möglicherweise von dem noch ungeborenen Kind Besitz ergreifen konnten. Die werdenden Eltern besorgten sich deshalb Figuren von Schutzgottheiten, die die Schwangere um den Hals trug. Wurden auf der Haut Schwangerschaftsstreifen sichtbar, nahm die Schwangere mit besonderen Ölen und Salben eine regelmäßige Körperpflege vor. Daneben gab es bereits Möglichkeiten, mit Hilfe unterschiedlicher Mittel einen drohenden Abort zu verhindern. Einem möglichen Verlust des Kindes wurde auch symbolisch durch eine strenge Frisur mit einer Verknotung der Haare vorgebeugt. Wie die Haare sollte auch die Geburtsöffnung der werdenden Mutter verknotet sein, um eine Frühgeburt zu verhindern. Für die Geburt selbst wurde im Garten des Hauses oder auf dem Dach eine reich geschmückte Wochenlaube errichtet, denn im Haus durfte die Geburt wegen möglicher übelgesinnter Geister nicht stattfinden. Zum Geburtstermin kamen eine erfahrene Hebamme und befreundete Frauen, um Hilfe zu leisten. Für die Oberschicht gab es sogar bereits spezialisierte Ärzte. Unmittelbar vor der Niederkunft wurde der Schwangeren ein Zaubermesser auf den Bauch gelegt, auf dem Geburtsgottheiten abgebildet waren. Ihre Hilfe wurde noch einmal erfleht. Gleichzeitig mußten Zauberrituale vorgenommen werden, denn es galt, die böse Schlange Rerek, eine Feindin des guten Gottes Re, von dem Kind fernzuhalten.

Einer der magischen Sprüche lautete: »Halte dich fern von diesem Geburtsplatz des Re, du in deinem Zittern. Ich bin Re, du in deinem Zittern vor ihm.« Zu den Geburtsritualen gehörten auch Atemtechniken, die der Frau Erleichterung und Entspannung verschaffen sollten. Die Kreißende brachte dann auf einem Geburtshocker kniend ihr Kind zur Welt. Das Neugeborene wurde anschließend unter weiteren Zaubersprüchen und anderen Ritualen von den Helferinnen gewaschen, abgenabelt und dem aufgeregten Vater, der nun in die Wochenlaube gerufen wurde, vorgestellt. Der Vater nahm das Neugeborene in die Arme und gab ihm seinen Namen. Durch diese Handlung wurde das Kind sofort als ein vollwertiger Mensch akzeptiert und gehörte zur Familie. Zur Geburt seines Kindes erhielt der Vater stets einen arbeitsfreien Tag.

Die Namen ägyptischer Kinder waren auch bei der einfachen Bevölkerung recht kompliziert und erscheinen uns heutigen Menschen manchmal befremdlich. Es gab einen zusammengesetzten großen Namen, einen abkürzenden einfachen Namen und schließlich noch den schönen Namen für die Anrede im Alltag. Menschen mit dem Namen Teti, Pejpi, Fefi, Bebi und so weiter hatten alle noch einen großen Namen. Meist waren Namen religiös motiviert, spielten auf verwandtschaftliche Beziehungen und Festtage an oder wollten große Herrscher ehren, aber es gab auch spontane und absolut profane Namen. Ein stolzer Vater nannte sein Kind »Sei willkommen«, aber auch »Ich habe ihn gewünscht«, »Ein Bruder kommt heraus« oder »Der Vater lebt« waren mögliche Namen. Töchter konnten heißen »Die Schöne kommt« oder »Die Schöne ist gekommen«, aber auch »Die Herrin ihres Vaters« oder einfach »Miw«, was Kätzchen bedeutet. Ein Mädchen, dessen Mutter bei der Geburt verstorben war, erhielt vom trauernden Vater den Namen »Ersetze sie«. Manchmal wurde auch der Name von Vater oder Mutter vorangestellt, wie etwa bei einem Gaufürsten mit dem Namen »Neheri's Sohn Chnemhotpe«. In einem Text steht beispielsweise geschrieben: »Totenpriester Zenti, seine Tochter, die Totenpriesterin Pepi sagt ...« Im Mittleren Reich gab es Leute mit folgenden Namen: »Nezemu-senbe, erzeugt von Sit-Hathor« oder »Redi-Sobk, geboren von der Sent«.

Der erste Schwangerschaftstest

Nach der Geburt blieben Mutter und Kind zwei Wochen in der Wochenlaube und nahmen Reinigungsrituale vor, mit denen auch die Lebensfähigkeit des Kindes beurteilt werden konnte. Danach wurde ein großes Freudenfest veranstaltet, bei dem die Mutter mit ihrem Kind zahlreiche Gäste zur Begrüßung erwar-

Eine Mutter säugt ihr Kind und hält dabei liebevoll den Kopf. Das Kind ist bereits recht groß, denn bis zum Alter von drei Jahren wurden im alten Ägypten Kinder mit Muttermilch ernährt, was eine enge Bindung zwischen Mutter und Kind begünstigte.

New York, Brooklyn Museum, Neg. Nr. 43.137

tete. Um das Kind kümmerten sich von nun an neben Mutter und Vater auch, falls vorhanden, ältere Geschwister sowie Großmütter und Tanten, in der Oberschicht zusätzlich Ammen. Kinder wurden etwa drei Jahre gestillt. Dies wirkte als Geburtenkontrolle, denn während der Stillzeit war die Fruchtbarkeit der Frau reduziert. Versiegte die Milch der Mutter vorzeitig, mußte rasch nach einer Amme Ausschau gehalten werden. Diese fielen durch eine besondere Frisur auf und wurden angesprochen, sobald ausfindig gemacht. Später kam das Kind in ein Tragetuch und begleitete die Mutter während des Tages bei allen Tätigkeiten.

Neben wirksamen pflanzlichen Extrakten zur Empfängnisverhütung, die über einen Tampon in die Scheide eingeführt wurden, gab es im alten Ägypten auch bereits einen funktionierenden Schwangerschaftstest. Eine Frau mußte ihren Urin regelmäßig auf ein Säckchen mit Weizen und Gerste geben und dann die Keimung beobachten. Keimten und wuchsen die Samen schneller als normal, war die Frau schwanger. Der Test ist tatsächlich wirksam, denn wissenschaftliche Untersuchungen aus unserer Zeit zeigen, daß im Urin von schwangeren Frauen bestimmte Hormone vorkommen, die das Keimen von Getreidesamen beschleunigen. Bei Frauen, die nicht schwanger sind, fehlen solche Hormone und die Wachstumsbeschleunigung der Keime bleibt aus. Ägyptische Ärzte kannten bei Schwangeren bereits spezielle Tastuntersuchungen und es gibt Hinweise auf Mittel, die eine Geburt einleiten konnten.

Der geniale Imhotep war der Architekt der ersten Pyramide und führte den behauenen Stein in die Baukunst ein. Er wurde hoch verehrt und war in seiner Gelehrsamkeit für alle Schüler ein Vorbild.

Sitzstatue des Imhotep; Berlin, Ägyptisches Museum (Eberhard Thiem, Lotos Film, Kaufbeuren)

Kindheit, Erziehung und Karriere

In seinen ersten Lebensjahren fand jedes Kind im alten Ägypten eine optimale Zuwendung, denn es war immer mit der Mutter zusammen. In einem Tragetuch hing es entweder am Rücken oder an der Brust der Mutter und war auf diese Weise auch bei den alltäglichen Arbeiten dabei. Gleichgültig ob die Mutter auf dem Feld beschäftigt war oder in den Tempel ging, das Kind war eng mit ihr verbunden und beobachtete die Welt. Königskinder hatten noch mehr Bezugspersonen und wanderten zwischen den Armen der Mutter und der Ammen hin und her. Um den Hals trugen Kleinkinder bereits Amulette und Medaillons, die sie vor Krankheiten schützen sollten. Zur Krankheitsvorbeugung der Kleinen mußte auch die stillende Mutter beitragen. Ein Rezept zur Verbesserung der Muttermilch verlangte zum Beispiel, daß sie zusätzlich Mäuse verzehrte. Bei der einfachen Bevölkerung liefen die Kleinkinder nackt umher, bei der Oberschicht waren sie dagegen meist bekleidet; Kinder vornehmer Familien wurden auf Abbildungen selten nackt dargestellt.

Daneben fertigten Mütter der Oberschicht für ihre Kleinkinder eine spezielle Frisur. Die Haare wurden zu einer Art Zopf geflochten, der auf der rechten Seite des Kopfes über dem Ohr hing. Solche Frisuren können auch bei Götterdarstellungen in Form von Kinder beobachtet werden. Manche Prinzen waren auf ihren Kinderzopf stolz und behielten ihn über viele Jahre, Pharao Mernere aus der 6. Dynastie sogar während seines gesamten Lebens.

Konnten die Kinder schließlich laufen, wurden sie mit einer Vielzahl von Spielen wie Bockspringen, Ringen oder Huckepack und Tauziehen beschäftigt, daneben erhielten sie noch zahlreiche Spielsachen. Beliebt war Spielzeug mit beweglichen Teilen. Es gab zappelnde Hampelmänner oder Krokodile und Löwen, die das Maul auf und zu machen konnten, aber auch Kreisel, Rasseln und Klappern sowie eine Menge unterschiedlicher Bälle. Mädchen spielten mit ihren Stoffpuppen, die bewegliche Arme, Beine und sogar Haare hatten und die sie wie Kleinkinder umhertrugen. Viele Kinder besaßen dazu noch Tiere wie junge Katzen und Hunde, aber auch Vögel, mit denen sie sich beschäftigen konnten. Zahlreiche Familien hielten sich eine Vielzahl von Tieren als Hausgenossen, und die Tierliebe der Ägypter begann oft bereits im Kleinkindalter. Haustiere hatten Namen, wurden nach dem eigenen Tod würdevoll bestattet und später auch auf Abbildungen im Grab ihrer Herrn verewigt. Von den tierischen Lieblingen einiger Pharaonen sind sogar die Namen bekannt, so hieß ein Hund von Amenophis II. »Nichtsnutz« und ein anderer »Schönkopf« oder »flinkes Bein«.

Mit etwa vier Jahren war das sorgenlose Kinderleben vorbei und es erfolgte jetzt, insbesondere bei den Jungen, die Erziehung. Mädchen lernten meist weiter von ihren Müttern und Tanten, Jungen aber gerieten unter die oft strenge Fuchtel ihrer Väter oder von besonderen Lehrern. In der Regel erlernten Jungen den Beruf ihrer Väter, indem sie ihnen bei der Arbeit behilflich waren und später ihre Tätigkeit übernahmen. Fremde Kinder gingen auch zu Handwerkern in eine Art Lehre und wurden dann als Söhne bezeichnet. Im alten Ägypten gab es daneben noch ein ausgebautes Schulwesen mit vielfältigen Lehrmöglichkeiten. Eine Schulpflicht im heutigen Sinn existierte allerdings nicht.

Das Schulsystem

In früher Zeit unterstanden diese Schulen direkt dem Hof des Pharao und in späteren Zeiten den einzelnen Schatzhäusern im ganzen Land. Für die Kinder der Oberschicht war die Schule vermutlich ein Muß, sie kamen schon recht früh in spezielle Schulklassen, um dort auf zukünftige berufliche Aktivitäten vorbereitet zu werden. Mädchen besuchten wahrscheinlich nur in Ausnahmefällen eine Schule, ihr Besuch diente dann mehr der Bildung und weniger der Ausbildung. Schüler, die im Alter zwischen fünf und zehn Jahren in eine Schule eintraten, konnten dennoch aus allen Bevölkerungsschichten kommen. War ein Kind aus einfachen Verhältnissen begabt und ehrgeizig und hatte noch das Glück, daß seine Begabung er-

Klassische Darstellung eines Schreibers. Der Beamte sitzt aufmerksam in der Schreiberstellung und erwartet Anweisungen. Schreiber zählten sich zu den Eliten des Staates.

Der »Schreiber des Louvre«, Altes Reich, 5. Dynastie, bemalter Kalkstein; Paris, Musée du Louvre

kannt wurde, dann erfuhr es eine schulische Förderung. Es gab Pharaonen, die alle Jungen, die am gleichen Tag wie der Thronfolger geboren worden waren, zum Unterricht in eine Schule kommen ließen. Im Märchen von Wahrheit und Lüge wird vom unehelichen Sohn einer Frau, in Ägypten ein echter Makel, berichtet, der in der Schule gut lernte und deshalb gefördert wurde.

Mancher Würdenträger verwies gerne auf seine geringe Herkunft und betonte, daß er erst durch die Förderung des Pharao seine Position erreichen konnte. Den Unterricht leiteten Beamte des Staates, die alle als Schreiber ausgebildet waren. Die Kinder lernten nicht nur Schreiben und Lesen, sondern wurden auch in Mathematik, Geographie, Kunst, Literatur sowie in anderen Disziplinen ausgebildet, daneben gab es noch Sport sowie eine Schulung im guten Benehmen und den komplizierten Umgangsformen. Der Lehrstoff war meist an praktischen Beispielen aus dem Alltag und dem Berufsleben orientiert. Auch Fachschulen waren bereits bekannt, bei ihren Schülern lagen die Schwerpunkte der Ausbildung etwa in der Kunst und Architektur oder in der Medizin, Magie und Astronomie. Überliefert ist eine Ärzteschule von Sais, die heute vermutlich den Status einer Universität tragen würde. Einen hohen Stand genoß die Beschäftigung mit den teilweise uralten Weisheitslehren, so daß nach heutigen Begriffen bei der allgemeinen Ausbildung von einer Art »humanistischer Bildung« gesprochen werden könnte. Während des Neuen Reiches half der weitverbreitete Lehrtext »Kemit« beim Erlernen des Schreibens und Lesens. Eine schulische Ausbildung zog sich über etwa elf Jahre hin. Bildung genoß in der Gesellschaft einen hohen Stellenwert, denn Bildung und der spätere Erfolg durch die Bildung waren ein Zeichen der Liebe durch die Götter. Es gab bereits Privatpersonen, die Schriftrollen sammelten und Bibliotheken aufbauten, die später über viele Generationen hinweg vererbt und erweitert wurden.

Die Methoden der Lehrer

Der Unterricht dauerte einen halben Tag und verlief recht streng. Immer wieder mußten Lehrtexte abgeschrieben werden, und an Prügel wurde nicht gespart. Kinder wurden mit ungezähmten Tieren verglichen, und es wurde beklagt: »Affen werden leichter gezähmt, Pferde schneller abgerichtet und Löwen eher gebändigt als ein Schüler belehrt.« Es gab Ratschläge wie: »Sei fleißig, denn ein Mann, der viel müßig ist, wird nichts.« Auch für die Kinder der Vornehmen ging es recht spartanisch zu und ihre Ernährung mußte betont bescheiden sein. Um keinen Schüler zu verwöhnen, brachten die Mütter oder Bedienstete täglich das meist einheitliche Essen in die Schule. Somit war die Schule vermutlich eine Art Internat, denn es wird ebenfalls berichtet, daß langer Schlaf nicht geduldet wurde und der Schüler sogleich hinter seinem Schreibzeug sitzen mußte. »Der Jüngling hat einen Rücken, er hört, wenn man ihn schlägt.«, dies war in der Lehrerschaft eine weitverbreitete Meinung. In einem Papyrus aus der 19. Dynastie klagt ein Lehrer: »... Ich werde aus dir, du böser Bube, schon einen Menschen machen ...« Aber auch andere Meinungen sind überliefert. Eine Inschrift aus dem Mittleren Reich schildert: »Ich war ein Lehrer für die Kinder durch ruhiges Sprechen und Geduld.« Ein anderer Text dokumentiert: »Ich bin einer, der die Achtung vor sich in der Menge verbreitet, der dadurch erzieht, daß er Liebe einpflanzt.« Lehrtexte rieten: »Prügle nicht wegen Dingen, die schon vorbei sind« oder »Besser wirkt eine kleine Strafe, die sofort erfolgt, als eine große später.« Reaktionen von Schülern auf strenge Lehrer sind ebenfalls erhalten, ein Schüler schrieb: »Die Schulstunden erstrecken sich ewig, wie die Berge.«

Gehörte ein Ägypter nicht der Oberschicht an, dann konnte er nur über die Bildung Karriere machen und einen hohen sozialen Status erreichen. Er mußte zuerst schreiben und lesen können, und wurde erst dann von den gesellschaftlich führenden Bevölkerungsschichten als ihresgleichen akzeptiert. Vermutlich konnten damals etwa drei bis vier Prozent der Ägypter schreiben und lesen. Es handelte sich dabei um die Angehörigen der Oberschicht mit einer Vielzahl von Beamten und Militärs, um die Priesterschaft, die Gelehrten und Künstler sowie um die Berufsschreiber und um hochqualifizierte Handwerker mit Aufgaben am Hof oder in den Tempeln. Da der Staat bis ins kleinste Detail straff organisiert war und einen beachtlichen Verwaltungsapparat unterhielt, boten sich für Beamte vielfältige Karrierechancen, die in der Regel mit der Tätigkeit als Schreiber begannen.

Lehrtexte machten sogar Werbung und verhießen: »Werde Schreiber, es rettet dich vor harter Arbeit und bewahrt dich vor jeder Art von Mühe.« Ein Schreiber gehörte zum Rückgrat des Staates, er hatte Dokumente zu erstellen, Archive zu führen und für hohe

Beamte wichtige und unwichtige Dinge zu notieren. Schreiber sahen sich als eine Art gesellschaftliche Elite und stellten sich in ihrer Selbsteinschätzung hoch über andere Berufe. Einer schrieb einmal: »Nie habe ich einen Schmied als Gesandten gesehen und den Goldschmied mit einer Botschaft, doch ich habe den Schmied bei seiner Arbeit gesehen am Loche seines Ofens. Seine Finger waren wie Krokodilhaut ...« Als niedrige Beamte innerhalb der Hierarchie hatten sie zwar meist nur begrenzte Machtbefugnisse, aber diese nutzten sie, um etwa als Steuereintreiber insbe-

sondere die Landbevölkerung und andere kleine Leute zu traktieren. Lehrtexte, nach denen Schreiber geschult wurden, machten bereits dem Schreibernachwuchs klar, daß er etwas ganz besonderes war, die Gunst des Pharao genoß und mit Privilegien rechnen konnte. Fiel ein Schreiber seinen Vorgesetzten positiv auf, konnten ihm Karriereaussichten gewiß sein. Gewann er eventuell sogar beim Pharao und Angehörigen des Hofes Ansehen, war seine Karriere bis in höchste Sphären vorgezeichnet. Bewertungen durch den Pharao waren stets ein Karrieresprungbrett, denn der Herrscher war auf ergebene Beamte dringend angewiesen. Aus diesem Grund konnten sogar Ausländer hohe Beamte werden. Als Echnaton den gesamten Staat umbauen wollte und mit vielen Traditionen brach, setzte er zunächst viele neue und junge Leute in der Verwaltung ein, damit sie seine Interessen umsetzen konnten. Thutmosis IV. ernannte meist Freunde, die er von Jugend an kannte, zu hohen Beamten. Am Beginn der 18. Dynastie wurden auffallend viele hohe Beamtenpositionen mit Männern aus der Verwaltung des Amun-Tempels von Karnak besetzt. Wurde dagegen niemand auf einen Schreiber aufmerksam, konnte sich dieser beruflich im Kreise drehen und blieb was er war: ein einfacher Schreiber, der oft in die tiefste Provinz abgeschoben wurde. Hohe Beamte förderten ihre Söhne bei jeder Gelegenheit und versuchten sie als Nachfolger für die eigene Position aufzubauen. Die Amtsübernahme durch den Sohn sicherte nicht nur die bleibende Wertschätzung der Familie, sondern war auch, da die Familie ihr Ansehen weiter wahren konnte, für den Totenkult von Bedeutung.

Berufschancen

Viele Würdenträger berichteten, daß sie bereits in jungen Jahren zu einem hohen Ansehen gekommen waren. Der Beamte Remu schilderte zum Beispiel: »Ich wurde Priester, ich wurde befördert als Kind, weil mein Herr mich sehr lobte.« Auch wurde dokumentiert: »Ich übte ein Amt aus, als ich noch ein Junge war.« Der Gaufürst Neheri bemerkte schließlich: »Als ich Kind war, gab es keinen, der mich vertrat. Ich rüstete meine Mannschaft aus, um zusammen mit meiner Stadt zu kämpfen.« Im Alter von etwa zehn bis zwölf Jahren wurden ägyptische Jungen beschnitten und dadurch in die Welt der Erwachsenen aufgenommen. Sie konnten danach sicherlich erste berufliche Aktivitäten entfalten. Setzt man den Beginn der Schulausbildung mit dem fünften Lebensjahr an und rechnet eine Schulzeit von etwa zehn bis elf Jahren, dann konnten wichtige Karrieren tatsächlich bereits mit 16 oder 17 Jahren beginnen. Auf zahlreichen Abbildungen läßt sich beobachten, daß Kinder den Beamten hilfreich zur Seite stehen und dabei den Eindruck erwecken, als würden sie selbständig arbeiten. Auf der sonst leeren Rückseite von manchen erhaltenen Schulheften können hin und wieder Entwürfe für Briefe oder Rechnungen nachgewiesen werden, die mit dem Unterricht in keiner Beziehung standen. Schüler erledigten möglicherweise bereits während ihrer Ausbildungszeit kleine Verwaltungsaufgaben. Aus der Zusammenfassung zahlreicher Beobachtungen läßt sich durchaus folgern, daß es im alten Ägypten bereits im Alter von 20 Jahren möglich war, Spitzenpositionen im Staat und dessen Verwaltung zu erreichen.

Schüler, die heute Abitur machen, hätten damals im gleichen Alter bereits die Chance gehabt, Leiter von Behörden und Ämtern zu sein.

Bei zahlreichen Tätigkeiten hatten auch Seiteneinsteiger eine erfolgversprechende Aussicht auf Karriere. Der Oberpriester des Amon, Beknechons, schilderte, daß er vom fünften bis zum 16. Lebensjahr in den »königlichen Stallungen des Aufziehens« gewesen war, und man ihn dort sogar zu einem Oberen befördert hatte. Erst danach änderte er seinen Beruf und wurde unterster Priester des Amon. Da er tüchtig war, machte er auch als Priester Karriere und erreichte schließlich den Status eines Oberpriesters. Der »königliche Stall des Aufziehens« war vermutlich eine Akademie der Streitwagentruppen in der Armee des Pharao – ihr Besuch Voraussetzung für die Karriere in einer Eliteeinheit.

Die Kinder der Pharaonen begannen ihre Karriere von vorherein ganz oben und übersprangen die Hierarchie, was sonst im ägyptischen Beamtenapparat kaum möglich war. Ramses II. war bereits als Kronprinz im Alter von zehn bis zwölf Jahren »Oberster der Soldaten«, also der Oberkommandierende der gesamten ägyptischen Armee. Da er eine solche Position in diesen jungen Jahren unmöglich erfüllen konnte, war der Titel nur symbolisch zu sehen. Die mit der Position verbundene Arbeit mußten andere erledigen. Ähnliches galt auch für Hornacht, einem bereits als Kind verstorbenen Sohn von Pharao Osorkons II. Dem Jungen war schon mit acht Jahren der Titel des Hohepriesters des Amun verliehen worden. Vermutlich gab ihm der Vater den Titel, weil er ihn später sowieso erhalten hätte.

Städtische Zentren und Tempel

Ägyptische Städte gab es in doppelter Ausführung. Es waren dies einerseits die Städte der Lebenden aus vergänglichen Ziegeln und andererseits die Städte der Toten aus massiven Steinen, die getrennt voneinander, aber in enger Nachbarschaft lagen. Von der Stadt der Lebenden aus hatten die Menschen die prachtvolle Stadt der Toten ständig vor Augen und wurden an das Leben in der Ewigkeit erinnert. Die Städte am Nil waren für die Forschung allerdings nicht so bedeutend wie die Städte in Mesopotamien, und es sind von ihnen auch kaum noch Reste erhalten. Die ägyptische Kultur war eine Kultur, die sich über den gesamten Siedlungsraum erstreckte und weniger eine Entwicklung von großen Städten aus. Dennoch sind im Reich zwei Metropolen und Kulturzentren mit einem für die damalige Zeit gigantischen Ausmaß auch der Nachwelt bekannt geworden: Memphis und Theben. Aus diesen beiden Städten stammen zahlreiche erhaltene Staatsdokumente und auch Materialien, die belegen, daß in sich beiden Metropolen die wichtigsten Ausbildungszentren des Landes befanden.

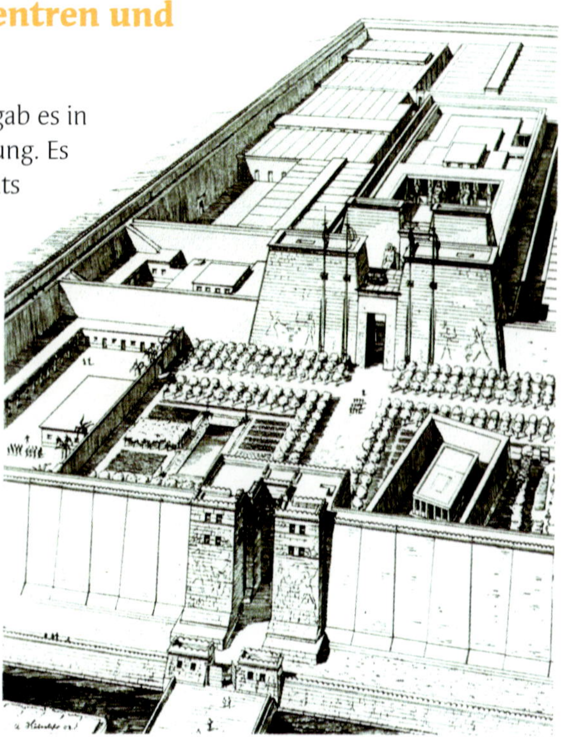

Rekonstruktion einer großen Tempel- und Palastanlage in Medinet Habu. Ramses III. ließ diese Anlage mit verschiedenen Innenhöfen errichten, die heute noch in Resten erhalten ist. Auf der Außendekoration verewigte der Pharao seine Siege über die Seevölker und Libyer.

Tempel- und Palastanlage Ramses' III., Medinet Habu; Rekonstruktion, 19. Jh.

Eine der ersten Städte am Nil war vermutlich Hierakonpolis (ägyptisch: Nechen) gewesen. Diese Siedlung wurde jedoch nach der Einigung von Ober- und Unterägypten als Hauptstadt aufgegeben. Memphis (ägyptisch: Menfe) wurde von Pharao Menes um 2850 v. Chr. gegründet und lag etwa 20 Kilometer südlich des heutigen Kairo. Der griechische Geschichtsschreiber Herodot berichtete, daß Menes einen großen Damm errichten und den Nil umleiten ließ, um für den Bau von Memphis Platz zu schaffen. Von diesem Pharao stammte auch die große »Weiße Mauer« aus Kalkstein, die Memphis vor Angreifern schützen sollte. Von der Stadt der Lebenden ist heute im Gebiet von Memphis so gut wie nichts mehr erhalten. Das mögliche Aussehen der Stadt kann nur noch aus Dokumenten erschlossen werden. Memphis war eine echte Weltstadt gewesen, denn es gab für Ausländer eigene Stadtviertel. Die Stadt der Toten verdeutlicht allerdings noch heute ihre einst beachtliche Größe. Am Westufer des Nils erstrecken sich die Reste der Totenstadt von Memphis über 30 Kilometer. Ihre gewaltigsten Zeugnisse sind die Pyramiden, von denen ein orientalisches Sprichwort sagt: »Der Mensch fürchtet die Zeit, die Zeit aber fürchtet die Pyramiden.« Das Ende von Memphis begann nach der Eroberung des Ägyptischen Reiches durch Assyrien. Der assyrische Herrscher rühmte sogar seine Plünderung der einst prachtvollen Stadt. Die letzten Reste von Memphis verschwanden schließlich, als die Stadt im Mittelalter ein Steinbruch zum Aufbau von Kairo wurde. Napoleon bemerkte 1798 erschüttert, daß von dieser so großen und bedeutenden Stadt nichts mehr erhalten war. Heute lassen nur noch große und weitgehend unerforschte Geröllfelder vermuten, daß unter ihnen einmal das einst gewaltige Memphis lag.

Konstruktionsdetail der großen Säulenhalle im Tempel des Amun in Karnak. Die Details verraten umfangreiche Vorplanungen und das große handwerkliche Können der Ägypter, denn es gab weder Kräne noch Flaschenzüge.

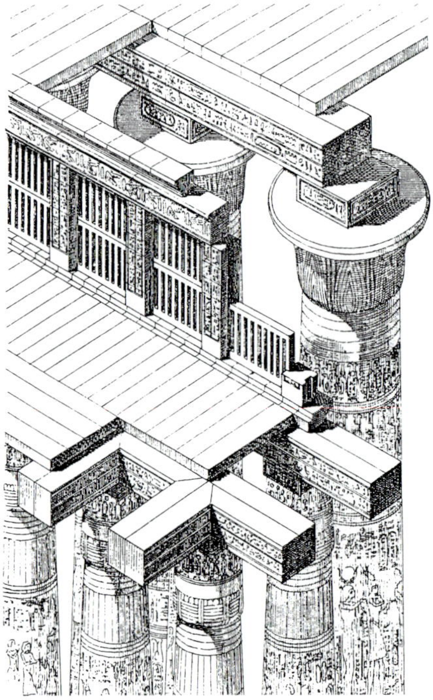

Detail der großen Säulenhalle im Tempel des Amun, Karnak; Rekonstruktionszeichnung, 19. Jh.

Theben: die hunderttorige Stadt

Memphis war während des Alten Reiches die Hauptstadt. Im Neuen Reich dagegen wurde die zweite Metropole Theben (ägyptisch: No-amun) zum Zentrum des Staates ausgebaut. Auf die Griechen machte Theben einen großen Eindruck, und Homer rühmte es als die »hunderttorige Stadt«. In Theben lag die Stadt der Lebenden östlich und die Stadt der Toten mit den riesigen Totentempeln der Pharaonen westlich des Nils. Im Gegensatz zu Memphis fehlten allerdings die großen Pyramiden, denn im Neuen Reich wurden die Herrscher in unterirdischen Grabanlagen im Tal der Könige bestattet. Die Stadt der Lebenden war mit einem ausgebauten Straßensystem sehr großzügig angelegt worden und enthielt neben den Wohngebieten mit Palästen auch Gartenanlagen, Fischteiche und Lagerhäuser. Weiterhin gab es in der Stadt der Lebenden noch große Tempelanlagen zu Ehren der Götter, deren Reste in Luxor und Karnak noch heute erhalten sind und von den Touristen bewundert werden. Der Amun-Tempel in Karnak ist auch als Ruine noch überwältigend. Seine 122 Papyrusbündelsäulen und zwölf Doldensäulen, die heute im Mittelteil immerhin noch 23 Meter hoch sind, trugen einmal in 16 Reihen ein Dach von 104 Metern Länge und 52 Metern Breite.

Seine größte Ausdehnung erreichte Theben, als durch den Pharao Amenophis III. auf der Seite der Stadt der Toten das Palast- und Regierungsviertel von Malkata mit einem künstlichen Hafen angelegt wurde. Theben war für seine Festlichkeiten berühmt, bei denen viele hunderttausend Menschen in die Stadt strömten. Das »Schöne Fest des Tals« fand Ende Mai bis Anfang Juni statt und wurde von prächtigen Prozessionen zum Westufer des Nils begleitet, wo den Verstorbenen Opfer dargebracht wurden. Das Opetfest wurde schließlich mit dem Beginn der Nilflut gefeiert. Die Menschen bewunderten dann den öffentlichen Auftritt des Pharao und einen feierlichen Umzug der Statue des großen Gottes Amun von Karnak nach Luxor und zurück. Wie Memphis wurde auch Theben durch die Assyrer zerstört und erreichte später nie mehr seine alte Bedeutung. Bis auf die Tempelruinen und die Reste einiger Siedlungen ist die einst so bedeutende Stadt heute verschwunden.

Die Vergänglichkeit der ägyptischen Städte der Lebenden ergab sich aus den Baumaterialien der Häuser. Sie wurden mit getrockneten und nicht mit gebrannten Ziegeln gebaut. Nilschlamm wurde eventuell noch mit Zusätzen in Ziegelformen gepreßt und anschließend in der Sonne gehärtet. Steine gab es nur für die großen Sakralbauten und die Gebäude für die Toten. Wohnhäuser konnten sich deshalb im Regen auflösen. Da das Wasser allerdings aus dem Nil kam, und es bei dem ägyptischen Wüstenklima so gut wie nie regnete, war der Bau mit luftgetrockneten Ziegeln kein Problem, denn kleine Wasserschäden konnten rasch ausgebessert werden. Luftgetrocknete Ziegel hatten dafür auch Vorteile, sie ließen einen guten Luftaustausch zu und isolierten das Haus vor der Hitze. Dennoch waren sie so stabil, daß mehrstöckige Häuser gebaut werden konnten.

Rekonstruktion des Totentempels von Pharao Mentuhotep II. in Theben. Zu dem Heiligtum führte eine Rampe, es folgten eine Vorhalle sowie ein Saal mit 140 Pfeilern, aus dem sich eine Pyramide erhob; an diesen Saal schlossen sich ein Hof sowie ein weiterer Saal mit 80 Pfeilern an. Die Sargkammer selbst lag tief im Felsen.

Totentempel des Königs Mentuhotep II., Theben; Rekonstruktion, 19. Jh.

Der Tempel von Karnak wuchs während der ägyptischen Geschichte zu einer Tempelstadt an und bestand nicht nur aus sakralen Prachtbauten, sondern auch aus Vorratshäusern sowie Wohn- und Arbeitsstätten. Die Abbildung zeigt eine Rekonstruktion der Tempelanlagen aus der Zeit um das Jahr 370 v. Chr.

Die Tempelstadt Karnak um das Jahr 370 v. Chr.; Rekonstruktion Jean-Claude Golvin, Paris

Amarna: Stadt des Ketzerpharao

Vielfältige Informationen über das Aussehen einer reichen ägyptischen Stadt können die bisherigen Forschungsarb eiten an den Resten von Amarna (ägyptisch: Echet-Aton = Horizont der Sonne), der Residenzstadt von Echnaton, vermitteln. Amarna war eine Stadtneugründung aus der Endzeit der 18. Dynastie und sollte die Religions- und Staatsideen des später geschmähten Ketzerpharaos verdeutlichen. Die Stadt war von keiner Mauer umgeben in die Wüste hineingebaut worden. Sie besaß dennoch Grünzonen, Gärten und Teiche. Mit ihren Vororten erstreckte sie sich von Norden nach Süden über sieben Kilometer und von Westen bis zum Ostufer des Nils über knapp zwei Kilometer. Die Häuser der Armen und Reichen waren nicht wie sonst üblich streng voneinander isoliert, sondern miteinander vermischt. Zwischen Tempeln und den Palästen der Oberschicht lagen immer wieder die kleinen Häuser der Arbeiterschaft. Es gab nicht nur einstöckige, sondern auch zwei- und dreistöckige Häuser mit flachen Dächern. Zentrum eines Hauses war nicht wie üblicherweise der Hof, sondern eine Art hoher Säulenraum mit Oberlicht. Von den noblen Herrenhäusern der höheren Beamten, bei denen nicht an Raum gespart wurde, sind noch zahlreiche Grundrisse erhalten, die einen vielfältigen Luxus dokumentieren. Wände und Fußböden waren mit Stuck überzogen und bemalt. Sogar Vorarbeiter konnten sich in Amarna ein mit Kalksteinplatten ausgelegtes Badezimmer leisten, wobei Badewannen in Ägypten jedoch unüblich waren. Die Prachtstraßen der Stadt waren bis zu 45 Meter breit. Zwischen dem offiziellen Palast des Königs und seinem privaten Wohnbereich gab es eine großartige Brückenkonstruktion, die über eine reich ausgestattete Königsstraße führte. Nach dem Tod von Echnaton wurde seine halbfertige Hauptstadt wieder aufgegeben und zerfiel. Sie hatte nur etwa zwölf Jahre bestanden.

Neben einem Zentrum zur Verehrung der Götter waren die großen Tempel auch Wirtschaftsunternehmen und konnten sogar mit Städten in Konkurrenz treten. Tempel besaßen eigene Ländereien mit Ortschaften und beschäftigten viele Menschen, die für deren

Unterhalt sorgten. Für Arbeiter im Bereich eines Tempels gab es zahlreiche Privilegien, und mit der Zeit wurden deshalb die großen Kultzentren zu einem Staat im Staat. Die Wohltaten, die Ramses III. während seiner Regierungszeit von 31 Jahren den Tempeln des Landes zukommen ließ, wurden im noch erhaltenen »Großen Papyrus Harris« aufgezeichnet. Die Papyrusrolle ist fast 45 Meter lang und besteht aus 79 großen Blättern. Tempel erhielten neben den regelmäßigen Opferzuwendungen aus allen Bevölkerungsschichten noch einen Anteil aus der Kriegsbeute nach Feldzügen und aus jährlichen Tributzahlungen, waren aber gleichzeitig auch für den Pharao eine Art Bank zur Finanzierung von Großprojekten und militärischen Unternehmungen. In Notzeiten wurden in den Tempeln Lebensmittel für die Bevölkerung verteilt.

Enorme Besitztümer

Aus der Zeit gegen Ende des Neuen Reiches liegen Unterlagen vor, die die Macht und den Einfluß der großen Tempel und Kultzentren verdeutlichen. Das Kultzentrum Theben beschäftigte damals nach einer Stichprobe 81 322 Menschen und besaß 421 362 Stück Vieh, die Fläche der Äcker betrug etwa 2393 Quadratkilometer. Die Kultzentren Heliopolis und Memphis waren deutlich kleiner. Im einzelnen können folgende Aussagen gemacht werden: Heliopolis beschäftigte 12 963 Menschen, besaß 45 544 Stück Vieh und etwa 441 Quadratkilometer Ackerfläche, während Memphis 3079 Menschen beschäftigte, 10 047 Stück Vieh und etwa 28 Quadratkilometer Ackerfläche besaß. Daneben gehörten zum Eigentum des Kultzentrums Theben noch 65 Ortschaften, 46 Werften und 83 Schiffe. Bei den anderen beiden Kultzentren lagen die Zahlen wieder deutlich niedriger, Memphis besaß beispielsweise keine Werft und nur eine Ortschaft. Mit dem Besitz von 103 Ortschaften fiel Heliopolis jedoch aus dem Rahmen. Ein enormes Vermögen ergab sich auch aus den Opfergaben. Theben konnte zum Beispiel bei der genannten Stichprobe auf der Einnahmenseite die Schenkung von 51 Kilogramm Gold, 997 Kilogramm Silber und 2395 Kilogramm Kupfer verbuchen, dazu kamen noch andere Wertgegenstände wie etwa 309 950 Säcke Korn.

Die Mühsal des Landlebens

Die überwältigende Mehrheit der damaligen Ägypter lebte nicht in den Städten, sondern in kleinen Siedlungen auf dem Land entlang des Nils. Sie waren ständig den Gefahren des großen Flußes

Zwei junge Hirten treiben eine Viehherde durch knietiefes Wasser zur neuen Weide. Einer der Hirten trägt ein erschöpftes kleines Kälbchen auf dem Rücken.

Relief, Grab des Ti, 5. Dynastie, Kalkstein; Sakkara

ausgesetzt und mußten sich auch vor wilden Tieren wie etwa den Krokodilen fürchten. Die zahlreichen Fliegen und andere Krankheitsüberträger aus dem Nilwasser machten sich besonders über sie her, und so kam es manchmal auch zu Seuchen.

Dieser Bevölkerungsteil war ungebildet und weit vom kulturellen Niveau der Zentren entfernt. Der Pharao mit seinem Hof war ihnen so unerreichbar fern wie die Welt der Götter. Ihr Leben war ähnlich dem der heutigen Fellachen sehr einfach, eintönig und anspruchslos. Sie erarbeiteten zwar den Reichtum des Landes, aber ihr Ansehen war gering, und sie konnten die Früchte ihres Fleißes selten genießen. Elitäre Schreiber grenzten sich gerne von ihnen ab. Ein erhaltener Text berichtet über das Verhältnis zwischen steuereintreibenden Schreibern und der einfachen Landbevölkerung. Die Steuerbeamten kamen meist in Begleitung der Polizei und ließen die armen Bauern oftmals durchprügeln. »Die Beamten tragen Stöcke und die Neger (Polizisten stammten häufig aus Nubien) tragen Palmruten. Sie sagen ›Gib Korn her!‹. Ist keines da, so schlagen sie ihn, ... er wird gebunden und in den Kanal geworfen, und er versinkt kopfüber. Seine Frau wird vor ihm gebunden, und seine Kinder werden gefesselt. Seine Nachbarn fliehen, um ihr Korn in Sicherheit zu bringen ...«

Sicherlich war die Landbevölkerung froh, wenn sich die Schreiber des Pharao möglichst selten in ihrer Gegend blicken ließen. Die hochentwickelte altägyptische Literatur setzte dem als einfältig bewerteten einfachen Bauern jedoch ein Denkmal. Die Ägypter kannten bereits eine Erzählliteratur mit einzelnen Gattungen, und eine erhaltene Rahmengeschichte beschäftigt sich mit der »Klage eines Bauern«. Der Bauer in dieser Geschichte hinterläßt beim Leser einen guten Eindruck, er muß sich sein Recht gegenüber seinen Herren erstreiten und bringt sehr klug und geschickt immer wieder neue Argumente vor, die ihm weiterhelfen.

Zur Landarbeit gezwungen

Das Leben auf dem Land war ohne große Attraktionen und gab Anlaß zur Landflucht, so daß die zentrale Staats-

Für den ägyptischen Bauern war die Hacke ein typisches Gerät zur Bodenbearbeitung. Auf dem Wandbild im Grab des Nacht in Theben lockern zwei Bauern den Boden für die Aussaat durch einen dritten auf. Meist wurde nach dem Pflügen der Boden noch einmal gehackt.

Ägyptische Bauern mit der Hacke, Wandmalerei, Grab des Nakht, um 1400 v. Chr.; Theben

verwaltung oft größere Menschenmassen verschieben mußte. Reichte die Zahl der örtlichen Landbevölkerung zum Beispiel nicht für eine ordnungsgemäße Landbestellung aus, wurden andere Bewohner zur Zwangsarbeit verpflichtet. Viele Ägypter liebten zwar die Natur, es zog sie aber nur zum Vergnügen und nicht zur Arbeit aufs Land. In der Landwirtschaft schufteten zudem noch viele Kriegsgefangene. Da die ägyptische Justiz auch Gefängnisse kannte, war die schwere Landarbeit eine Hauptaufgabe der Strafgefangenen.

Für die Landbevölkerung hieß es im alten Ägypten eigentlich immer, kräftig anzupacken und schwere Arbeiten zu erledigen. Selbst wenn der Nil sein jährliches Hochwasser führte und die Felder deshalb nicht bestellt werden konnten, gab es nur manchmal Ferien, denn Bauern und Hirten wurden meist für Gemeinschaftsprojekte herangezogen und lebten oft fern der heimatlichen Siedlungen.

Es gab umfangreiche von Menschen und Tieren angetriebene künstliche Bewässerungssysteme, die nötig waren, um die Anbauflächen zu vergrößern. Die Bauern bedienten, wie auf Grababbildungen ersichtlich, bei dieser kräftezehrenden Arbeit den gleichen Typ von Ziehbrunnen, der noch heute in Ägypten in Gebrauch ist. Ging das Hochwas-

Gänsebraten war für jede ägyptische Familie ein Festessen. Gänse wurden in der Regel gezüchtet, während Enten in der Natur gefangen wurden. Das Rupfen des Geflügels war ein freudiges Ereignis, denn ein Fest stand bevor.

Rupfen von Geflügel, Relief, Sonnenheiligtum des Königs Ne-user-Re, um 2500 v. Chr.; Berlin, Staatliche Museen, Ägyptisches Museum (Bildarchiv Preußischer Kulturbesitz, Berlin)

Es sind die einzelnen Schritte der Getreideernte dargestellt. Im unteren Bildteil wird das Getreide geschnitten und danach zum Dreschen abtransportiert. Die letzte Spreu wird schließlich im Wind vom Korn abgetrennt. Schiffe transportieren zuletzt die Ernte zum übergroß abgebildeten Besitzer der Getreidefelder. Kleine Szenen am Rand zeigen unter anderem zwei ruhende Arbeiter unter einem Baum.

Getreideernte, Wandmalerei, Grab des Menena, Neues Reich, 18. Dynastie, um 1410 v. Chr.; West-Theben, TT 69 (Eberhard Thiem, Lotos Film, Kaufbeuren)

ser zurück, wurde das Land neu vermessen, und die Bauern erhielten ihren Boden. Jetzt war es Zeit, die Aussaat vorzubereiten. Der mit Nilschlamm gedüngte Boden wurde nun mit hölzernen Hacken und mit von Rindern gezogenen hölzernen Pflügen aufgelockert, und anschließend wurde Korn oder Flachs gesät. Danach trieb man Schafe und manchmal auch Schweine über die Felder, die die Saat festtraten. Alle Tätigkeiten wurden sorgfältig überwacht und registriert, um später Steuern zu berechnen. Das Korn entsprach noch nicht den heutigen Arten, sondern es wurden überwiegend Gerste und Emmerweizen angepflanzt.

Schwerstarbeit bei der Ernte

Während der Erntezeit wurde das Korn etwa in Kniehöhe mit Sicheln abgeschnitten und dann zu Garben gebündelt. Gelegentlich führten die Schnitter im Takt des Flötenspiels rhythmische Bewegungen aus, um die Arbeitsleistung zu steigern. Während dieser schweren Arbeit erhielten sie immer wieder Erfrischungen. Zuletzt wurde das Getreide von Eselskolonnen zur Tenne geschafft und gedroschen. Dreschmaschinen gab es noch nicht, zum Dreschen liefen deshalb Esel und Rinder immer wieder über die aufgeschichteten Garben und trennten das Korn vom leeren Stroh.

Die letzte feine Trennung von Korn und Spreu mit möglichen Verunreinigungen erfolgte durch den Wind, das Korn wurde hochgeworfen und der Wind blies die Spreu hinweg. Anschließend wurde das Getreide zum Abtransport in die Kornspeicher in Säcke abgefüllt und dort in siloartigen Behältern gelagert. Danach erschienen erneut die Beamten. Es waren jetzt der Speicherschreiber und der Kornmesser, die für die Behörden notierten und registrierten. Wieder war anschließend Schwerarbeit angesagt, denn die Säcke mußten zum Abtransport auf Schiffe geschleppt werden. Kornspeicher hatten teilweise eine beachtliche Größe. Aus Amarna gibt es Hinweise auf einen Kornspeicher von etwa acht Metern Durchmesser und einer beträchtlichen Höhe. In den Speicheranlagen waren wiederum Beamte beschäftigt, um die spätere Verteilung zu überwachen.

Der Reichtum Ägyptens war eng an den Wasserstand des Nils gebunden. Erreichten die Hochwasserwellen nicht das gewünschte Ausmaß, konnte es zu Engpässen kommen, und die Beamten der Steuerbehörden wurden noch unfreundlicher. Unter Pharao Zoser gab es einmal sieben Hungerjahre, weil die Höhe der Nilschwemme zu niedrig geblieben war.

Weitere Schwerarbeit mußten auf dem Land auch die Hirten leisten. Sie waren als wilde Gesellen verrufen und liefen häufig nackt umher. Sie mußten das Vieh im Auftrag ihrer Herren zu den Weideplätzen führen und auch wieder sicher zurückbringen, denn für die Steuerbehörden fanden regelmäßig Viehzählungen statt. Für die Großen des Reiches war das Leben in der Nilwildnis voller Romantik, die Hirten aber mußten zahlreiche Gefahren meistern, insbesondere wenn die Tiere durch Flußarme getrieben wurden. Die Herden waren recht groß. Einem Gutsbesitzer bescheinigten Schreiber einmal 5023 Stück Vieh: 835 langhörnige Rinder, 220 hornlose Rinder, 760 Esel, 974 Schafe und 2234 Ziegen.

Die Wirtschaft

Landwirtschaft und Viehzucht

Eine der größten Leistungen der altägyptischen Hochkultur war die Organisation der Landwirtschaft. In einem Land ohne nennenswerte Niederschläge war allein der Nil mit seinen regelmäßigen Überschwemmungen die zentrale Lebensader. Bereits in frühesten Zeiten hatten es die Ägypter verstanden, dieses Geschenk an Wasser effektiv einzusetzen und zu nützen. Pflanzen können in einer Wüstengegend nur an jenen Orten gedeihen, die vom Wasser erreicht werden, und die Menge des zugeführten Wassers muß dann für die gesamte Vegetationsperiode ausreichen. Dieses Problem der Wasserversorgung der Landwirtschaft lösten die Nilüberschwemmungen und eine ausgeklügelte Wasserwirtschaft. Mit Hilfe von Kanalsystemen konnten die Ägypter ihre Ackerflächen erheblich ausweiten und so einen Überschuß an Lebensmitteln garantieren, der eine Arbeitsteilung und damit die ersten Schritte zur Hochkultur zuließ. Landwirtschaft und Wasserwirtschaft sind gleichberechtigt in einem Atemzug als Voraussetzungen zum Erfolg der altägyptischen Hochkultur zu nennen. Eingriffe in die Natur waren stets behutsam und vermieden ökologische Katastrophen.

Der Nil war über große Strecken eingedeicht worden, und mit Hilfe der Wasserwirtschaft konnten während der Zeit des Hochwassers Rückhaltebecken gefüllt werden, mit deren Wasservorrat man die Felder weiter bewässerte und auch Wüstengegenden für die Landwirtschaft erschloß. Natürliche Vertiefungen in der Landschaft dienten dabei oft als große Wasserspeicher. Ein Kanal zur Wasserversorgung des Fayum besaß sogar Schleusen. Überall im Land gab es Kanäle und Brunnen, die eine intensive Landwirtschaft ermöglichten. Bereits während der 3. Dynastie wurde bei Memphis eine erste größere Talsperre

Nach der Getreideernte wurden Rinder solange kreisförmig über das Erntegut getrieben, bis das Korn gedroschen war. Zahlreiche Helfer schieben immer wieder mit Gabeln die Ähren unter die Hufe der Tiere.

Wandmalerei, Grab des Menena; Theben, TT 69 (Eberhard Thiem, Lotos Film, Kaufbeuren)

errichtet, um den Abfluß des Hochwassers zu verlangsamen. Der Damm kann heute noch nachgewiesen werden und war einst 106 Meter lang und elf Meter hoch. Sumpfgebiete entlang des Nils wurden entwässert, um weitere Ackerflächen zu gewinnen. Neben der Wasserversorgung für die Landwirtschaft gab es auch für die Schiffahrt bereits in früher Zeit große Kanalbauten. Im 2. Jahrtausend v. Chr. entstand zwischen dem östlichen Nildelta und den Bitterseen ein Kanal, der eine Verbindung zwischen dem Roten Meer und dem Mittelmeer herstellte. Dieser »frühe Suezkanal« mit einer Breite von 45 Metern und einer Tiefe von fünf Metern, war an der Uferböschung mit Steinen verkleidet worden.

Rekonstruktion eines ägyptischen Bauernhofes mit zahlreichen Tieren, die in Einfriedungen gehalten wurden. Zu dem abgebildeten Bauernhof gehörten auch Weinreben sowie Kornspeicher. Im Vordergrund befindet sich ein kleines Gebäude für kultische Zwecke.

Ghiringhelli, Mailand

Planwirtschaftlich organisiert

Auf den fruchtbaren Böden wurden, durch Bewässerungssysteme unterstützt, hauptsächlich Getreidearten wie Gerste oder Emmerweizen angebaut, daneben gab es noch Anbauflächen für eine intensive Gartenwirtschaft. Gärten wurden über Kanäle schachbrettartig bewässert und dienten der Kultivierung von Obst und Gemüse sowie Gewürzen und ölhaltigen Gewächsen. Im Nildelta wurde noch Weinbau betrieben, um den Weinkonsum der Oberschicht zufriedenzustellen. Der Wein für die Residenz von Ramses II. im Nildelta stammte aus Weingärten, die mit Pferdeurin gedüngt wurden. In der Nachbarschaft der Oberschicht wohnten Blumenzüchter, denn bei großen Festen oder Einladungen schmückten die Menschen ihre Häuser und sich selbst mit Blumen. Um Feigen und Datteln aus den teilweise recht hohen Bäumen zu holen, wurden Affen für die Ernte abgerichtet. Zur Herstellung der Bekleidung wurde Flachs angebaut. Ein regelrechter Industriezweig war die Holzwirtschaft. Da Ägypten arm an einheimischen Bäumen war, wurden Setzlinge sowie neue Baumarten eingeführt, und große Bäume durften nur nach einer Genehmigung durch die Verwaltungsbehörde gefällt werden. Hochwertige Hölzer wie Zedernholz und Ebenholz stammten aus dem Libanon und aus Nubien. Alle Arbeiten organisierte der Staat planwirtschaftlich, und eigenverantwortliche Bauern gab es nur in Zeiten einer schwachen Zentralverwaltung. Von den Menschen wurde per Gesetz eine bestimmte Arbeitsleistung verlangt. Während der Ramessidenzeit am Ende des Neuen Reiches betrug die landwirtschaftliche Nutzfläche bei schätzungsweise vier bis fünf Millionen Einwohnern sechs Millionen Aruren (10 Aruren entsprechen 2,75 Hektar).

In Ägypten wurde auch Wein angebaut. Der Bildzyklus zeigt die Weinlese, das Keltern des Weines, seine Abfüllung und den Weintransport mit einem Lastschiff. Zu jeder Festlichkeit gehörte Wein, der in Schalen gereicht wurde.

Weinlese: Treten der Trauben und des Mostes, Malerei, Grab des Kha-emwese; Berlin, Staatliche Museen Preußischer Kulturbesitz, Ägyptisches Museum (Bildarchiv Preußischer Kulturbesitz, Berlin)

Bei der Viehzucht standen die Produktion von Fleisch und Milch sowie die Verwertung von tierischen Produkten wie etwa Wolle, Felle oder Eier im Vordergrund. Zahlreiche Tierarten waren bereits soweit domestiziert, daß sie auch als Arbeitstiere und Haustiere gehalten werden konnten. Das wertvollste aller Haustiere war für die Ägypter das Rind, das in verschiedenen Arten gezüchtet wurde. Ein gutes Rind konnte in seinem Wert einem halben Hektar Ackerfläche entsprechen. Daneben wurden noch Schafe, Ziegen sowie Schweine gehalten. Der Esel diente als Lasttier. In direktem Kontakt mit den Familien lebten Hunde und Katzen. Als erste Hunderassen begleiteten große Windhunde und Wolfshunde mit einem buschigen Schwanz den Menschen. Später kam schließlich noch das Pferd hinzu, das allerdings nicht in der Landwirtschaft eingesetzt wurde. Die Ägypter liebten ihre Tiere, gaben ihnen sogar Namen und gehören zu den Erfindern der Tiermedizin. Berühmt ist der »Veterinär-Papyrus« aus der 12. Dynastie mit Ratschlägen zur Behandlung von Rinderkrankheiten. Schlachttiere wurden teilweise in Ställen gemästet oder lebten in großen Herden im Freien. Zusätzlich wurden zur Fleischgewinnung auch

Herden von eingefangenen Wildtieren wie etwa Antilopen oder Steinböcke und sogar Hyänen gehalten, die nach der Mast geschlachtet wurden. Es gab regelrechte Mastbetriebe mit im heutigen Sinn modernen Methoden. Gänse wurden auch gestopft, um eine Art Gänseleberpastete zu produzieren. Griechische Autoren berichteten sogar über ägyptische »Brutmaschinen« für Küken. Insgesamt war die Viehzucht enorm leistungsfähig. In der Regierungszeit von Ramses III. erhielten die Tempel des Landes als Opfergaben 514 968 Stück Großvieh und 680 714 Gänse. Die Tiere waren zwar ein Opfer für die Götter, wurden aber zum Verzehr an die Bevölkerung weitergegeben.

Zur Fleischversorgung der Bevölkerung gab es daneben noch eine Geflügelhaltung, wobei die Tiere meist in der Wildnis der Nilsümpfe gefangen und dann oft gemästet wurden. Gänsebraten war beliebt und wurde bei besonderen Anlässen als Festessen serviert. Ausgedehnte Fischfanggründe bot schließlich der Nil. Fisch war für die einfache Bevölkerung ein wichtiger Eiweißlieferant. In speziellen Teichen wurden wertvolle Speisefische aufgezogen. Hochwertiges Fleisch als Opfer für die Götter lieferten Mastochsen, denn es war bekannt, daß kastrierte Tiere schnell Fett ansetzten und sich als gute Fleischlieferanten anboten.

Die Ernährung der Ägypter war insgesamt gut organisiert und Hunger meist ein individuelles oder regionales Problem. Zur Abwehr der Risiken von Mißernten hatte der Staat Nahrungsmittelreserven eingelagert, denn viele Dokumente erinnerten die Behörden immer wieder an Hungerjahre bei zu niedrigen Wasserständen. Die vielfältige Nahrungsmittelproduktion förderte die Arbeitsteilung. Es gab zum Beispiel Spezialisten wie Getreidebauern, Gemüse- und Obstgärtner, Pflanzer für Datteln und Feigen, Winzer, Viehzüchter, Hirten, Fischer oder auch Imker für den Süßstoff Honig sowie zahlreiche Handwerksberufe, die die landwirtschaftlichen Produkte zu qualitätsvollen Lebensmitteln weiterverarbeiteten.

Handwerker und ihre Produkte

Neben der Landwirtschaft bildete das Handwerk die zweite Säule für den Reichtum des Staates. Beamte wurden zwar nicht müde, sich als die Krone der Gesellschaft darzustellen, doch es waren Handwerker und Künstler, die jene Meisterwerke schufen, die heute den Ruf der altägyptischen Hochkultur ausmachen. Dabei fertigten sie ihre Meisterwerke mit einfachsten Werkzeugen an und erfanden Techniken, über die Fachleute noch heute staunen. Mit der Ausrüstung ihrer altägyptischen Kollegen hätten heute sicherlich viele Handwerker Schwierigkeiten, Produkte von einer vergleichbaren Qualität herzustellen. Handwerker arbeiteten entweder für den Staat und die Tempel oder boten der allgemeinen Bevölkerung ihre Dienste auf Märkten an.

Wie alle anderen berufstätigen Bewohner des Reiches erhielten auch die Handwerker ihre Bezahlung in Naturalien. Dokumente aus den Arbeitersiedlungen beim Tal der Köni-

Die Figur zeigt einen Bierbrauer bei der Arbeit. Er weicht die Zutaten des Bieres in einem großen Gefäß ein. Bier war in Ägypten ein Alltagsgetränk und wurde in jeder Familie konsumiert.

Bierbereitung im alten Ägypten – ein Brauer, Grabbeigabe aus Ton, um 2500 v. Chr. (Bildarchiv Preußischer Kulturbesitz, Berlin, Foto: Kraft)

Mit einfachen Werkzeugen konnten ägyptische Handwerker hochwertige Gegenstände produzieren. Für den Möbelschreiner war der Fiedelbohrer zur Holzbearbeitung sehr wichtig. Durch rasche Bewegungen des Armes gelang es, den Bohrer in eine hohe Umdrehungsgeschwindigkeit zu versetzen, um auch dicke Bretter zu durchdringen.

Ägyptischer Fiedelbohrer (links) und Handwerker, Wandmalerei (rechts); London, British Museum (Eberhard Thiem, Lotos Film, Kaufbeuren)

ge belegen, daß die Löhne regelmäßig in Form von genormten Getreidesäcken und die unregelmäßigen Zusatzleistungen in Form von Lebensmittelrationen, Seife, Öl oder Brennholz ausbezahlt wurden. Spezialisierte Vorarbeiter erhielten pro Monat zwei Säcke Gerste und fünfeinhalb Säcke Emmerweizen, einfache Arbeiter vier Säcke Gerste und eineinhalb Säcke Emmerweizen, für Lehrlinge gab es eineinhalb Säcke Gerste und einen halben Sack Emmerweizen. Jeder Sack enthielt etwa 77 Liter Getreide und galt als Berechnungsgrundlage für Tauschgeschäfte gegen andere Nahrungsmittel oder Gebrauchsgüter wie etwa Kleidung und Möbel. Größere Zahlungen und Sparguthaben wurden auf der Grundlage der Getreideentlohnung in Form von standardisierten Kupfer- und Silberstücken verrechnet. Eine Kupfernorm lag bei 91 Gramm und wurde als »deben« bezeichnet, die Silbernorm hieß »schenati« oder »kite« und wog 9,1 Gramm. Ein guter Vorarbeiter verdiente aufgrund solcher Umrechnungsgrundlagen im Durchschnitt neuneinhalb »deben«, und ein normaler Arbeiter sieben »deben«. Auf Märkten wurde entweder in »deben« bezahlt oder in Naturalien getauscht. Kreditgeschäfte waren verbreitet und wurden über »deben« abgewickelt. Die allgemeine Lebenshaltung war preisgünstig, aber Luxusgegenstände und Bestattungen konnten recht teuer werden. Kostspielig war die Hofhaltung des Pharao. Der Goldsarg von Tut-anch-amun entsprach in seinem Wert etwa 35 000 Monatslöhnen eines Arbeiters.

»Ägyptisch Blau«

Bei der Herstellung ihrer Produkte waren die Handwerker sehr experimentierfreudig und versuchten stets Kosten zu senken. Der Kostendruck führte zum Beispiel in einem nahezu industriellen Umfang zur Produktion des ersten künstlichen Farbpigmentes. Ägyptische Künstler benötigten für ihre Auftragsarbeiten sehr viele Farben, die meist aus natürlichen Mineralien hergestellt wurden und oft teuer importiert werden mußten. Bereits während der 4. Dynastie gelang der Durchbruch zur Großprodukten eines künstlichen blauen Farbpigmentes, das später als »Ägyptisch Blau« bezeichnet wurde. Zur Herstellung von »Ägyptisch Blau« wurden Quarzsand, Kalk und Soda gemischt und auf über 800 Grad Celsius erhitzt. Die blaue Farbtönung lieferten dann zugesetzte Kupferverbindungen aus Mineralien oder auch Bronze. Beim Schmelzen dieses Gemisches war die exakte Temperaturregulation sehr wichtig, denn »Ägyptisch Blau« kann sich nur bei Temperaturen zwischen etwa 800 und 1050 Grad Celsius bilden. Ist die Temperatur zu hoch, werden die Kupferverbindungen chemisch verändert und der blaue Farbton geht verloren. Bei einer zu niedrigen Temperatur bleibt dagegen das Schmelzen des Gemisches aus. In Abhängigkeit von der Mischung sowie den Schmelz- und Temperaturbedingungen konnten die Ägypter unterschiedliche Blautöne erzielen. Die Temperatur wurde meist über den Aschenanteil reguliert. Die einzelnen Komponenten von »Ägyptisch Blau« wurden zunächst vollständig geschmolzen und dann rasch abgekühlt, um nach dem Erstarren zu Pulver gemahlen zu werden. Später erfanden die Ägypter noch weitere Farbpigmente für eine Großproduktion, die im Exportgeschäft zusätzliche Gewinne brachte.

Der Oberste der Sandalenmacher

Aus der differenzierten Arbeitsteilung mit ihren vielfältigen Berufen, die die altägyptische Wirtschaft auszeichnete, sollen nur einige handwerkliche Tätigkeiten herausgegriffen werden. Für die Verarbeitung der Flachsernte, aber auch der Wolle waren Spinner und Weber zuständig. Sie produzierten ein breites Angebot von Leinenstoffen und erreichten dabei feinste Qualitäten wie bei der Seide. Ägypter trugen wegen der Hitze überwiegend weiße Leinenkleidung und verlangten höchste Herstellungsqualitäten. Transparentes ägyptisches Leinen war in Griechenland heiß begehrt und wurde teuer gehandelt. In Gräbern können oft die Produkte eines anderen wichtigen Berufsstandes, des Schusters gefunden werden. Der große Viehbestand sicherte einen Reichtum an Tierfellen, so daß die Lederherstellung blühen konnte. Aus Leder bestanden nicht nur die typischen Sandalen, sondern auch Schreibmaterialien, Schläuche und Ausrüstungsgegenstände, insbesondere für die Armee. Erhalten ist eine kleine Statue des »Obersten der Sandalenmacher des Amontempels« in Theben.

Holz war in Ägypten Mangelware. Es gab jedoch einige einheimische Holzarten, die zur Weiterverarbeitung geeignet waren, und vor allen Dingen hochwertige Importware, mit denen sich die holzverarbeitenden Berufe beschäftigten. Eine Hobelbank war noch unbekannt, ein einfacher Schraubstock wurde dagegen eingesetzt. Holz bearbeitete man mit Säge, Meißel oder Bohrer sowie Schabern, wobei den Handwerkern

Möbelschreiner kannten zahlreiche Feinwerkzeuge wie Fiedelbohrer oder Säge. Mit großem Geschick fertigten sie Möbel, die noch heute durch ihre Qualität bestechen. Auf der Abbildung werden ein Brett gesägt und Löcher für die Bespannung eines Bettgestells gebohrt.

Möbelschreiner, Wandmalerei, Grab des Rechmire; Theben, TT 100 (Eberhard Thiem, Lotos Film, Kaufbeuren)

Zwei Tischler legen auf einem wertvollen Sargschmuck Gold auf. Mit Hilfe eines pinselartigen Werkzeuges wurde die dünne Goldfolie sorgfältig aufgetragen. Vermutlich geht bei der Abbildung ein Lehrling dem erfahrenen Meister zur Hand.

Tischler bei der Herstellung von vergoldetem Sargschmuck, Wandmalerei, Grab von Nebamun und Ipuki, 18. Dynastie; Theben, TT 181 (Eberhard Thiem, Lotos Film, Kaufbeuren)

bei Möbeln und Särgen wahre Meisterwerke gelangen. Ein ägyptischer Fidelbohrer bestand aus einem gekrümmten Holzstab mit einer festen Schnur, die um einen Holzgriff mit einer Kupfer- oder Bronzespitze gewickelt war. Durch schnelle Bewegungen des Holzstabes wurde die Spitze zum Rotieren gebracht. Für die Grobbearbeitung reichten Äxte aus, die sehr geschickt gehandhabt wurden. Statt des Hobels gab es zum Glätten ein kleines Beil und Reibesteine. Möbelteile wurden mit modern anmutenden Verzapfungen zum fertigen Möbelstück zusammengesetzt, und aus Funieren wurde bereits mit Holzzapfen Sperrholz hergestellt. Für die unsichtbaren mittleren Lagen des Sperrholzes verwendeten die Handwerker minderwertige einheimische Hölzer und für die sichtbaren Außenlagen teure Importhölzer. Auch gelang es den Ägyptern, Holz im Wasserdampf zu biegen. Hochseefähige Schiffe bestätigen schließlich das Geschick der Schiffsbauer, die schnellen Kampfwagen die Qualitäten der Wagenbauer. Als Holzersatz gab es in der Spätzeit die sogenannte »ägyptische Pappe«. Zahlreiche Lagen wurden dabei mit Leinenstücken fest verklebt und zuletzt mit Stuck überzogen, der bemalt werden konnte.

Keramik, Stein und Glas

Die Schwemmgebiete des Nils lieferten den Töpfern wichtige Rohstoffe, so daß die Töpferei einen hohen Entwicklungsstand aufwies und eine Vielzahl von Gefäßen in einer Art Fließbandproduktion angefertigt wurden. Die Töpferscheibe war schon lange bekannt und hatte bereits ihren Eingang in die Mythologie gefunden. Demnach war der Mensch von dem Schöpfergott Chnum auf einer Töpferscheibe geformt worden. Die

Töpferscheibe wurde allerdings mit einer Hand und nicht wie heute mit den Füßen in Bewegung gehalten, während die andere freie Hand zur Formung der Gefäße diente. Es gab zahlreiche Tonarten, die zuerst grob mit den Füßen und dann sorgfältig mit den Händen geknetet wurden. Durch Variationen der Brenntemperatur ließen sich in großen Öfen verschiedene Farbwirkungen erreichen, wobei die Ägypter sogar Temperaturen von 1100 Grad Celsius erzielen konnten. Während der Brennvorgänge gelang es auch, Kobaltblau herzustellen. Viele Vorratsgefäße hatten keine Standfläche, sondern wurden auf Ringe gestellt oder in den Boden gesteckt. Die Kunst des Glasierens war ebenfalls bekannt, und die berühmte ägyptische Fayence war eine erfolgreiche Handelsware. Es gab Techniken, um die verschiedensten Gegenstände oder Stoffe mit einer Glasur zu überziehen, die meist einen blauen oder grünen Farbton hatte. Sehr schöne Gefäße wurden auch aus Steinen hergestellt. Die Handwerker bearbeiteten dazu Steinblöcke mit Bohrern und fertigten Objekte mit durchscheinend dünnen Wänden an.

Aus der Kunst der Töpferei und den Erfahrungen mit hohen Brenntemperaturen entwickelte sich vermutlich die ägyptische Glasproduktion. Die Ägypter konnten allerdings Glas weder blasen noch in Formen gießen. Zur Herstellung ihrer Glaswaren erfanden sie die Sandkerntechnik. Bei diesem Verfahren wird der Innenraum eines Glasgefäßes zuerst in Ton vorgeformt und auf einen Stab gesteckt. Die Form wird anschließend in die Glasschmelze getaucht, bis sich ein Überzug gebildet hat. Der noch zähflüssige Überzug läßt sich im nächsten Schritt auf einer Steinplatte rollen und glätten. Danach werden zähflüssige Glasfäden aufgesetzt und durch Rollen mit ihrer Unterlage verbunden. Die Dicke der Glasfäden bestimmt dabei die Dicke der Gefäßwand. Durch eine unterschiedliche Anordnung der Glasfäden und durch verschiedene Färbungen können bei diesem Arbeitsgang reizvolle Muster erzielt werden. Die Glasobjekte hatten häufig einen blauen Farbton, da dieser Farbe eine magische Wirkung zugeschrieben wurde. Glasblöcke konnten allerdings auch wie Steinblöcke bearbeitet werden. Aus dem Grab des Tut-anch-amun ist eine gläserne Kopfstütze erhalten, die man vermutlich aus einem kalten Glasblock herausgeschnitten hatte.

Ein Töpfer fertigt auf der Töpferscheibe eine Schale. Die Töpferscheibe wurde mit einer Hand in Bewegung gehalten, während die andere Hand das Gefäß formte.

Töpfer, Grabbeigabe, Altes Reich, 6. Dynastie, um 2200 v. Chr., Höhe 13,3 cm; Chicago, Oriental Institute (Bildarchiv Preußischer Kulturbesitz, Berlin)

Metallverarbeitung

Durch das Brennen der Keramik wurden die Ägypter wahrscheinlich auch auf die Metallverarbeitung aufmerksam. In der Regel erreichten ihre Brennöfen Temperaturen zwischen 650 und 1100 Grad Celsius. Beim Ausprobieren von neuen Techniken wurden vermutlich oft noch höhere Temperaturen erzielt, und es ergaben sich dabei Ansätze zur Metallproduktion. Die Ägypter kannten die Verarbeitung von Kupfer und Bronze sowie von Gold und Silber. Eisen spielte lange Zeit keine Rolle und wurde erst ab der 18. Dynastie für die Waffenherstellung interessant. Für die Ägypter war das erste Eisen noch als Meteoriteisen vom Himmel gefallen, weshalb es auch »Himmelsmetall« hieß. Im Grab von Tut-anch-amun befand sich ein Dolch aus Meteoriteisen als Beigabe.

Die Rohstoffe für Kupfer stammten bereits in sehr früher Zeit hauptsächlich aus Bergwerken auf der Sinaihalbinsel und in Nubien. Das zerkleinerte Kupfererz wurde mit Holzkohle gemischt und in anfangs noch einfachen Brennöfen erhitzt. Während des Alten Reiches wurde der Sauerstoff für die hohen Schmelztemperaturen durch Blasrohre zugeführt und erst im Neuen Reich durch Blasebälge. Das Rohkupfer wurde durch Hämmern weiterverarbeitet, in Form gebracht und für Waffen sowie Werkzeuge gehärtet. Zur Verbindung von Kupferblechen gab es bereits Nieten oder es wurde mit Silber gelötet. Kupferwerkzeuge waren so wertvoll,

Die Abbildung zeigt einzelne Schritte der Metallverarbeitung. Im oberen Bildteil blasen Arbeiter Luft in den Schmelztiegel, um eine hohe Schmelztemperatur zu erreichen. Das flüssige Metall wird anschließend in Formen gegossen und nach dem Erkalten weiterverarbeitet.

Metallguß, Grab des Mereruka, Altes Reich, 6. Dynastie, um 2300 v. Chr.; Sakkara

daß sie vor der Ausgabe an die Arbeiter und nach dem Ende der Arbeitszeit jeweils gewogen wurden, um Kupferdiebstahl zu verhindern. Im ägyptischen Kupferzentrum von Timna in der Negev Wüste wurden Brennöfen gefunden, die den natürlichen Wind zum Anblasen benutzten. Als Kupfererz wurde dort Malachit verarbeitet, und der Holzverbrauch zur Holzkohlegewinnung war so groß, daß in der Nachbarschaft bald alle Wälder abgeholzt waren und Holzkohle eingeführt werden mußte.

Bronze, Gold und Silber

Für Werkzeuge und Waffen hatte das weitgehend reine Kupfer der Ägypter jedoch Nachteile, es war zu weich und für den Dauergebrauch nicht geeignet. Die Handwerker suchten nach besseren Materialien und erfanden unabhängig von anderen Kulturen die Bronze, die etwa ab der Mitte des 2. Jahrtausends v. Chr. am Nil verbreitet war. Bronze ist eine Legierung aus Kupfer und Zinn (in der Frühzeit auch Arsen) mit günstigeren Materialeigenschaften als Kupfer. Ab dem Mittleren Reich war Bronze ein üblicher Werkstoff und wurde wegen der großen Nachfrage zusätzlich noch aus Kleinasien importiert. Es gab verschiedene Bronzelegierungen, deren Herstellungsprozeß heute wenig bekannt ist. In Dokumenten wird von »Schwarzbronzen« und »Bronzen in der Vereinigung von sechs« gesprochen. Im Bronzenguß lagen große Erfahrungen vor, so daß bereits Tempeltüren gegossen werden konnten.

Gold und Silber wurden in Ägypten ebenfalls schon seit alter Zeit verarbeitet, und der ägyptische Staat galt sogar als das Goldland der Antike. Vermutlich besaß Ägypten etwa 75 Prozent der Goldreserven der damaligen Zeit und war damit ungewöhnlich reich. Unter Thutmosis III. soll die jährliche Goldproduktion etwa 40 Tonnen betragen haben. Die Ägypter verarbeiteten kaum Seifengold, das aus Flußsedimenten ausgewaschen wurde, sondern gewannen in Bergwerken goldhaltige Gesteine, die allerdings zur Goldextraktion geschmolzen werden mußten. Die Goldminen befanden sich in den öden Gebirgsgegenden zwischen dem Nil und dem Roten Meer und insbesondere in Nubien, wo noch heute Reste dieser einstigen Bergwerke besichtigt werden können. Meist arbeiteten dort Kriegsgefangene oder Sträflinge unter unmenschlichen Bedingungen. Sie mußten die goldhaltigen Gesteine im Schein kleiner Lampen in Stollen brechen, sie klein mahlen und den Goldstaub danach ausschwemmen. Erst der Goldstaub wurde unter militärischem Schutz nach Ägypten transportiert und dann bei mindestens 1050 Grad Celsius geschmolzen. Das Gold wurde nicht wie heute in Barren, sondern in Form von Ringen bis zur Weiterverarbeitung gelagert. Das Gold aus den Bergwerken besaß einen recht hohen Silberanteil, so daß spezielle Reinigungsverfahren zur Goldanreicherung entwickelt wurden. Ein uraltes Reinigungsverfahren, das auch den Ägyptern bekannt war, ist die Kupellation, bei der Gold zusammen mit Blei geschmolzen wird. Die unedlen Bestandteile des Goldes reagieren dann bei bestimmten Temperaturen mit dem Blei und werden aus der Verbindung mit dem Gold ausgetrieben. Im 14. Jahrhundert v. Chr. schrieb der babylonische König Burnaburias II. dem Pharao einen Beschwerdebrief über eine Goldliefe-

rung von minderer Qualität. Er berichtete, daß er 20 Minen Gold erhalten hätte, doch von den 20 Minen wären nur fünf aus dem Feuer gekommen, in Zukunft sollte deshalb die Qualität der Lieferungen verbessert werden. Silbervorkommen gab es in Ägypten nicht, weshalb der gesamte Bedarf importiert werden mußte. Für lange Zeit war deshalb Silber wertvoller als Gold. Gold und Silber konnten die alten Ägypter allerdings nicht perfekt voneinander trennen, da ihnen das dazu notwendige Scheidewasser noch unbekannt war.

Große Osirisfigur aus rotem Granit, die unvollendet in einem Steinbruch bei Assuan zurückblieb. Wahrscheinlich wurde ein Materialfehler sichtbar, so daß die Figur nicht mehr fertiggestellt wurde. Die Figurlänge beträgt 4,50 Meter.

Osirisfigur, Neues Reich, wohl 19. Dynastie, 1200–1300 v. Chr., roter Granit, Länge um 450 cm; Assuan, Steinbruch

Während gewöhnliche Metallhandwerker in der ägyptischen Gesellschaft keinen herausragenden Stellenwert hatten, erfreuten sich die Goldschmiede höchster Anerkennung. Am Hof des Pharao gab es den geschätzten Titel des »Vorstehers der Goldschmiede des Königs«. Er war für die Arbeit der ihm untergeordneten Goldschmiede und Obergoldschmiede zuständig. Um Unterschlagungen vorzubeugen, wurde das Rohmaterial Gold zuerst gewogen und danach den Goldschmieden zur Weiterverarbeitung übergeben. Gewichte der Goldwaagen hatten die Gestalt eines Rindes. Das Können der ägyptischen Goldschmiede kann noch heute in den Museen bewundert werden und war tatsächlich atemberaubend. Sie beherrschten fast alle der heute noch üblichen Techniken und waren häufig sogar deren Erfinder. Aus Goldblechen trieben sie Kunstwerke wie den prächtigen Goldsarg des Tut-anch-amun oder andere absolute Spitzenwerke. Blattgold vermochten sie bis zu einer Dicke von 0,005 Millimeter herzustellen. Sie konnten komplizierte Goldschmiedetechniken wie das Tauschieren durchführen und Metall in Metall einlegen oder die Cloisonné-Technik zur Perfektion entwickeln. Sie erfanden die Granulation, eine Technik, bei der eine Fläche mit winzigen Goldkügelchen abgedeckt wird. Aufgrund ihrer Fertigkeiten werden sie zu den besten Goldschmieden der Menschheitsgeschichte gezählt.

Große Steinarbeiten

Steine wurden im alten Ägypten hauptsächlich für Sakralbauten und für die Städte der Toten benötigt, großen Bedarf an hochwertigen Steinen hatten auch Bildhauer. Zahlreiche Steinbrüche sind noch heute erhalten und liegen entlang des Niltals, vom heutigen Kairo bis über Assuan hinaus. Daneben wurden noch Steine in den östlichen Wüstengebieten abgebaut. Das heutige Wadi Hammamat liegt etwa drei Tagesreisen vom Niltal entfernt und beherbergte in altägyptischer Zeit einen Steinbruch für den begehrten schwarzen Granit, auch Bechen-Stein genannt.

Hier arbeiteten etwa 2250 Menschen, dazu noch etwa 50 Ochsen und 200 Esel. Sie fernab der Verkehrswege und unter schwierigen Umweltbedingungen zu versorgen, war eine beachtliche organisatorische Leistung. Künstler kamen oft direkt in den Steinbruch, um passende Rohmaterialien für Plastiken oder Sarkophage auszuwählen. Rund 40 verschiedene Gesteinsarten wurden von den Ägyptern für Architekturen und Plastiken verarbeitet. Ein großer Bedarf herrschte an Kalk- und Sandsteinen, an Kalzit und den unterschiedlichen magmatischen Steinen wie etwa Granite, Diorit, Basalt und Porphyr. In Assuan wurden schon zu Beginn der Hochkultur große Mengen von Granit abgebaut.

Gewinnung, Transport und Verarbeitung der Steine erforderten große technische und organisatorische Maßnahmen, die zu dieser Zeit praktisch nur die Ägypter bewältigen konnten. Die vergleichbaren großen Architekturen in Mesopotamien waren aus Ziegel und konnten deshalb die Jahrtausende nicht überstehen.

Die Plackerei im Steinbruch

Relativ weiche Gesteine wie Kalkstein oder Sandstein wurden in Blöcken mit Meißel und Holzschlegel aus dem gewachsenen Felsen herausgeschlagen. Dazu mußten in verschiedenen Schritten zwischen den Blöcken Fugen freigelegt werden, um anschließend jeden einzelnen Block durch Hebelwirkung vom Untergrund abzusprengen. Die Arbeiter folgten dabei den Gesteinsschichten, so daß bald Stollen und Galerien entstanden, die in regelmäßigen Abständen von stehengebliebenen Pfeilern abgestützt wurden. Am Beispiel des Meißels kann der Verlauf der Metallentwicklung in Ägypten verfolgt werden. Zuerst gab es ausschließlich Kupfer-, danach Bronze- und zuletzt Eisenmeißel.

Beim Abbau von Hartgesteinen wie Granit wurde der Tagebau bevorzugt. Hier saßen die Arbeiter um den markierten Gesteinsblock und zertrümmerten durch stetiges Hämmern mit natürlich vorkommenden Doleritknollen das Gestein in der Umgebung des Blocks. Mit der Zeit entstand dabei eine etwa mannsbreite senkrechte Rille, und der markierte Block wurde langsam freigelegt. Um den Block vom Felsen zu trennen, mußte eine waagrechte Rille geschlagen werden, die immer wieder mit Holzbalken gesichert wurde. Die Arbeit war unglaublich mühselig. Arbeiter mußten bei mörderischen Temperaturen über lange Zeit mit den Doleritknollen in ihren Händen zuschlagen, bis der harte Fels langsam zersplitterte. Bei Assuan liegt noch heute ein nur teilweise freigelegter Obelisk aus rotem Granit von über 41 Metern Länge, der im ferti-

gen Zustand mehr als 1000 Tonnen gewogen hätte.

Die Steingewinnung war aber nur der erste Schritt einer Serie von Schwerstarbeiten. Danach folgte der Transport der noch unbearbeiteten Gesteinsblöcke. Die Steine wurden auf hölzerne Schlitten verladen und über präparierte Rampen zum Nil gezogen, wo Transportschiffe warteten. Parallel zum Nil gab es einen etwa 220 Kilometer langen Seitenkanal für Ferntransporte. Die Transportwege zu Land waren sorgfältig geebnet und ohne Steigungen. Sie wurden mit Schlamm feucht gehalten, damit die Schlitten gut rutschten. Schätzungsweise konnten acht Männer bei einem feucht gehaltenen Transportweg einen Steinblock von zweieinhalb Tonnen Gewicht ziehen, wenn eine Steigung von acht Prozent nicht überschritten wurde. Zum Transport wurden neben Menschen auch Ochsen eingesetzt. Meist saß auf dem Steinblock ein Arbeiter, der regelmäßig Wasser vor die Schlittenkufen goß, damit der Untergrund rutschig blieb. Eine der längsten erhaltenen Rampen war rund zehn Kilometer lang. Ein Transport auf Rollen war nicht bekannt. Schiffe für Ferntransporte waren bei besonders großen Objekten Spezialanfertigungen mit riesigen Auftriebskörpern, die ein Absinken verhinderten. Die beiden großen Obelisken der Pharaonin Hatschepsut mit einem Gesamtgewicht von zusammen rund 650 Tonnen wurden zum Beispiel auf ein Schiff von über 60 Metern Länge verladen, das von speziellen Schleppbooten gezogen wurde. Die beiden riesigen Memnonskolosse in den Ruinen von Theben sind jeweils 720 Tonnen schwer und wurden einst aus einem einzigen Stein gehauen. Der Transportweg bis zum Standort betrug für beide Kolosse über 600 Kilometer nilaufwärts. Als einer der Kolosse später durch ein Erdbeben beschädigt wurde, nahm man für den Transport des Reparaturmaterials keine so großen Anstrengungen in Kauf, sondern schaffte es von einem anderen Steinbruch nilabwärts heran.

In einem Granitsteinbruch bei Assuan liegt noch heute ein halbfertiger Obelisk mit einer Gesamtlänge von 42 Metern. Er wäre nach der Fertigstellung der größte bekannte Obelisk gewesen und hätte etwa 1200 Tonnen gewogen. An drei Seiten war er bereits mit Dolerithämmern aus dem Felsen herausgeschlagen worden.

Unvollendeter Obelisk in einem Granitsteinbruch; bei Assuan

Gewaltige Monumente

In der Nachbarschaft von Steinbrüchen gab es auch Bildhauerateliers und Arbeitsplätze für speziell ausgebildete Steinmetze, die große plastische Arbeiten ausführten. Gesteinsoberflächen glättete man zum Beispiel mit einem Schleifmittel aus fein zerstoßenem Quarz und mit besonderen Glättsteinen. Für den Transport ihrer Großplastiken war ein weit größerer Aufwand als bei den durchschnittlichen Steinblöcken notwendig. Große Steinarbeiten wurden auch an Ort und Stelle verrichtet. So ließ zum Beispiel Pharao Ramses II. in Abu Simbel einen Tempel in einen Sandsteinfelsen schlagen. Der Tempel erstreckte sich 62 Meter tief in den Felsen hinein, und vor dem Tempel bewachten vier sorgfältig bearbeitete Sitzstatuen des Pharao mit einer Höhe von jeweils 20 Metern den Eingang. Die Sphinx von Gizeh mit ihren 72 Metern Länge und 22 Metern Höhe wurde ebenfalls als ganze aus dem Felsen herausgeschlagen.

Die ältesten Bauteile aus Stein sind in den Königsgräbern der Frühzeit zu finden. Damals war der Kern der Bauanlage noch aus Nilschlammziegeln gefertigt, und Steine dienten nur zur Verkleidung. Einen riesigen Steinbedarf gab es später beim Bau der großen Pyramiden. Der Arbeitsaufwand für die Cheops-Pyramide war einmalig und beinahe übermenschlich, es wurden rund 2,3 Millionen Steinblöcke von jeweils zweieinhalb Tonnen Gewicht absolut exakt verarbeitet. Bei vielen Großbauten waren als Baumaterialien sowohl Ziegel als auch Steine im Einsatz, wobei es für die einzelnen Materialien verschiedene Bautechniken gab. Ziegel wurden einfach horizontal aufgeschichtet, während bei den schweren Steinen die einzelnen Lagen schräg abgesetzt wurden, um die Standfestigkeit zu erhöhen.

Ägyptische Maurer konnten sogar Gewölbe von einigen Metern Spannweite bauen. Für Bauten gab es genaue Pläne, und der Baufortschritt wurde regelmäßig durch Messungen an Baumarkierungen wie etwa Farbzeichen oder Pfählen kontrolliert. Die Handwerker kannten die Wasserwaage, die Elle zur Längenmessung, den rechten Winkel, das Lot und unterschiedliche Visierstäbe zur Kontrolle von Mauern und Bauwinkeln. Nachts wurden mit Visierstäben Sterne angepeilt, um ein Bauwerk vor Baubeginn exakt auszurichten. Hierin waren die Ägypter Meister, die sogar die Lage von Tempeln so vorausberechnen konnten, daß zu bestimmten Zeiten Licht von speziellen Sternen einfiel.

Papyrus

Nach Erfindung der Schrift konnten Informationen nur dauerhaft aufgeschrieben werden, wenn eine geeignete Schreibunterlage zur Verfügung stand. In Mesopotamien wurden zum Beispiel komplette Archive auf kleinen Tontafeln angelegt. Die praktisch veranlagten Ägypter fanden dagegen eine bessere Lösung. Sie entwickelten bereits um 3000 v. Chr. den Papyrus als Schreibmaterial, der den Tontafeln sowohl in der Größe als auch im Raumbedarf überlegen war und zum Papier des Altertums wurde.

Der Rohstoff für Papyrus stand in den Nilsümpfen reichlich zur Verfügung. Es war die Sumpfpflanze Cyperus papyrus, die heute in Ägypten ausgestorben ist. Papyrus war als Schreibmaterial ungewöhnlich erfolgreich und etwa 4000 Jahre in Gebrauch. In Ägypten gab es eine regelrechte Papyrusindustrie mit zahlreichen Spezialisten. Die Produktion war wegen des großen Exporterfolges vermutlich ein Staatsgeheimnis, denn auf Abbildungen wird nur die Ernte oder der Transport von Papyrus, aber nie der Herstellungsprozeß dargestellt.

Zur Papyrusherstellung wurde das Mark der Papyruspflanze in dünne Streifen geschnitten und in zwei Lagen zuerst horizontal und dann vertikal übereinandergelegt. Anschließend wurde die Schichtung gepreßt und plattgeschlagen, bis beide Lagen durch den

Die Papyrusernte wurde in der ägyptischen Kunst regelmäßig abgebildet. Die Produktion von Blättern aus Papyrus war jedoch ein Staatsgeheimnis und wurde nicht dargestellt, um den lukrativen Export nicht zu gefährden.

Papyrusernte, Relief, Grab von Nefer und Kahai, 5. Dynastie; Sakkara (Eberhard Thiem, Lotos Film, Kaufbeuren)

Pflanzensaft verklebten. Das Papyrusblatt wurde danach getrocknet und mit einem Reibestein geglättet. Zuletzt wurden die Papyrusblätter zu einer Rolle von meist 20 Blättern verklebt. Das Material war dauerhaft und konnte aufgerollt platzsparend gelagert werden.

In heutiger Zeit wurde wiederholt versucht, den Papyrus der alten Ägypter nachzumachen, dabei gelang es allerdings nie, die Qualität des ursprünglichen Materials zu erreichen. Möglicherweise hatte einst die intensive Sonnenstrahlung Ägyptens den Papyrus besser gebleicht als moderne Laborlampen, oder es wurden nur Pflanzen in einem bestimmten Wachstumsstadium zu bestimmten Jahreszeiten geerntet.

Papyrus war stets kostbar und wurde oft sogar auf der Vorder- und Rückseite beschrieben. Amtliche Texte dokumentierte man jedoch immer nur auf der Vorderseite. Bei unwichtigen Texten wurden alte Rollen ausgewaschen, um sie dann wieder neu zu beschriften. Ein solcher Papyrus wurde als Palimpsest (ägyptisch: wieder abgeschabt) bezeichnet.

Die ägyptische Bürokratie benötigte enorme Mengen von Papyri. Manchmal werden heute Lehmsiegel gefunden, die einst zu Papyrusrollen gehörten. Allein bei Ausgrabungen in einer ehemaligen Grenzfestung kamen 4500 solcher Lehmsiegel zum Vorschein, die damit ein umfangreiches Archiv von Briefen und Depeschen belegen. Die Verwaltung des Staates unterhielt ein eigenes Postsystem, und zahlreiche Boten waren ständig mit Papyrusrollen unterwegs. In den Palastruinen von Echnaton in Amarna wurden unter anderem auch Teile seines Hofarchivs mit zahlreichen Briefen gefunden. Es befinden sich sogar Briefe an Tut-anch-amun in babylonischer Sprache darunter. Manche ägyptische Beamte mußten deshalb auch als Dolmetscher ausgebildet gewesen sein.

Der gebildete Ägypter der Oberschicht pflegte wahrscheinlich neben seinem beruflichen Schriftverkehr eine vielfältige private Briefkorrespondenz und besaß sicher auch Werke der reichen altägyptischen Literatur. Private Briefarchive sind zum Teil erhalten. Ein Beispiel sind die Geschäftspapiere und Privatbriefe des Bauern Heqanacht, der im Nebenamt Totenpriester gewesen war und für reiche Leute den Totenkult vollzog. Immer wenn Heqanacht verreiste, mußte er einen Vertreter für sein Amt als Totenpriester finden, und mit diesen Vertretern unterhielt er private Briefkontakte. Seine Formulierungen sind dabei sehr persönlich gehalten und frei von der sonst strengen Etikette einer staatlichen Korrespondenz.

Amen-em-ope schreibt Hori

Ein anderer privater Briefwechsel entwickelte sich einst zwischen Hori, einem Beamten der Stallungen von Ramses II., und Amen-em-ope, dem Schreiber der königlichen Befehle an die Armee. Amen-em-ope fühlte sich durch eine scherzhafte Schrift von Hori angegriffen und antwortete ihm mit einem harschen Brief. Wie in damaligen Korrespondenzen üblich, ist Hori zunächst höflich und voller Lob für den Briefempfänger, dann kommt er allerdings zur Sache: »Deinen Brief erhielt ich, als ich froh und verzückt bei meinem Pferde saß. Als ich dann aber in meinen Stall ging und den Brief las, da bemerkte ich, daß er weder aus Lob bestand noch aus Schmähungen; du vermischst beides. Alle deine Worte sind verkehrt und nicht zusammengeknotet ... Ich hatte gedacht, du würdest meinen Brief wenigstens allein beantworten, aber offenbar hast du dir Helfer dazu holen müssen. Da haben wohl sechs von deinen Beamten um dich herum gesessen, und du hast jedem von ihnen zwei Abschnitte abzufassen gegeben; der eine mußte das Lob schreiben, der andere die Schmähungen. Dagegen wird das Schreiben, das ich jetzt an dich richte, von Anfang bis zu Ende neu sein ... Ich schreibe so, wie es sich gehört, und nicht wie du, der seinen Brief mit Schmähungen beginnt und dich noch nicht einmal nach meinem Befinden erkundigst ...«

Viele Papyrusrollen sind als ehemalige Grabbeigaben erhalten. Sie beinhalten häufig Texte aus dem altägyptischen Totenbuch, die eine Art Jenseitsliteratur bildeten. Vor dem Totengericht benötigte jeder Verstorbene zu seiner Verteidigung Argumente, und die Jenseitsliteratur sollte ihm dabei Hilfestellung leisten. Totenbuchtexte waren sehr aufwendig gestaltet und oft reich illustriert. Manche Papyrusrollen mit Jenseitsliteratur waren über 20 Meter lang. Neferrenpet war zum Beispiel kein hoher Beamter des Pharao, führte allerdings den Titel »Vorsteher der Hersteller von Goldfolien«. Er konnte seinen Totenbuchtext sogar mit Goldschmuck ausstatten, um vor dem Totengericht Eindruck zu machen. Totenbuchtexte wurden meist extra für den Verstorbenen geschrieben. Es gab allerdings auch, einem Vordruck ähnlich, bereits vorformulierte Texte, in die dann nur noch der Name des Verstorbenen eingesetzt werden mußte. Die Qualität der Jenseitsliteratur war für die Angehörigen eine Kostenfrage. Manche wurden teuer, präzise und fehlerfrei angefertigt, andere wiederum billig und schnell, so daß sie voller Schreibfehler waren.

Organisierte Gemeinschaftsprojekte

Für Ägypter waren individuelle Freiheiten recht beschränkt und sie mußten Teile ihrer Steuern als Arbeitsleistungen für Gemeinschaftsprojekte erbringen. Die Menschen standen stets dem Staat zur Verfügung. Eine freie Berufswahl war ohne Beziehungen so gut wie unmöglich. Die Bevölkerung war an den Staat angepaßt und nicht umgekehrt. Die Erfüllung von Grundbedürfnissen des einzelnen mußte die Obrigkeit zwar garantieren, ansonsten aber stand das Wohl des Staates im Vordergrund. Bei Großprojekten erlaubte es die planwirtschaftliche Grundstruktur des Landes,

schnell eine große Zahl von Arbeitskräften einzuziehen. Trotz aller Belastungen betrachteten die Menschen dennoch den Aufruf zu einem Großprojekt im allgemeinen nicht als Zwangsarbeit. Im Einzelfall gab es sicherlich ein Aufbegehren, aber das gesamte Gemeinschaftsprojekt wurde selten in Frage gestellt. Im Gegenteil, nach erhaltenen Texten zogen bei einer Ankündigung Wellen der freudigen Erregung durch das Land. Gemeinschaftsarbeiten gehörten zum Weltbild der Ägypter und hatten einen religiösen Hintergrund. Da der Pharao den gesamten Staat repräsentierte und gleichzeitig göttlich war, galt seine Entscheidung für ein Gemeinschaftsprojekt als eine Art Gebot Gottes. Die Anordnungen des Pharao wurden deshalb widerspruchslos als göttlicher Wille ausgeführt. Die Bevölkerung war gottergeben und empfand den göttlichen Willen als gerecht.

Gerade einfache Menschen fügten sich ihrem Schicksal und waren dabei überzeugt, daß die Götter alle Probleme in ihrem Sinne lösen würden. Geschichten zur Verehrung der Götter berichten beispielsweise von einem einfachen Mann, der vor Gericht steht und die Schreiber nicht bestechen kann. Er glaubt dennoch fest an sein Recht, denn er sieht Gott Amun auf seiner Seite und bemerkt in tiefer Überzeugung: »Amun wird mein Wesir sein und mir zu meinem Recht verhelfen!« Unrecht bestraften die Götter mit Krankheiten. Wurden nun die Großen des Reiches krank, dann erhielten sie nach Vorstellung der einfachen Leute für ihre Vergehen eine Strafe der Götter, und der kleine Mann erhielt seine Genugtuung. Auch hier gibt es Hinweise auf zahlreiche Legenden und Erzählungen, wie beispielsweise: »Ein unwissender und törichter Mann, der nicht wußte, was gut und böse ist«, verging sich einmal gegen den Willen der Göttin seiner Stadt, er wurde mit Krankheiten bestraft und konnte sich erst erholen, als er Besserung gelobte. Die Göttin gewährte ihm danach Gnade und er wurde wieder gesund. Insbesondere die Großprojekte im Alten Reich wie etwa der Bau der Pyra-

Schwere Lasten wurden mit einem Schlitten über schlammigen Untergrund transportiert. Bei großen Statuen mußten zahlreiche Menschen anpacken und an langen Seilen den Schlitten ziehen. Dabei schlugen Vorarbeiter den Arbeitstakt, während andere Arbeiter ständig den Boden befeuchteten.

Wiedergabe einer zerstörten Wandzeichnung, Mittleres Reich; aus: Freiherr Heinrich von Minutoli, Reise zur Oase des Jupiter Ammon, 1824

miden wurden von einer tiefen religiösen Überzeugung getragen. Die Arbeiter wetteiferten sogar untereinander.

Auf der Baustelle zu Tode geschuftet

Beim Pyramidenbau war die Arbeiterschaft in Gruppen von je 200 Männern unterteilt, die sich Namen gaben wie »die Tüchtigen« oder »die Kraftvollen«. Knochenanalysen auf den Friedhöfen der Pyramidenarbeiter zeigten, daß viele der Verstorbenen Knochenveränderungen aufwiesen, wie sie bei körperlicher Schwerstarbeit üblich sind. Zahlreiche Arbeiter waren vermutlich bei und nach Betriebsunfällen gestorben, denn Skelettuntersuchungen belegen, daß ihnen Gliedmaßen abgetrennt worden waren. Eine große Zahl von Arbeitern starb im Alter von etwa 30 bis 35 Jahren, sie hatten sich zu Tode geschuftet.

Der ägyptische Staat konnte mit Hilfe seiner guten Organisation, dem leistungsfähigen Beamtenapparat, dem hohen Ausbildungsstand der Bevölkerung und der ausgebauten Infrastruktur des Landes hervorragend Großprojekte planen, vorantreiben und auch erfolgreich beenden. Immer wieder wurden nach staatlichen Anordnungen neue Residenzstädte aus dem Boden gestampft, Kanäle gegraben und Sümpfe entwässert sowie gewaltige Grabanlagen und Tempel errichtet. Gab es bei der Ernte Arbeitskräftemangel, sorgte die Planwirtschaft dafür, daß sich große Arbeiterkolonnen zu den Feldern aufmachten. Im Neuen Reich wurde der Tempelbau für den jeweils amtierenden Pharao zum Prestige, denn er mußte seine Vorgänger übertreffen. Der Staat war eine große Gemeinschaft, für die der Pharao sorgte, und die Menschen dankten ihm diese Sorge mit einem willigen Arbeitseinsatz. Beim Bau der Cheops-Pyramide konnte die staatliche Verwaltung bei einer Gesamtbevölkerung von zu dieser Zeit weniger als zwei Millionen Menschen etwa 36 000 Pyramidenarbeiter mobilisieren und noch einmal etwa 10 000 Arbeiter zusätzlich zur Steingewinnung abkommandieren. Die Bauaktivitäten zogen sich über 20 Jahre hin. Es gelang nicht nur das Projekt erfolgreich abzuschließen, sondern auch die Versorgung der Arbeiter ohne Ausbruch von Seuchen über diesen langen Zeitraum zu garantieren.

Im Verlauf der Geschichte wurde die Struktur der Arbeiterschaft allerdings komplizierter und die Überzeugung von einer Gemeinschaftsarbeit zu Ehren Gottes wankte. In seiner Spätphase war der Staat zudem stark überfremdet, und viele Bewohner hatten keinen Bezug mehr zur Vergangenheit. Im Neuen Reich gab es freie und halbfreie Arbeiter, die in der Regel als Gruppen beschäftigt waren. Zu ihnen kamen noch die Leibeigenen der Tempel und der Totenstädte, die militärisch organisiert waren und von Offizieren kommandiert

Kostbare Gefäße wurden auch aus Steinen gefertigt. Ein Handwerker hat einen Bohrer angesetzt, um das Gefäß auszuhöhlen. Zur Steigerung des Bohrdruckes hängen an dem Bohrer Sandsäcke.

Ausbohren eines Steingefäßes, Relief, Grab des Mererunka, 6. Dynastie; (Eberhard Thiem, Lotos Film, Kaufbeuren)

wurden. Ein großer Teil dieser Leibeigenen waren ehemalige Kriegsgefangene. Schreiber verachteten sie und ließen ihnen nach einer Registrierung in amtliche Listen oft den Stempel ihrer Behörden in die Haut einbrennen. Sie waren wie Ochsen und Esel eine reine »Verschiebemasse«. Nach dem Ende von Feldzügen wurden Kriegsgefangene meist nach Bedarf verteilt. Einem Priester war einmal ein syrischer Kriegsgefangener als Feldarbeiter zugesprochen worden, doch der Gefangene kam nie bei ihm an. Er schickte deshalb einen Schreiber zu Nachforschungen aus, der ihm meldete: »Ich habe mich nach dem Syrer vom Thottempel erkundigt, von dem du mir schreibst. Ich habe ausfindig gemacht, daß er im 3. Jahr am 10. Papyri zum Feldarbeiter des Thottempels bestimmt und dir unterstellt worden ist. Er gehörte zu den Rudersklaven der Schiffe, die der Festungskommandant gebracht hat. Sein syrischer Name ist Nekatija, Sohn des Sereraza, seine Mutter heißt Kede; er stammt aus dem Land Arvad und war Rudersklave dieses Tempels auf dem Schiff des Kapitäns Kel. Seine Wachmannschaft sagte, Cha'emepe, der Offizier der königlichen Besatzungstruppen, habe ihn empfangen, um ihn fortbringen zu lassen. Als ich nun zu Cha'emepe ging, da leugnete er mir gegenüber und sagte zu mir: ›... der Wesir Mai-Sachme hat ihn empfangen‹ ... Als ich nun zum Wesir Mai-Sachme ging, da leugnete er zusammen mit seinem Schreiber und sagte: ›Wir haben ihn nicht gesehen.‹ Nun wandte ich mich an den Offizier in Memphis ... Nun prozessiere ich mit ihm deswegen vor dem großen Gericht.«

Willig und hilfsbereit waren die Menschen auch gegenüber ihren regionalen Fürsten. Im Mittleren Reich hatte sich ein Gaufürst einmal eine Statue von über sechs Metern Höhe anfertigen lassen. Die Arbeiten wurden in einem Steinbruch erledigt, der zu Fuß mehr als fünf Stunden vom Nil entfernt lag, so daß sich Transportprobleme ergaben. Inschriften berichten über den Transport: »Da der Weg, auf dem die Statue kam, sehr schwierig war, über alle Maßen schwierig, und da es für die Leute schwierig war, den köstlichen Stein auf ihm zu ziehen, wegen des schwierigen felsigen Bodens, so ließ ich Gruppen von Knaben und Jünglingen kommen, um ihr einen Weg zu bereiten, sowie auch die Gilden der Steinmetze und Steinhauer ... Die starken Leute riefen, wir kommen, um sie herbeizuschaffen. Das Herz frohlockte, und alle Bewohner der Stadt jauchzten. Es war ein ungemein großer Anblick. Sie wurden stark, ein einzelner hatte die Kraft von Tausend.«

Wirtschaften ohne Geld

Die altägyptische Volkswirtschaft kannte kein Geld, die wichtigste Zahlungseinheit war ein genormter Sack Getreide. Güter und Dienstleistungen wurden durch Tauschgeschäfte erworben. Auch kleinste Siedlungen unterhielten einen Markt, auf dem Waren getauscht wurden. Handwerker und andere Dienstleistende boten dort ihre Arbeit an und erwarteten eine Bezahlung in Naturalien, die sie dann wieder eintauschen konnten. Oft legten Marktschiffe am Nilufer an. Anschließend improvisierte man an Verkaufsständen rasch Tauschaktionen. Zur Kontrolle für die Beamten des Pharao mußten Handelsschiffe »Bordbücher« mit einem Warenverzeichnis mitführen. Meist waren auf den Märkten Frauen aktiv. Der »Herrin des Hauses« oblag die Verantwortung für den Haushalt.

Die alten Ägypter waren ein Volk von Händlern. Die praktische Mathematik war hoch entwickelt, da immer wieder komplizierte Umrechnungsaktionen getätigt werden mußten. Bei Waagen und den dazu gehörenden Gewichten führten staatliche Beamte strenge Kontrollen durch, um allen Formen von Betrug vorzubeugen. Um bei Geschäften keine große Massen von Naturalien hin- und herschieben zu müssen, gab es eine Art Ersatzwährung aus Metallringen. Sie waren meist aus Kupfer und wurden als »deben« bezeichnet, bekannt sind auch Silber- oder Goldringe mit einer höheren Werteinheit. Die Ringe hatten ein einheitliches Gewicht, und die Anzahl der vorhandenen Ringe ergab das flüssige Barvermögen. Über Metallringe, die dann allein auf Dokumenten existierten, liefen auch Kreditgeschäfte ab.

Auf Verkaufsquittungen wurde der Warenwert entweder in der Anzahl von Getreidesäcken oder genormten Metallringen ausgedrückt. In den Warenpreisen gab es in Abgängigkeit zum Wert der Güter Abstufungen in den Verrechnungseinheiten. Bei den allgemeinen Grundgütern reichte eine Verrechnung in Getreidesäcken oder Kupferringen aus, bei besonders teuren Gütern wurden Silber- oder sogar Goldringe zur Berechnung verwendet. Jeder Kaufvertrag folgte einem vorgegebenen Schema: er begann mit dem Jahr, Monat und Tag der Herrschaft des regierenden Pharao, danach folgte der Eintrag, daß die Person X von der Person Y das Produkt Z1 erhielt und dafür mit dem Produkt Z2 bezahlte, Produkt Z1 entsprach in seinem Wert soundsoviel Kupferdeben und Produkt Z2 soundsoviel Kupferdeben, abschließend folgte die Summe von Z1 und Z2.

Sehr arme Leute, die auch ihre Arbeitskraft nicht anbieten konnten, fielen aus dem System heraus. Sie mußten jedoch nicht verhungern, da sie von den Opfergaben für die Tempel ernährt wurden. Für andere Bedürfnisse fehlten ihnen aber die nötigen Tauschobjekte, und sie waren allein auf die Wohltätigkeit angewiesen. Die ägyptische Wirtschaft funktionierte über Jahrtausende ohne Geld und schuf dennoch die Grundlage für eine Hochkultur. Erst als Ägypten nach der Eroberung durch Alexander den Großen griechisch-hellenistisch wurde, kamen im breiten Umfang Münzen als Zahlungseinheit auf. Am Ende der altägyptischen Hochkultur wurden allerdings bereits während der 30. Dynastie griechische Söldner mit Münzen entlohnt.

Der Tauschwert einer Sklavin

Ein Mann mit dem Namen Heqanacht wollte einmal ein Stück Land pachten und schrieb an seine Familie: »Schicke Hetis Sohn Nacht zusammen mit Sanebnut nach Perhaa hinab, um für uns 5 Azuren Pachtland zu bebauen; sie sollen seine Pacht von dem Stoff nehmen, der gewoben worden ist, wo du bist. Wenn sie dann den Preis eingezogen haben als Bezahlung für den Emmerweizen, der in Perhaa ist, so sollen sie ihn dort gebrauchen. Du wirst nichts mehr mit dem Stoff zu tun haben, von dem ich sagte: ›Webe ihn, und du sollst in nehmen, wenn er in Nebsit (Heimatort des Briefschreibers bei Theben) bewertet wor-

den ist und pachte Land für seinen Gegenwert.‹ « Der Pachtpreis sollte somit entweder mit bereits vorhandenen Textilien bezahlt werden oder mit dem Emmerweizen, der in Zukunft noch auf dem Pachtland geerntet werden würde. Kompliziert wurde es schließlich bei Geschäften außerhalb der Märkte wie etwa bei Haustürgeschäften oder wenn geeignete Tauschobjekte nicht vorhanden waren. In Theben wurde eine Frau Iritnefer vom Kaufmann Raia zuhause angesprochen, das Sklavenmädchen Gemniherimentet zu kaufen. Beide wurden handelseinig, dennoch mußte die Angelegenheit einen Haken gehabt haben, denn Frau Iritnefer fertigte später für das Gericht eine Liste des gezahlten Preises an. Sie zahlte: eine Decke aus feinem Stoff, ein Bettlaken aus feinem Stoff, ein Umschlagtuch aus feinem Stoff, drei Schurze aus feinem Stoff und ein Kleid aus feinem Stoff, dazu kam ein gai-Gefäß aus Bronze (abgekauft von Frau Kafi), ein gai-Gefäß aus Bronze (abgekauft von Herrn Piai), 10 Deben Kupferreste (abgekauft vom Priester Huipanehesi), ein gai-Gefäß aus Bronze, ein memet-Gefäß mit Honig und ein hekat Gerste (abgekauft vom Priester Ini), ein kehen-Gefäß aus Bronze (abgekauft von Frau Tschuiai) sowie ein kebet-Gefäß aus Bronze (abgekauft von Herrn Tutuia). Der Kaufmann Raia akzeptierte vermutlich nicht alle Tauschobjekte von Frau Iritnefer, und sie kaufte deshalb bei Bekannten andere Tauschobjekte zum Erwerb des Sklavenmädchens ein. Auf der Liste war der Wert aller Objekte zusätzlich noch in Deben angegeben.

In der ägyptischen Wirtschaft gab es kein Geld, und Münzen waren unbekannt. Bei größeren Zahlungen wurden allerdings Verrechnungseinheiten akzeptiert. Eine Verrechnungseinheit war der Goldring, der wie eine Münze einen bestimmten Wert hatte.

Kairo, Ägyptisches Museum (Eberhard Thiem, Lotos Film, Kaufbeuren)

Es ging auch ohne Marktwirtschaft

Die Grundbedürfnisse der Menschen wurden durch staatliche Verteilungssysteme gesichert. Ein freies Unternehmertum war nicht bekannt. Der Staat machte den Umfang seiner Naturalienzahlungen vom Beruf und den Arbeitsleistungen oder von besonderen Ehrungen abhängig. Es herrschte eine Verteilungs-, keine Marktwirtschaft. Der Staat hatte die Wirtschaft jederzeit im Griff, und eine Inflation war weitgehend unbekannt. Manche Warenpreise blieben über Jahrhunderte unverändert. Weder Angebot noch Nachfrage, sondern allein die Verwaltung des Staates, und damit der Pharao, bestimmte den Preis. Als während der Regierungszeit von Ramses III. einmal ein Mangel an Textilien aufkam, gingen die Kleiderpreise nicht etwa hoch, sondern wurden konstant gehalten.

Die Regeln der Marktwirtschaft waren im Ägypten der Pharaonen also außer Kraft gesetzt. Das Verteilungssystem funktionierte vorzüglich, weil es dem einzelnen Menschen unmöglich war, aus dem System auszubrechen. Dem Staat gehörten alle Produktionsmittel der Wirtschaft. Er stellte Arbeitsgeräte wie Werkzeuge zur Verfügung und forderte sie nach dem Ende der Arbeiten wieder zurück. Seine Beamten wogen sogar die Werkzeuge, um Abnutzungen zu dokumentieren. Der Dieb-

stahl von Werkzeugen wurde auch bei einem geringen Wert als private Aneignung von Produktionsmitteln schwer bestraft. Ein privater Handel mit Arbeitsgeräten war nicht gestattet, so daß es unmöglich war, zum Beispiel Werkzeuge zu verleihen, um dadurch ein eigenes Vermögen zu erwerben. Der einzelne erhielt Güter und konnte dafür allein seine Arbeitskraft zur Produktion von neuen Gütern oder von bestimmten Dienstleistungen zur Verfügung stellen. Die Ergebnisse seines Fleißes nutzten allerdings nicht ihm, sondern flossen wieder in das Verteilungssystem ein. Da jeder Mensch nur die eigene Arbeitskraft von einem begrenzten Umfang in das System einbringen konnte, wurde der einzelne nur reich, wenn es der Staat wollte.

Der durchschnittliche Ägypter der Pharaonenzeit konnte unabhängig von der staatlichen Bezahlung nur illegal durch Grabraub oder Diebstahl im Tempel einen größeren Wohlstand erwerben. Von einem Grabraub schreckten allerdings große religiöse Tabus und die Todesstrafe ab. Er wurde erst zu einem Problem, als mit dem Niedergang der Hochkultur die Bedeutung der Religion abnahm. Größere Grabräubereien gab es am Ende der 20. Dynastie. Damals konnten einfache Arbeiter plötzlich Luxuswaren mit Gold bezahlen, das zweifellos aus Grabraub stammen mußte, denn die Verteilung von Gold hatte sich der Staat vorbehalten. Durch den Grabraub bei den Großen des Reiches konnten durchschnittliche Bürger reich werden, denn sie besaßen bei absolut stabilen Preisen plötzlich beträchtliche Vermögenswerte. Ein Deben Gold entsprach zum Beispiel 120 Deben Kupfer, wobei der Monatslohn des einfachen Arbeiters bei etwa sieben Deben Kupfer lag. Beim Grabraub griff die Justiz nicht nur im Interesse der Religion, sondern auch im Interesse des Staates drakonisch durch und verhängte die Todesstrafe. Arbeiter an den Gräbern der Pharaonen wurden streng kontrolliert, damit sie keine kostbaren Ausstattungsgegenstände stehlen und damit zusätzliche Vermögenswerte in den wirtschaftlichen Umlauf bringen konnten.

Handelsbeziehungen und Privilegien

Der Handel im Inneren des Ägyptischen Reiches entsprach weitgehend einer Verteilungswirtschaft, der Außenhandel blieb ein Vorrecht des Pharao. Nur auf

Eine Handelskarawane aus den benachbarten asiatischen Staaten bringt Güter nach Ägypten. Gesichtszüge und Kleidung weisen die Menschen deutlich als Asiaten aus. Auf dem Eselrücken sitzen zwei Kinder, so daß angenommen werden muß, daß auch Familien unterwegs waren.

Asiatenzug, Malerei auf verputztem Kalkstein, Grab des Chnumhotep II., 12. Dynastie, um 1880 v. Chr.; Beni Hassan, BH 3

Nubien war eng mit dem ägyptischen Reich verbunden und wurde von ihm dominiert; es war ein wichtiges Goldland. Auf der Wandmalerei in einem Grab in Theben bringen Nubier dem Pharao ergebungsvoll Körbe mit Goldschätzen sowie goldene Ringe als Tribut dar. Im Gegensatz zu den Ägyptern war die Bevölkerung Nubiens überwiegend schwarz.

Nubier huldigen dem Pharao, Wandmalerei in einem Grab; Theben

königlichen Befehl konnte der Außenhandel in Gang kommen, und es wurden Karawanen ausgerüstet. Als internationale Handelswährung diente Gold oder vergleichbares.

Export – Import

Da Ägypten mit diesem Edelmetall reich gesegnet war, galt es in der antiken Welt als ein sehr vermögendes Land. Manche Herrscher von benachbarten Reichen schrieben sogar Bittbriefe, um am Goldreichtum einen Anteil zu erhalten. Der ägyptische Staat kaufte im Ausland hauptsächlich wertvolle Rohstoffe wie etwa Edelhölzer, Elfenbein oder Silber sowie allgemeine Güter der gehobenen Preisklassen, aber auch ausgesprochene Luxusprodukte. Wann immer es möglich war, wurde mit Getreide bezahlt, das am Nil im Überfluß produziert wurde. Meist wollten die Handelspartner jedoch Gold oder die Produkte der ägyptischen Handwerker. Die Handelsbeziehungen reichten weit. Im Landkreis Memel im ehemaligen Ostpreußen wurden zum Beispiel einmal Gegenstände aus dem Orient aus der Zeit um 1200 v. Chr. gefunden. Sie waren wahrscheinlich gegen den kostbaren Bernstein der Ostsee eingetauscht worden. In der Antike gab es bereits vier Bernsteinstraßen, über die der Fernhandel lief, um den wertvollen Schmuckstein bis in den Mittelmeerraum zu bringen. Der Pharao besaß für ausländische Produkte ein Verteilungsprivileg, das er zur Steuerung seiner Innenpolitik einsetzte. Er konnte die Großen des Reiches mit Luxuswaren beschenken oder auch einfach übergehen.

Wichtige ausländische Handelspartner gab es im Süden wie etwa in Nubien und im heutigen Somalia sowie in den asiatischen Gebieten. Die Waren der zahlreichen großen und kleinen Staaten des Vorderen Orients genossen wegen der guten Qualität ein hohes Ansehen. Im Neuen Reich wurden aus Syrien die verschiedensten Güter wie Schiffe, Wagen, Pferde oder Metallgegenstände eingeführt. Die ägyptische Industrie versuchte ausländische Exportschlager sogar zu kopieren, um an den Erfolgen teilzuhaben. Handelsbeziehungen gab es daneben noch mit den Mittelmeerinseln wie Zypern und Kreta. Vom König von Zypern sind sieben Briefe an Echnaton erhalten. In einem bittet der König den Pharao, das Hab und Gut eines in Ägypten verstorbenen Zyprioten an dessen Witwe und Kinder mit einem Boten nach Zypern zu schicken. Ausländische Handelskarawanen wurden im Neuen Reich allgemein als Tributbringer bezeichnet, was sicherlich diplomatische Verwicklungen zur Folge gehabt haben dürfte, denn Handel wurde auch mit Ländern getrieben, die nie mit Ägypten im Krieg gelegen hatten. Die Bezeichnung »Tributbringer« hatte Propagandawert und sollte für die Bevölkerung die hohe Stellung des Pharao in der Welt verdeutlichen.

Ärzte als »Exportschlager«

Ein besonderer »Exportschlager« waren die ägyptischen Ärzte. Sie waren als Leibärzte ausländischer Herrscher so begehrt, daß auch der Hethiterkönig Hattusilli III. einmal an Ramses II. schrieb und nach einem guten Arzt fragte. Die Schwester des Herrschers sollte im Alter von 60 Jahren (!) noch einmal schwanger werden. Der Pharao war medizinisch gebildet und antwortete, daß eine Frau in diesem Alter keine Kinder mehr bekommen könne, zeigte aber dennoch Verständnis und versprach, einen guten Arzt sowie einen Beschwörungspriester zu entsenden.

Außenhandelskaufleute im Auftrag des Pharao genossen gewisse Privilegien, waren aber lange nicht so selbständig wie in unserer Zeit. Wahrscheinlich waren sie gleichzeitig auch Hofbeamte. Sie konnten in einem gewissen Rahmen den Geist des freien Unternehmers in ihre Aktivitäten einbringen, beim Gewinn und seiner Verteilung unterlagen sie aber strengen Kontrollen. Der zwischenstaatliche Handel war für alle Seiten lukrativ, denn es lohnte sich, besondere Polizeikräfte zum Schutz der Karawanen zu unterhalten. Ägyptische Hochseeschiffe hatten oft Besatzungen aus Mittelmeerländern, die, wie etwa die Phönizier, besonders tüchtige Seefahrer waren. Grabbilder zeigen manchmal bunte Marktszenen aus Städten und Hafenanlagen mit großen Schiffen, die wahrscheinlich über das Meer gekommen waren. An der Kleidung sind manchmal ausländische Handelsherren zu identifizieren, die mit Ägyptern einen regen und kaum kontrollierbaren Privathandel betrieben. Sogar »Matrosenkneipen« sind abgebildet. Männer, die von Schiffen gekommen waren, stehen an Verkaufsständen mit großen Getränkekrügen und verhandeln mit einer Verkäuferin, gleichzeitig ermahnen Lehrtexte »... wie Männer ihren Lohn bei den Krämerinnen am Ufer ausgeben ...« Kleinhändler wuseln umher, um Geschäfte zu machen, die sicherlich vor den Beamten des Pharao verborgen gehalten werden sollten. Männer führen Paviane an einer Leine spazieren und müssen sie zurückhalten, damit sie kein Obst stehlen oder Leute beißen. Während der Endphase des Reiches wurden die Beschränkungen im Außenhandel aufgelockert, und griechische Kaufleute gründeten im Nildelta sogar die recht unabhängige Handelsstadt Naukratis.

Während des Neuen Reiches unterhielt Ägypten Handelsbeziehungen zu allen bekannten Kulturen. Dabei flossen viele Waren in das Land, die oft als Tribut bezeichnet wurden, obwohl Ägypten mit den betroffenen Ländern nie Krieg geführt hatte. Auf der Abbildung sind deutlich die fremden ethnischen Merkmale der Händler zu erkennen.

London, British Museum

Das alltägliche Leben

Kleine Sorgen, große Sorgen

Die Menschen der Gegenwart sehen die Welt meist nüchtern und ohne jeglichen Zauber. Für die alten Ägypter dagegen war die Sicht der Welt voller Farben und Facetten und ließ für das Irrationale viel Platz. Die Natur ihres Landes war weitgehend intakt und von magischen Symbolen und Zeichen erfüllt. In der Schönheit des Nils mit seinen Sümpfen und den Papyrusdickichten waren ihre Vorstellungen vom Paradies verborgen, das sie einmal im Jenseits erwarten würde und zu dem das irdische Leben nur ein Zwischenschritt war. Die Magie in der Natur und im alltäglichen Leben brachte allerdings auch Nachteile und echte Sorgen. Die Menschen betrachteten den Tod und die Toten zwar unverkrampft, aber sie waren sich trotz aller religiösen Überzeugungen nie völlig sicher, welchem Schicksal die Toten tatsächlich im Jenseits entgegengingen. Im Weisheitsbuch des Anii (18. Dynastie) wurde ihnen nämlich berichtet, daß Spukgeister durch das Land streifen würden, um die Menschen zu beunruhigen. Spukgeister waren ruhelose Tote. Ertrunkene oder verbrannte Menschen, die kein Begräbnis erhalten hatten, oder Verstorbene, denen niemand nachtrauerte und um deren Grab sich niemand kümmerte, rächten sich durch Spuk an den Lebenden.

In aller Munde war zum Beispiel das Gerücht über den Priester Chonsemheb, der einst in der Totenstadt von Theben zufällig ein Gespenst getroffen hatte. Durch magische Rituale konnte er sich noch einmal mit ihm verabreden und er erfuhr, daß er dem unglücklichen Totengeist des Nut-bu-semech begegnet war. Als Lebender war das Gespenst vor langer Zeit einmal ein hoher Beamter gewesen, dessen Grab jedoch inzwischen zerfallen war, so daß der Totengeist keine Ruhe mehr finden konnte. Der Priester ließ das Grab suchen und in Ordnung bringen. Das Gespenst bedankte sich und versprach ihm seine Fürsprache bei den Göttern im Jenseits. Totengeister und Gespenster hatten übernatürliches Wissen und waren den lebenden Menschen überlegen. Sie waren gleichzeitig auch die mächtigen Boten des Todes. Bei Sonnenaufgang und Sonnenuntergang beteten deshalb Eltern an Gott Re, daß er ihre Kinder vor den Gespenstern, die im Grab keine Ruhe finden konnten, schützen möge. Immer wieder erzählten sich Nachbarn, daß ruhelose Geister kleine Kinder und das Vieh geholt oder gar einem Grabräuber den Hals umgedreht hätten. Das Weisheitsbuch des Anii vermerkt hierzu: »... Sag nicht, ich bin noch zu jung, als daß der Tod mich holen könnte, ... der Tod kommt und raubt das Kind, das noch auf dem Schoß seiner Mutter sitzt, ebenso wie den Mann, wenn er ein Greis geworden ist ...« Die Ägypter liebten gewaltige und mächtige Worte. Für den Tod gab es mehrere Begriffe. So bedeutete der Name für den Tod im Sinne eines Räubers übersetzt »Komm!«. Das Wort war so mächtig, daß sich alle Menschen davor fürchteten und sich zahlreiche Inschriften, Briefe und Jenseitsbücher damit beschäftigten. Allein die Götter waren noch gewaltiger als die Todesboten. Die Menschen mußten deshalb stets Gebete wissen und trugen zum eigenen Schutz oft Amulette.

Seton-Chaemwese war ein Sohn von Ramses II. und nahm in der Literatur

Tut-anch-amun mit seiner Gattin. Beide tragen kostbare Kleidungsstücke. Das Kleid der Königin ist aufwendig plissiert, zu ihren Accessoires zählen Kragen, Gürtel und Schleifen aus edlen Materialien. Auf der gelockten Perücke sitzt eine Federkrone.

Anchesenamun vor ihrem Gatten Tut-anch-amun, Detail des Thrones Tut-anch-amuns, 18. Dynastie, Intarsienarbeit mit Gold, Silber und Halbedelsteinen; Kairo, Ägyptisches Museum

des Landes die Stellung eines »Doktor Faust« ein. Der Sohn des Pharao paktierte mit Geistern und las in geheimen Zauberbüchern. Einmal erhielt er bei seinen Beschwörungen Kontakt zu dem Geist des verstorbenen Ni-nofer-ka-Ptah, der schwer bestraft worden war, weil er dem Gott der Weisheit Thot ein nicht für Menschen bestimmtes Buch entwendet hatte. Da die Strafe auch seine Familie getroffen hatte, konnte der Tote nun aus Sorge keine Ruhe mehr finden und haßte alle Lebenden. Mit Seton-Chaemwese suchte er bei einem Brettspiel, ähnlich dem Schach, den Kampf. Der Sohn des Pharao erlitt schwere Niederlagen, konnte zuletzt aber mit Hilfe seines göttlichen Vaters und des Gottes Ptah siegen. Er durfte zu den Lebenden zurückkehren, mußte jedoch das Grab der Ehefrau und des Sohnes von Ni-nofer-ka-Ptah finden, und diese neben dem Totengeist bestatten, damit der endlich Ruhe gab. Das Buch des Thot aber, das alle Weisheiten der Welt enthielt, blieb in der Unterwelt zurück und damit weiter den Lebenden verborgen.

Um die Wünsche der verwirrenden Vielzahl ihrer Götter zu verstehen und zu erfüllen, suchten die Ägypter auch in Zahlenmystik und Traumdeutungen Zuflucht. Sie hofften, mit einem rechtzeitigen Wissen um den Willen der Götter das eigene Schicksal positiv beeinflussen zu können. Es blühten deshalb Aberglaube, Zauberei und Wahrsagerei. Das geschriebene Wort hatte für sie eine magische Bedeutung, denn es war ewig und konnte nicht verhallen. In geheimen Zauberbüchern mit ewigen Wahrheiten wurde heruminterpretiert, wie die Zukunft zu deuten sei. Die noch heute geläufige Geschichte vom Unglückstag »Freitag, den dreizehnten« geht auf uralte Wurzeln zurück. Bereits die Ägypter deuteten Tage und waren sich sicher, die Wünsche der Götter für diese Tage im voraus zu kennen. Sie sorgten sich, einen Tag falsch zu bewerten und damit ein schlimmes Schicksal erleiden zu müssen. Zahlreiche Papyri geben Ratschläge, was an bestimmten Tagen zu tun oder zu unterlassen sei. Die Wertung eines Tages war für die eigene Person in Tagesdrittel abgestuft und lautete in etwa »gut, gut, gut« oder »schlecht, gut, schlecht« und so weiter. Am 22. des Monats Thot hatte zum Beispiel Gott Re in mythischen Zeiten Götter um sich versammelt, die er später als Fische ausspie. Deshalb war es unmöglich, an diesem Tag Fische zu essen. An einem anderen festgeschriebenen Tag sollten Männer und Frauen keinen Geschlechtsverkehr haben, weil in der Mythologie genau an diesem Tag ein Gott vergewaltigt worden war. Lebensangst konnte entstehen, weil das Jahr zu etwa einem Drittel aus ungünstigen Tagen bestand.

Die Kunst der Traumdeutung

Konnten sich Menschen nach dem Aufwachen noch an Träume erinnern, war es wichtig, diese trotz aller möglichen Ängste und Sorgen sofort richtig zu deuten und für die eigene Zukunft zu bewerten. Denn Götter konnten dem Menschen nach gängiger Vorstellung in Offenbarungsträumen das Schicksal voraussagen. Auf der großen Sphinx von Gizeh steht zum Beispiel geschrieben, daß die Götter einst Thutmosis IV. noch als Kronprinz im Traum aufgefordert hatten, diese damals im Sand versunkene Sphinx freischaufeln zu lassen. Nach rätselhaften Träumen, mit deren Inhalt der Träumer nichts anzufangen wußte, wurden professionelle Traumdeuter gerufen, die bei der Auslegung behilflich waren. Sogar die Bibel berichtet von einer solchen Situation und schildert, wie der Jude Joseph aus dem Gefängnis geholt wurde, um den Ägyptern aufgrund des Traumes des Pharao sieben magere und sieben fette Jahre zu verkünden. Die Bevölkerung konnte Traumbücher mit Listen von Traumsituationen sowie den dazugehörenden Interpretationen kaufen. Saß zum Beispiel der Träumer im Traum in einem sonnigen Garten, war schon am Morgen ein guter Tagesverlauf für ihn zu erwarten, trank er im Traum dagegen Blut, dann mußte er sich einem Kampf stellen. Brachte eine Schwangere im Traum einen Esel zur Welt, dann war ihr zukünftiges Kind dumm, gebar sie aber eine Katze, konnte sie noch reichen Kindersegen erwarten. Wie in der Psychoanalyse unserer Zeit wurde auch im alten Ägypten versucht, die tiefsten Ängste des Menschen durch Traumdeutungen zu verstehen.

Große Sorgen bereiteten den Ägyptern die verschiedenen Krankheiten, die zum Teil auch heute noch am Nil häufig auftreten. Im Jahr 1909 wurde bei Untersuchungen ein Wurmei aus einer Mumie isoliert, das eine uralte Plage Ägyptens nachwies, die Wurmerkrankung Bilharziose. Andere Krankheiten sind dagegen in unserer Zeit praktisch verschwunden, und auch wilde Tiere stellen heute keine Gefahr mehr dar. Das Krankheitsspektrum war ansonsten sehr weit gespannt und reichte von den unterschiedlichen Infektionen bis hin zu den typischen Wohlstandserkrankungen der Oberschicht. Die Reichen des Landes neigten nicht selten zum Übergewicht. Nach modernen Analysen der Mumie von Ramses II. unterschied sich dessen Arteriosklerose in keinem Symptom von derjenigen eines heutigen Menschen. Pharao Siptah (19. Dynastie) litt von Jugend an infolge einer überstandenen Kinderlähmung an einem Klumpfuß. In der Kunst werden die Menschen der Pharaonenzeit meist als schlank und wohl gewachsen dargestellt, und allein Angehörige der niederen Stände zeigen auf Bildern manchmal krankhafte Veränderungen. Doch Malereien und Plastiken vermitteln dem Betrachter häufig nur erwünschte Ideale. Medizinische Analysen von Mumien und Skeletten kommen zu anderen Befunden. Es gab beachtliches Leid und große medizinische Probleme. Dennoch war die Bevölkerung insgesamt gut ernährt, sportlich aktiv und in der Regel nicht kränker als Menschen der heutigen Zeit.

Krankheiten als göttliche Strafe

Großen Kummer bereitete den Eltern die hohe Kindersterblichkeit. Auf untersuchten Friedhöfen waren in der Frühzeit des Reiches 30 Prozent der bestatteten Toten kleine Kinder und zu späteren Zeiten zehn Prozent. Zahlreiche Texte nehmen hier Stellung und bemerken: »Der Tod raubt den Sohn von seiner

Das oft mühselige Alltagsleben konnte die Menschen krank machen. Der abgebildete Wasserträger ist durch die lebenslange Schwerarbeit gezeichnet und fällt durch eine Rückgratverkrümmung auf. Er mußte dennoch arbeiten, denn Untätigkeit wurde im Land der Pharaonen nicht geduldet.

Ein unter der Last gebeugter Wasserträger; Board and Trustees of National Museums and Galleries on Merseyside, Liverpool; Chicago, The Field Museum, Ill., Nr. 74522

Mutter lieber als den Greis, der in seiner Nähe herumgeht.« »Mehr als ein Kind ist zur Totenstadt gegangen, während du alt geworden bist auf Erden.« Durch die Nähe zur Wüste wurde regelmäßig feiner Sand in das Niltal geblasen. Die Sandkörner gerieten mit dem Mehl ins Brot, und die Menschen hatten im Alter oft grauenhaft abgenutzte Zähne. Daneben rief die ständige Reizung durch feinste Sandkörner viele Augenkrankheiten hervor. Eine Plage waren die zahlreichen krankheitsübertragenden Insekten. Der augenkranke Maler Pai schrieb zum Beispiel an seinen Sohn: »Wende dich nicht von mir. Mir geht es gar nicht gut. Höre nicht auf für mich zu weinen, denn ich bin in der Finsternis. Mein Herr Amun (ein Gott) hat sich von mir entfernt. Bring mir doch ein wenig Honig für die Augen und außerdem Fett ...« Schließlich war der Nil mit seinen zahlreichen Seitenarmen und Sümpfen sowie den jährlichen Überschwemmungen auch der Ursprung für manche Seuche, die jedoch nie zur Katastrophe wurden, wie etwa die Pest im europäischen Mittelalter. In allen Siedlungen herrschten strengere Hygienevorschriften als früher in Europa, und kein Abfall durfte in Wohngebieten deponiert werden. Die Bevölkerung war stets auf Reinlichkeit bedacht.

Nach den Vorstellungen der alten Ägypter waren Krankheiten eine Strafe der Götter. Der kranke Mensch hatte sich gegen Gebote versündigt, und die Antwort der Götter kam dann prompt. Jeder Kranke blickte deshalb zuerst voller Sorge auf sein bisheriges Leben zurück und suchte nach Gründen seiner Not. Zur Behandlung einer Krankheit gehörte aus diesem Grund auch die Versöhnung mit den Göttern. Neben der Medizin erwies sich auch die Magie als wichtig. Noch heute sind ergreifende Bittgebete erhalten. Der Kranke hadert dabei nicht etwa mit seinem Gott, sondern er erfleht demütig Gnade und erbittet Gesundung. Ein Blinder notierte: »Ich bin einer, der frevelhaft geschworen hat bei Ptah, dem Herrn der Wahrheit, und er läßt mich dafür am Tage Finsternis schauen ...« Ein anderer Blinder bemerkte: »Er hat mich zu einem streunenden Hund gemacht, indem ich in seiner Hand bin. Er läßt die Menschen und die Götter auf mich sehen als auf einen, der Abscheuliches gegen seinen Herrn getan hat. Gerecht ist Ptah, der Herr der Wahrheit, gegen mich, indem er mich bestraft hat ...«

Mühen und Nöte

Zu den großen Sorgen über Krankheiten kamen noch die nicht minder großen Sorgen des alltäglichen Lebens und die Mühen der beruflichen Existenz. Doch die Menschen verzagten nicht und waren sich in ihrer Religiosität sicher, daß die guten Götter auf ihrer Seite stehen würden. Auch die Arroganz der Schreiber und aller anderen Großen würde eines Tages bestraft werden. Der Schreiber Amunnacht hatte zum Beispiel bei einem Schreiner einen Sarg für sich bestellt, ihn später zur Bemalung abgeholt und dann einfach nicht bezahlt. Nach seinem Tod schrieb der geprellte Schreiner an die Witwe: »Der Schreiber Amunnacht, dein Gatte, nahm von mir einen Sarg und sagte: ›Ich werde dir einen Ochsen zu deiner Vergütung geben.‹ Nun hat er den Ochsen bis heute nicht gegeben. Ich sagte es Pa'aachet. Er sagte: ›Laß mir darauf (d. h. zusätzlich) ein Bett (bringen) und ich werde dir den Ochsen geben, wenn er groß ist.‹ Ich gab ihm das Bett, doch weder Sarg noch Bett wurden vergütet bis heute. Wenn du den Ochsen geben (willst), (so) laß jemanden ihn bringen. Wenn es (aber) keinen Ochsen gibt, (so) laß jemand das Bett und den Sarg (zurück) bringen.« Der Schreiner war gegenüber der Obrigkeit zu gutgläubig gewesen und wurde gleich doppelt betrogen, sowohl um den Sarg als auch um das Bett. In solchen Fällen konnte man im alten Ägypten allerdings vor Gericht gehen.

Großer Familiensinn

Für die Menschen der Pharaonenzeit war der Zusammenhalt der Familie so wichtig, daß sich nicht nur die Lebenden rührend um die verstorbenen Familienangehörigen bemühten, sondern auch die bereits Verstorbenen aufgefordert wurden, sich um das Wohl der noch lebenden Familienmitglieder zu kümmern. Einem verstorbenen Familienoberhaupt wurde zum Beispiel einmal ein Amulett mit ins Grab gegeben, das eine junge Frau mit einem Kleinkind zeigte. Der tote Familienvater sollte nach seinem Übertritt in das Jenseits die Götter bitten, der Tochter die Geburt eines Kindes zu ermöglichen. Die kleine Figur trug die Inschrift: »Möge deiner Tochter Sech eine Geburt geschenkt werden.« Die Familie wußte, der Vater ist in eine magische Welt eingetreten und würde sicherlich in seiner Sorge um die Familie bei den Göttern alle seine Kräfte einsetzen, damit die Tochter schwanger werden könnte.

Aus der Zeit der 2. Dynastie wurde in Sakkara eine Frauenmumie mit einem stark entstellten Gebiß gefunden. Durch Unfall oder Krankheit war der Frau zu Lebzeiten der Kiefer verschoben worden, weshalb sie einen falschen Biß hatte. Auf der einen Kieferseite waren ihre Zähne fast bis zu den Knochen abgenutzt worden, während auf der anderen Kieferseite die Zähne ungenutzt tief im aufgeschichteten Zahnstein lagen. Am Kiefer selbst war ein massiver Knochenabbau eingetreten. Für viele Jahre ihres Lebens mußte die Frau unter großen Schmerzen gelitten haben. Sie war etwa 60 Jahre alt geworden und hatte sich vermutlich für lange Zeit nur von Brei ernähren können. In ihrem Grab hatte ihre Familie ein köstliches Essen aufgetischt, damit sie im Jenseits mit einem gesunden Körper tüchtig zulangen und schmausen konnte. Das Menü wäre einst dem Hof des Pharao würdig gewesen und bestand aus einem Laib Weißbrot, Gerstenbrei, einer kräftige Suppe, gekochtem Fisch ohne Kopf, Taubenstew, einer gekochten Wachtel, zwei gekochten Nieren sowie Rippen und dem Schenkel eines Ochsen, geschnetzeltem Ochsenfleisch, gedünstetem Obst (Feigen), frischen Beeren, kleinen Honigkuchen, Käsestücken und einem großen Krug Wein. Zu Lebzeiten der Frau war ein solches Festessen nur für die Großen des Reiches erschwinglich, doch die Familie hatte keine Kosten gescheut, um der so lange erkrankten und erst im Jenseits wieder gesunden Frau diesen Genuß zu ermöglichen.

Freudiges Miteinander

Für die Menschen am Nil mußte der Zusammenhalt einer Familie nicht nur im Diesseits, sondern auch im Jenseits gewährleistet sein. In vielen Sargtexten

Echnaton und Nofretete unter den segnenden Strahlenhänden des Gottes Aton. Nofretete legt ihrem Gemahl einen breiten Schmuckkragen an. Diese Aufgabe übernahm sonst ein Oberpriester, doch der Pharao bevorzugte dafür die Ehefrau, um seinen Familiensinn zu unterstreichen.

Echnaton und Nofretete unter dem Gott Aton, Amarna, Neues Reich, 18. Dynastie, um 1350 v. Chr., Kalkstein, bemalt, Höhe 12 cm; Berlin, Staatliche Museen Preußischer Kulturbesitz, Ägyptisches Museum, 14511

und auf Abbildungen wird ausdrücklich vermerkt, daß die Familie auch im Jenseits fortbestehen solle. Das harmonische Familienleben war ein hohes Ideal und sollte für alle Zeiten erhalten bleiben. In einem Grab aus der ersten Zwischenzeit wird berichtet: »... kommt jauchzend und frohen Herzens herabgestiegen, denn ihm ist seine Familie wiedergegeben. Die Ältesten seiner Familie kommen jauchzend und frohen Herzens herbei, wenn er naht.« Pharao Echnaton ließ seine geliebte und früh verstorbene Tochter Mekataton in seinem eigenen Grab bestatten, was bei Pharaonen ansonsten ganz selten vorkam. Die ägyptische Kunst stellte häufig Menschen bei einem freudigen Zusammentreffen mit Familienangehörigen dar. Vater, Mutter und Kinder stehen dabei stets gleichberechtigt nebeneinander und werden in einer Lebensumgebung präsentiert, die auf eine intakte Familie schließen läßt. Kleine Alltagssituationen auf den Abbildungen verraten, daß die Familie bei guter Laune und gerne zusammen war und die Harmonie des Miteinander genoß. Insbesondere Szenen vom Fisch- oder Vogelfang in den Sümpfen machen klar, daß Kinder nicht in ängstlicher Ehrfurcht vor den Eltern erstarrten, sondern diese bei wichtigen Arbeiten freudig unterstützten. Gute Wünsche von Bekannten oder Vorgesetzten bezogen sich meist nicht nur auf den Angesprochenen selbst, sondern schlossen sogleich die gesamte Familie mit ein. Der Wert des einzelnen Menschen wurde bei vielen Gelegenheiten in bezug zu seiner Familie gesehen. Die Harmonie einer intakten Familie war Ausdruck für gesellschaftliches Ansehen. Sogar den Angehörigen des Militärs, die sicherlich häufig unterwegs sein mußten, war der Wert eines harmonischen Familienlebens bewußt. Der Papyrus Harris bemerkt zu den Wünschen der Soldaten in Friedenszeiten: »... indem ihre Weiber mit ihnen sind und ihre Kinder neben ihnen ...« Der einzelne

Mensch verschmolz mit seiner Familie förmlich zu einer Einheit. Es ist nicht verwunderlich, daß deshalb auch die Familie für ein individuelles Fehlverhalten der Angehörigen mitverantwortlich war. Bei Vergehen konnte die gesamte Familie zur Bestrafung herangezogen werden. Soldaten der Armee wurden durch solche Maßnahmen von einer Fahnenflucht abgehalten, weil sie fürchten mußten, daß ihre Familie in Geißelhaft genommen werden würde.

Vielgeliebte Kinder

Eltern und Kinder hatten geregelte wechselseitige Rechte und Verpflichtungen, die wahrscheinlich gerne wahrgenommen wurden. Die Eltern sorgten mit allen ihren Kräften für das Wohl der Kinder, und für die Kinder war es wiederum selbstverständlich, sich mit allen Kräften um das Wohl der Eltern auch über deren Tod hinaus zu kümmern. Kinder ließen sich nach erhaltenen Texten gerne von den Eltern loben, die im Gegenzug erwarten durften, verehrt zu werden. Die Lehren des Anchscheschonqi ermahnen: »Ziehe keines deiner Kinder einem anderen vor, du weißt nicht, welches von ihnen gut zu dir sein wird.« Ramses II., als Pharao ein Sohn des Sonnengottes, forderte Sonnengott Amun einmal in einer Notlage auf: »Hat ein Vater jemals seinen Sohn vergessen?« Die Liebe der Eltern verlangte den Gehorsam der Kinder und ein Schreiber bemerkte dazu: »Ich war geliebt von meinem Vater, gelobt von meiner Mutter. Ich gab ihnen (keine) Gelegenheit, mich zu strafen, bis sie in ihr Grab in die Totenstadt gingen ..., denn ich bringe ihnen Totenopfer dar.« Weisheitslehren forderten von den erwachsenen Kindern: »Sättige dich nicht allein, wenn deine Mutter nichts habend ist«. In der Lehre des Anii steht: »Verdopple das Brot, das dir deine Mutter gegeben hat.«

Die Suche nach der Harmonie in der Familie wirkte sich auch sehr positiv auf die Einstellung zu Kindern aus. Es gibt nur wenige Gesellschaften in der Menschheitsgeschichte, in denen Kinder so willkommen waren wie im alten Ägypten. Der Anteil von verhaltensgestörten Kindern war sicherlich minimal und der Verlauf der Kindheit meist glücklich. Kindesmißhandlungen waren in der Vorstellung der Menschen gegen die Weltordnung und deshalb unnatürlich. Lange Zeit wurde sogar vermutet, daß es im Pharaonenreich keine Kindesaussetzung gegeben hat. Die Annahme mußte zwar revidiert werden, aber Kindesaussetzungen waren vermutlich während der politisch stabilen Zeiten eine ganz seltene Ausnahme. Während der bereits chaotischen Spätzeit wurde jedoch berichtet, daß sich Tempel den ausgesetzten Kindern annahmen und sie versorgten. Kindesmord war für die alten Ägypter eines der schlimmsten der vorstellbaren Verbrechen. Kinder waren für sie ohne Sünde und den Göttern nahe. Der griechische Autor Herodot schilderte, daß der antike Held Menelaos einst wegen ungünstiger Winde Ägypten nicht hatte verlassen können und die Götter des Meeres mit dem Opfer von zwei kleinen Kindern besänftigen wollte. Die Bevölkerung war nach der Tat so aufgebracht gewesen, daß Menelaos fluchtartig das Land verlassen mußte. Ein Dokument berichtet über die Bestrafung von Eltern wegen Kindesmords. Sie wurden ausnahmsweise nicht hingerichtet, sondern

Für die ganze Familie waren Jagdausflüge ein großes Vergnügen. Das junge Mädchen würde sich vielleicht lieber mit einem Freund treffen, dennoch begleitet es den Vater und trägt zwei gefangene Enten sowie einen Strauß mit Lotosblüten.

Ein junges Mädchen, das seinen Vater auf einem Jagdausflug begleitet, Wandmalerei

mußten unter Aufsicht das tote Kind drei Tage und drei Nächte in den Armen halten und es betrachten. Die sehr positive Einstellung gegenüber Kindern galt allerdings nur den ehelichen und den Waisenkindern. Uneheliche Kinder wurden verachtet. In der altägyptischen Erzählung von Wahrheit und Lüge wird der uneheliche Sohn der Wahrheit von Schulkameraden geneckt: »(Eines Tages aber) sagten seine Kameraden zu ihm: ›Wessen Sohn bist du eigentlich? Du hast doch keinen Vater!‹ Man soll dich höhnen, man soll dich quälen, indem man sagt: ›Du hast ja keinen Vater!‹ Als der Sohn in der Geschichte von der Mutter erfährt, daß der Türsteher sein Vater ist, antwortet er: ›Man soll deine Familie zusammenholen und dich dem Krokodil vorwerfen lassen.‹« Dies war eine mögliche Strafe für Ehebruch.

Freundschaften und Liebesbeziehungen

Aus der reichen altägyptischen Literatur haben sich mehr als 50 Liebeslieder bis in die Gegenwart erhalten. Sie wurden solistisch vorgetragen oder von Flöte oder Harfe begleitet gesungen. In blumigen Worten berichten sie über die romantische und schwärmerische Liebe, einer Liebe, die sich in zarten Gesten und kleinen Anerkennungen ausdrückte. Ihre Titel sind zum Beispiel »Die sieben Sprüche der großen Herzensfreude«, »Die heiteren Lieder« oder »Die acht schönen erfreuenden Gesänge für deine Geliebte, die dein Herz liebt, wenn sie von der Flur kommt«. Die sehr feine Lyrik schwelgte in langen Umschreibungen und prächtigen Naturbildern. Es wurden sanfte und leicht zurückhaltende Gefühle dargestellt und jede Form von grober Schilderung vermieden. Der verliebte junge Mann und das verliebte junge Mädchen sprachen sich einst am Nil mit Bruder und Schwester an, um ihre totale Vertrautheit und Nähe auszudrücken. Die Stimmungen der Liebeslieder waren zeitlos und könnten auch in der Gegenwart noch Gültigkeit haben. Ein junges Mädchen schilderte zum Beispiel: »Wie schnell klopft mein Herz, wenn ich an deine Liebe denke. Es läßt mich nicht wie einen Menschen gehen. Ich kann meine Kleider nicht mehr anlegen und meine Fächer nicht mehr ordnen ...« Im Reich der Pharaonen wurde früh geheiratet, und Sex war nur innerhalb der Ehe vorstellbar. Vor der Ehe durften nur große Gefühle präsentiert werden, deren Verwirklichung erst nach der Heirat möglich wurde.

Zum Ausdruck der Freundschaft und der Liebesbeziehung gehörte die enge Verbundenheit mit einer romantischen Natur an den Wasserarmen des Nils. Naturstimmungen wurden dabei mit den Stimmungen des Verliebtseins in Verbindung gebracht. Mädchen und Bäume waren dabei durchaus austauschbare Begriffe, um die Bewunderung von Schönheit zu verdeutlichen. Die Schönheit des Mädchens ließ sich auf diese Weise durch einen Vergleich mit der feinen Linienführung der Äste beschreiben, oder das Laub begann im sanften Wind zu flüstern. Pflanzen konnten mit den Verliebten sprechen und hörten ihnen zu. Das ideale Mädchen war für den jungen ägyptischen Mann von schlanker Gestalt und hatte gelocktes Haar. Ihre Liebe war so groß, das sie in einem Lied sogar die Krokodile auf dem Weg zum Geliebten nicht fürchtete. »Die Liebe des Geliebten ist auf dem anderen Ufer, der Fluß ist zwischen uns ... Auf der Sandbank lauert das Krokodil. Doch wenn ich ins Wasser steige und wate durch die Flut, ist überm Strom voller Mut mein Herz ...« Liebespaare trafen sich mit Vorliebe in den romantischen Papyrussümpfen, dem Land der Göttin Hathor, als Liebesgöttin auch »die Goldene« genannt. Die Menschen genossen die Freuden des Lebens und suchten den Weg zu den schattigen Papyrussümpfen mit ihrer kühlenden Feuchte und all den prächtigen Vögeln und farbigen Fischen. Das Dickicht war Treffpunkt von Liebenden und auch von zahlreichen Ausflüglern. Weitab von der brütenden Wüstenhitze strich dort der Wind über die Menschen und ließ in ihren Ohren die wogenden Papyrusstengel wie ein Instrument zur Musik aufspielen.

Freud und Leid in der Liebe

Glück bedeutete, mit der Geliebten im schmalen Papyrusboot durch die engen Wasserarme zu rudern, und – Zeitgenossen, die gerne rascher zur Sache kommen, werden enttäuscht sein – der Jüngling war am Ziel seiner Wünsche, wenn das Mädchen, wie in einem Text geschildert, aufstand, keß das feine Leinenkleid abstreifte und ins Wasser sprang, um einen Fisch zu fangen oder eine Ente beim Abflug zu erwischen. Die Autoren der Liebeslieder waren Meister der Sprache. Ein Beispiel aus dem ersten Spruch der »Herzensfreude«: »Die Eine, geliebte, die ohnegleichen, schöner als alle Frauen, sie ist wie die Sternengöttin, welche erglänzt zu Beginn eines guten Jahres. – Strahlend an Kraft, mit blendender Haut, mit leuchtendem Blick im Auge, mit süßen Lippen beim Sprechen, nie hat sie ein Wort zuviel. – Mit schlankem Hals und blendender Brust, Lapislazuli ist ihr Haar, ihre Arme purer als Gold, ihre Finger voll Anmut wie Lotos ...« War die Nacht in den Papyrussümpfen oder auch in der Bettkammer vorbei, dann rückte die Zeit für die »Tageslieder« heran. Verse, die den Schmerz der Trennung ausdrückten, wie »Die Stimme der Schwalbe spricht. Sie sagt: ›Der Tag bricht an, wie willst du fort.‹ Nicht doch, oh, Vogel, du schiltst mich ja und ich habe den Bruder (Geliebten) doch in seiner Bettkammer gefunden. Mein Herz ist über alle Maßen glücklich ...« Die Schwalbe als Bote des Tages

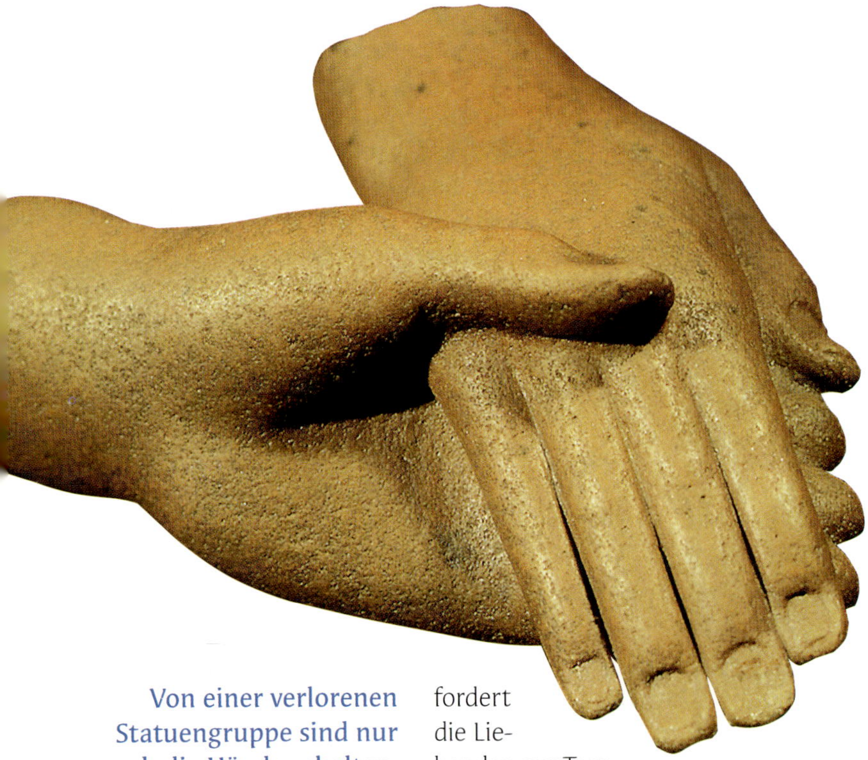

Von einer verlorenen Statuengruppe sind nur noch die Hände erhalten. Eine Männerhand hält gefühlvoll eine gepflegte Frauenhand und demonstriert den Zusammenhalt. Wahrscheinlich gehörten die Hände Echnaton und Nofretete, die oft auf bildlichen Darstellungen ihre Zuneigung ausdrückten.

Fragment einer verlorenen Statuengruppe aus Tell el-Amarna, 18. Dynastie, Sandstein, Höhe 9 cm; Berlin, Ägyptisches Museum (Eberhard Thiem, Lotos Film, Kaufbeuren)

fordert die Liebenden zur Trennung auf. Es bietet sich ein Vergleich mit Shakespeare an. In »Romeo und Julia« sollte Jahrtausende später ebenfalls ein Vogel, die Lerche, das Ende des Zusammenseins verkünden.

Wurde der Liebhaber verlassen, dann nagte die Eifersucht in ihm, und es schmeckte »süßer Kuchen wie Salz« oder »blumiger Süßwein wie Vogelgalle«. Es wurden heimlich Spezialisten bemüht, um dem Nebenbuhler auf eine magische Weise beispielsweise alle Haare ausfallen zu lassen. Bekannt waren Zaubermittel für einen Liebestrank, dessen Genuß die Geliebte angeblich augenblicklich aufflammen lassen würde. Bei einem der Rezepte gehörte der Bandwurm eines schwarzen Hundes zu den komplizierten Zutaten, und diesen schwarzen Hund mitsamt Bandwurm mußte der feurige Liebhaber zuerst einmal finden.

Am Ende der Hochkultur wurden die feinen Empfindungen der Liebe immer gröber. Kleinplastiken und Darstellungen auf Ostraka (kleine Kalktafeln) ließen von nun an insbesondere während der hellenistischen und römischen Zeit eine weit deutlichere Sprache erkennen. Der sogenannte Liebespapyrus in einer Sammlung in Turin enthält deutliche pornographische Darstellungen. Der Inhalt der dort geschilderten Erzählung tauchte später abgewandelt wiederholt in der Weltliteratur auf: Ein liebestoller Alter verfällt einer mit allen Wassern gewaschenen Dirne. Bezeichnenderweise ist der Alte in dem Text ein heruntergekommener bärtiger Priester. Dies wäre während der Blüte der Hochkultur unvorstellbar gewesen.

Haus und Küche

Die Menschen der Pharaonenzeit hatten in ihren Siedlungsgebieten am Nil eine reiche Wohnkultur entwickelt. Jede Familie strebte den Besitz eines Hauses an, und zum Traumhaus eines jeden Ägypters gehörte ein Garten mit prächtigen Pflanzen sowie ein Fischteich. Im Gegensatz zur Arbeiterschaft, die sich manchmal mit Kleinsthäusern von 25 Quadratmetern Wohnfläche zufrieden geben mußte, errichtete die Oberschicht tatsächlich Traumhäuser von 400 und mehr Quadratmetern Wohnfläche. Die vornehmen Häuser waren nach innen um großzügige Höfe gebaut worden und zeigten nach außen ein unscheinbares Bild mit schlichten Fassaden sowie Türen und Lichtschlitzen, die wegen des Staubeinfalls oft mit Vorhängen geschützt wurden. In ihrem Inneren waren noble Häuser dagegen umso prächtiger ausgestattet. Die Zimmer schmückte man mit Pflanzenreliefs, Fresken, Mosaiken und farbigen Kacheln. Fußböden und Decken wurden oft mit Motiven aus der Natur bemalt. Ein Bild vom Innenquerschnitt eines dreistöckigen Hauses vermitteln Malereien im Grab eines Schreibers von Pharao Thutmosis III. in Theben. Auf der Abbildung sind die Zimmer über Säulengänge und ein Treppenhaus miteinander verbunden. Diener schleppen Gefäße von den Vorratsräumen zu den Wohnräumen der Herrschaften im zweiten Stock, während der erste Stock mehr den Repräsentationsräumen vorbehalten ist. Am Abend konnte auch das Flachdach als Wohnfläche genutzt werden. Bescheidene Arbeitsräume der zahlreichen Dienerschaft lagen im Keller.

Kein Haus ohne Garten

Die Siedlung der hochspezialisierten Arbeiter, die einst für ihre Herrscher die Gräber im Tal der Könige errichteten, ist noch heute in Ruinen nahe dem Dorf Deir el-Medineh erhalten. Der Ort bestand einst aus etwa 70 Häusern und war von einer Mauer umgeben, die auch den Zugang zu Müllhalden abgrenzte. Es gab eine gepflegte Hauptstraße und im rechten Winkel dazu zahlreiche Seitenstraßen. Die Häuser konnten rekonstruiert werden und geben ein Bild der Wohnkultur von Facharbeitern im alten Ägypten. Alle Häuser waren aus luftgetrockneten Lehmziegeln errichtet worden und bestanden aus durchschnittlich vier Zimmern. Direkt hinter der Eingangstür lag ein Empfangszimmer, danach folgte ein großes Wohnzimmer, an das sich zwei kleine Zimmer anschlossen. Von einem der kleineren Zimmer führte eine Treppe in einen unterirdischen Vorratsraum, in dem Lebensmittel gelagert wurden. Eine zweite Treppe verschaffte den Bewohnern einen Zugang zum Flachdach, das wie bei den Villen abends auch als Wohnfläche genutzt werden konnte. Die Küche war in einem Hinterhof im Freien und bestand aus einer offenen Feuerstelle sowie einem Lehmziegelofen zum Backen von Brot. Küchen- und Toilettenabfälle wurden in besonderen Behältern gesammelt und regelmäßig außerhalb der Siedlung deponiert. Auch Häuser von Arbeitern konnten im alten Ägypten bereits Räume für Bad und Toilette mit einem besonderen Toilettenstuhl besitzen. Öffentliche Bäder waren unbekannt. Bei sehr armen Leuten, die es in der geschilderten Arbeitersiedlung nicht gab, hatten die Häuser kein Dach, sondern die groben Außenmauern waren zum Schutz vor der Sonne mit lehmverschmierten Palmzweigen abgedeckt.

Nicht nur Tempel und Paläste, sondern auch jedes noble private Haus mußte einen ausgedehnten Garten mit einer Brunnenanlage besitzen. Der Brunnen versorgte einen großen rechteckigen Teich in der Mitte des Gartens, in dem meist Fische gehalten wurden und Lotosblumen wuchsen. Um den Teich gruppierten sich alleeartig gepflanzte Bäume und Büsche sowie Blumenbeete mit Kornblumen, Mohn, Chrysanthemen und zahlreichen Rosenarten. Die Ägypter liebten blühende Pflanzen und schmückten sich und ihre Häuser damit. In großen Gärten gab es oft noch einen Pavillon, von dem aus der Hausherr abends das Treiben der zahlreichen Vögel an seinem Teich be-

Die ägyptische Hausfrau war für alle Aktivitäten im Haus zuständig. Hier trifft sie Vorbereitungen zum Brauen von Bier. Sie scheint zufrieden und packt kräftig an.

Bierbrauerin aus dem Grab des Mersuanch, Gisa, Altes Reich, 5. Dynastie; Kairo, Ägyptisches Museum

obachten konnte, oder die Töchter des Hauses Liebesliedern lauschten. In manchen Gartendarstellungen konnten Botaniker mehr als 20 verschiedene Pflanzenarten und insgesamt über 500 einzelne Bäume identifizieren. Schon in der 3. Dynastie besaß ein Beamter einen Garten von 10 000 Quadratmetern Grundfläche.

Die Möblierung der Häuser richtete sich natürlich wie zu allen Zeiten nach der Vermögenslage der Hausbesitzer. Die Möbeltypen waren nicht so vielfältig wie heute und bestanden hauptsächlich aus Betten, kleinen Tischen, Sesseln, Schemeln und Kästen. Betten und Stühle waren die wichtigsten Einrichtungsgegenstände der Häuser. Arme Leute besaßen oft nur Matten. Große Kleiderschränke gab es noch nicht, die Kleidung wurde in langen flachen Kästen aufbewahrt. Festessen fanden nicht an einem einzelnen großen Tisch, sondern an vielen kleinen Tischchen für jeweils ein bis zwei Personen statt. Im Gegensatz zu anderen antiken Völkern wie etwa den Römern saßen die Ägypter beim Essen. Die hohe handwerkliche Qualität der altägyptischen Möbel kann heute in den Museen bewundert werden. Im Grab des Tutanch-amun wurden erlesen schöne Möbel gefunden.

Im Gegensatz zu anderen Völkern ihrer Zeit schliefen Ägypter nicht auf dem Boden, sondern in einem Bett. Das Bett gehörte zu den wichtigsten aller Möbelstücke und war häufig sehr aufwendig gearbeitet. Im Königspalast konnten sie mit Gold und Silber beschlagen oder mit Elfenbein geschmückt sein. Wegen des kriechenden Ungeziefers stand jedes Bett auf vier hohen Beinen, die meist Stier- oder Löwenfüße nachahmten. Der Boden des Bettes war aus Rohr geflochten. Decken und Kissen sorgten für Bequemlichkeit. Bemerkenswert sind noch heute seltsame halbkreisförmige Kopfstützen aus zum Teil kostbaren Materialien. Sie wurden auf das Bett gelegt und umschlossen beim Liegen den Kopf vom Hals bis zu den Ohren. Ob die Menschen mit solch unbequemen Bettzusätzen gut schlafen konnten, läßt sich nicht sicher rekonstruieren. Vermutlich mußten die Stützen beim Ruhen die kostbaren Perücken schützen. Echten Prunk gab es bei den Stühlen und Sesseln, auch aufwendige Klappstühle waren bekannt. Zum Essen wurden kleine Tischchen herbeigetragen. Das Geschirr mit den Speisen und Getränken stellte man auf Gestellen ab. Spezielle Kruggestelle waren für edle Weine reserviert. Große Mühe machten sich die Handwerker mit den Truhen und Kästen, die reich verziert waren. Bunte Matten und Vorhänge sowie geflochtene Trennschirme vervollständigten schließlich die Inneneinrichtung. Zur Beleuchtung dienten Öllampen aus Ton, aber auch aus edlem Alabaster. Gebildete Ägypter besaßen Studierlampen, um auch die Nachtstunden für Studien zu nutzen. In das Wohnzimmer gehörten schließlich noch ein wärmespendendes Holzkohlebecken für den Winter und große Tonbehälter, die im Sommer zur

Kühlung mit Wasser besprengt wurden. Zusammen mit den Malereien und anderen Dekorationen waren ägyptische Wohnungen recht bunt gestaltet. Auf Sauberkeit wurde größter Wert gelegt, und gegen Ungeziefer gab es bereits zahlreiche Mittel. Räume wurden zum Beispiel regelmäßig mit »Flohkraut« ausgerieben oder geräuchert. Für Wohlgerüche sorgten frische Blumen. Seife wurde aus Mischungen von Natron und Kreide sowie tierischen und pflanzlichen Fetten produziert. Medizinische Papyri beschrieben Mittel zum »Schönmachen der Haut«, gegen Körpergeruch und unangenehmen Atem.

Ausgeklügelte Kühlmethoden

Die Küche lag meist im hinteren Teil des Hauses, bei den Villen in Nebengebäuden. Es wurde an einem Lehmofen auf offenem Feuer gekocht und gebraten, weshalb der Küchenraum kein Dach besaß. Zur Kücheneinrichtung gehörten Mahlsteine, um ständig frisches Mehl zum Brotbacken im eigenen Backofen bereitzuhalten. Brot wurde in den verschiedensten Formen gebacken, nicht nur als Laib, wie heute noch üblich, sondern auch als Stern, Hantel oder Kegel. Als Küchengeräte dienten Töpfe und Schüsseln, aber auch Körbe, Krüge und Säcke für den Lebensmittelvorrat. Für leicht verderbliche Waren wurde im Boden ein kühlender Vorratskeller ausgehoben. Daneben kannten die alten Ägypter sogar eine Art Kühlschrank: Während der Nacht wurden poröse Tonkrüge mit Wasser auf das Dach gestellt und dann ständig feuchtgehalten. Durch Verdunstung und Nachtkühle sank nun die Wassertemperatur beträchtlich ab. Vor Sonnenaufgang wurde der gekühlte Wasserkrug dann in Stroh eingepackt und in den Vorratskeller gebracht. Während des Tages stand nach dieser »Himmelskühlung« kühles Wasser für Erfrischungen zur Verfügung.

Getreide als Grundnahrung

Die Grundnahrung der einfachen Bevölkerung bestand im wesentlichen aus Getreideerzeugnissen einschließlich Brot und Bier. Regelmäßig wurden die Mahlzeiten durch Hülsenfrüchte sowie Gemüse und Obst ergänzt, so daß die Ernährung insgesamt ausgewogen war. Fleisch kam selten auf die Teller. Meist handelte es sich um den recht preiswerten Fisch, manchmal aber auch um Fleisch von Ziegen, Schafen oder Tauben. Schweinefleisch war ebenfalls bekannt. Ein beliebtes Festessen war der Gänsebraten. Wegen der komplizierten

Schlafzimmermöbel aus der Zeit des Neuen Reiches. Die Möbel sind sorgfältig verarbeitet. Wichtig war das Bett, das wegen des Ungeziefers Füße hatte. Zur Schlafzimmerausstattung gehörten auch Darstellungen des Gottes Bes, des Beschützers während der Nacht. Für den Kopf gab es eine besondere Stütze.

Möbel des Schlafzimmers, Neues Reich, 19. Dynastie, um 1300 v. Chr.; London, The British Museum, EA 2470, 6526, 6639, 18196, 24708

Konservierung und Vorratshaltung, aber auch wegen der Kosten blieb Rindfleisch ein Privileg der Reichen. Gegessen wurde mit den Händen, die immer wieder in Wasserschalen gereinigt wurden. Pro Tag gab es vermutlich drei Mahlzeiten.

Bei der Oberschicht war der Speiseplan natürlich wesentlich reichhaltiger, und es gab ausgesprochene Feinkostartikel. Das Fleisch von Masttieren wurde besonders geschätzt und als Frischfleisch, eingelegtes oder getrocknetes Fleisch verzehrt. Immer wieder wurde der Speiseplan durch Fleisch von Jagdwild ergänzt. Raffinierte Gewürze waren bekannt und wurden zum Teil als fertige Mischungen in Stoffsäckchen geliefert, genauere Aussagen zu ihrer Verwendung sind allerdings nicht möglich. Neben feinen Brotsorten wurde auch Kuchen serviert, der mit Honig gesüßt war. Ein Kuchenrezept bestand zum Beispiel aus zerstampften Wurzelknollen eines Zyperngrasgewächses, die mit Honig vermischt in Fett gebacken wurden. Das Angebot an Gemüse und Obst sowie die Arten der Zubereitung waren in der Oberschicht vielfältiger als bei der Arbeiterschaft. Zu festlichen Gelegenheiten trank die Oberschicht Wein, der zum größten Teil selbst produziert, aber auch importiert wurde. Hohe Würdenträger besaßen eigene Weingüter, auf denen Winzer die Reben in mit Nilschlamm gedüngten Gräben züchteten. Die Technik der Weinherstellung war hoch entwickelt, unterschiedliche Weinsorten wurden auch zu Verschnitten gemischt. Im Palast von Amenophis III. wurden Weinamphoren aus Ton gefunden, deren Beschriftung bereits die

Bier war das Nationalgetränk der Ägypter und wurde in den einzelnen Haushalten selbst hergestellt. Die Figurengruppe zeigt die einzelnen Arbeitsschritte der Bierbrauer.

Bierbrauer, Holzmodell aus der 11. Dynastie; Turin, Ägyptisches Museum

Weinlage und den Jahrgang angab. Ägyptischer Wein konnte bis zu 200 Jahren in fest verschlossenen Krügen gelagert werden. Es wurde sowohl Rotwein als auch Weißwein getrunken.

Bier – das Nationalgetränk

Bier war das Nationalgetränk der Ägypter, das es bereits in zahlreichen Sorten gab. Gerste oder Emmerweizen wurde zunächst gemahlen, dann angefeuchtet, geknetet und zuletzt mit Honig gesüßt. Die Masse kam danach in Krüge, wurde mit Wasser übergossen und konnte schließlich gären. Der gegorene Saft wurde gesiebt und in Krüge abgefüllt, die mit Gips luftdicht verschlossen wurden. Die Biersorten unterschieden sich in den Zutaten der gekneteten Getreidemasse. Bier wurde bei allen Gelegenheiten getrunken und fehlte auch nicht bei den Opfergaben für die Toten. Importbier wurde »Kedebier aus dem Hafen« genannt, es stammte aus Kleinasien.

Kleidung und Mode

Zu allen Zeiten war Ägypten ein von der Sonne verwöhntes Land gewesen, und die große Hitze erforderte deshalb nur wenige unterschiedliche Kleidungsstücke. Die Mode im alten Ägypten entwickelte sich in einem eng umgrenzten Raum und fällt durch eine geringe Variationsbreite auf. Meist war die Herrenmode aufwendiger gestaltet als die Damenmode. Es wurden bevorzugt Leinengewebe verarbeitet, daneben gab es noch Wollstoffe und grobe Stoffe aus Rindenbast. Die Weber konnten hauchdünne und durchscheinende Leinenstoffe herstellen, die sorgfältig plissiert wurden. Als Schuhwerk gab es zu allen Zeiten nur Sandalen, deren Herstellungsweise sich selten änderte.

Im Alten Reich trugen Männer einen Schurz um die Hüfte, der in etwa einem Wickelrock glich und an einem Gürtel befestigt war. Der Oberkörper blieb unbedeckt. Die Form des Schurzes konnte variieren, manchmal war er lang und dann wieder kurz, manchmal unförmig weit und dann wieder eng. Der Stoff wurde auch mit Stärke behandelt und stand dann teilweise vom Körper ab. Im Mittleren Reich gab es schließlich einen inneren und einen äußeren Schurz mit unterschiedlichen oder gleichen Längen, die übereinander getragen wurden. Der äußere Schurz war durchscheinend und erlaubte Drapierungen in Falten. Im Neuen Reich kam zum doppelten Schurz noch ein hemdartiges Übergewand hinzu, das meist am Gürtel befestigt war und auch dort endete. In der

Die elegante Ägypterin war bei festlichen Anlässen sehr aufwendig gekleidet. Anhand zahlreicher Statuen kann dieser Aufwand noch nachgewiesen werden. Diese Perücke wurde mit allen Dekorationen aus farbigem Glas hergestellt.

Perücke mit Stirnband, 18. Dynastie, farbiges Glas, Höhe 5 cm; London, British Museum

Mode konnten höchstens die Länge der Kleidungsstücke, die Faltendrapierung und die Körperbetonung variieren. Die Kleidung des Pharao grenzte sich zu allen Zeiten klar von der Bekleidung seines Volkes ab. Priester und Militär besaßen eine eigene Tracht. Zum Schmuck der Priester gehörte ein Leopardenfell. Die Landbevölkerung trug nur einen einfachen Schurz aus groben Materialien und blieb diesem aus praktischen Gründen treu. Im Verlauf der Geschichte kopierten die unteren Stände immer wieder den Kleidungsstil der Oberschicht, so daß die Oberschicht stets Abänderungen anstrebte, um ihren Rang zu verdeutlichen. Die einzelnen Bevölkerungsgruppen unterschieden sich meist in ihrer Kleidung. Neben der Alltagskleidung waren noch Amtstrachten und aufwendige Festtagsroben in Gebrauch. Zu allen Zeiten gab es bei Männern auch eine Art Mantel, der wie ein Hemd eng am Körper anlag.

Die Kleidung der Frau blieb während der gesamten ägyptischen Geschichte recht eintönig. Sie bestand aus einem langen faltenlosen Hemd, das unterhalb der Brust anfing und am Knöchel endete. Das Hemdkleid wurde an den Schultern von zwei Tragbändern gehalten, die Modeströmungen unterlagen. Die Brüste wurden manchmal bedeckt, blieben manchmal aber auch frei. Hemdkleid und Tragband hatten stets die gleiche Farbe, meist weiß und in seltenen Fällen rot, gelb oder grün. Noch seltener waren Streifenmuster. Über dem Kleid konnten umhangartige Mäntel und Netze aus Perlen getragen werden. Im Neuen Reich änderte sich neben der Männerbekleidung auch die Ausstattung der Frauen. Das enge Hemdkleid blieb zwar erhalten, die rechte Schulter aber wurde jetzt freigelassen und allein die linke war bedeckt. Über dem Hemdkleid lag ein weites Obergewand, das vor der Brust zusammengehalten wurde. In die Stoffe waren vielfältige Faltenmuster eingearbeitet, und sie wurden so fein gewebt, daß der Körperumriß hindurchschimmern konnte.

Wichtig war nicht die Farbenpracht eines Stoffes, sondern seine Reinheit. Die Ägypter legten auf Sauberkeit großen Wert, und die fast immer weißen Stoffe mußten stets wie frisch gewaschen erscheinen. Stoffe wurden besonders behandelt und in der Sonne gebleicht, damit sie blendend weiß aussahen. Das Bedürfnis nach Reinheit förderte hauptsächlich in der Oberschicht die Entwicklung, die Haare kurz zu tragen und den Bart zu scheren. Nur einfache Menschen trugen wirre Haare und Bärte. Da Haare jedoch einen Sonnenschutz gewährleisteten, wurde der kahle Kopf im Freien mit engen

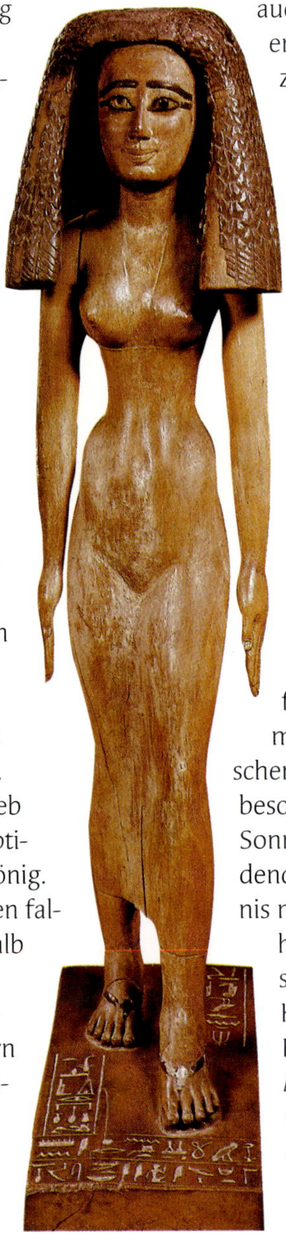

Holzstatuette einer attraktiven jungen Ägypterin. Aufgrund des Materials konnte die Frisur und die körperbetonte Kleidung sorgfältig herausgearbeitet werden. Im Grab stellte eine solche Statuette die Abbildung der Verstorbenen dar.

Statuette der Iimernebes, 12. Dynastie, um 1900 v. Chr., Theben, Holz, Höhe 48 cm, Breite 9,5 cm, Tiefe 21 cm; Leiden, Rijksmuseum van Oudheden, AH 113

Kappen abgedeckt. Priester waren am Kopf stets völlig glatt rasiert, denn zwischen ihnen und Gott durfte noch nicht einmal eine Laus Platz haben. Auf den Abbildungen in Gräbern und Tempeln besteht die reiche Haartracht der Menschen in der Regel aus Perücken. Die Kleidermode blieb in Ägypten stets recht einfach, die Haarmode dagegen wurde mit der Zeit zu einer komplexen Angelegenheit. Männer und Frauen trugen Perücken, die schon während des Alten Reiches in zahlreichen Variationen verbreitet waren. Im Verlauf der Geschichte wurde die Perückengestaltung dann immer komplizierter, und die Perückenmacher entwickelten sich zu anerkannten Künstlern. Die Haarpracht mancher Perücken konnte bei Frauen im Neuen Reich bis zum Gesäß reichen. Doch nicht nur Frauen waren eitel. Schepsesre war Beamter am Hof von Pharao Asosi (5. Dynastie) und so geltungsbedürftig, daß er in seinem Grab vier Statuen von sich mit vier verschiedenen Perücken aufstellen ließ. Frauen vermischten ihr natürliches Haar oft mit fremden Haarteilen. Dann mußten zahlreiche Zofen aktiv werden, hinter ihrer Herrin sitzen, mühsam das natürliche Haar mit den Perückenteilen verknüpfen und Locken drehen, während die Herrin diese Arbeit im Spiegel kritisch begutachtete. Als Hilfsmittel standen beim Frisieren zahlreiche Haarnadeln und auch Lockenwickler zur Verfügung sowie Kämme mit einfachen und doppelten Zinkenreihen.

Zu jeder Festlichkeit trugen die Damen neben dem Kleid aus feinstem Leinenstoff noch reichen Schmuck und eine Perücke. Dienerinnen halfen beim Anlegen der Garderobe. Für den Wohlgeruch machten Duftkegel die Runde, die auch ins Haar gesteckt wurden.

Musizierende und tanzende Mädchen, Wandmalerei, Grab des Nakht, Theben, um 1400 v. Chr.; Kopie von Lancelot Crane, 1915 (Bildarchiv Preußischer Kulturbesitz, Berlin)

Die dargestellte Person trägt einen einfachen Mantel, der die Sitzstatue sehr kompakt erscheinen läßt. Statuen von Menschen mit einem Mantel kamen erst während des Mittleren Reiches auf. Meist trugen ältere Menschen einen Mantel, denn nach Sonnenuntergang konnte es recht kühl werden.

Neben der Haarpracht mußte die Dame bei großen gesellschaftlichen Auftritten noch durch Schmuck aus edelsten Materialien auffallen. Schmuck sollte nicht nur die Trägerin schmücken, sondern auch als Amulett den Körper magisch vor Krankheiten schützen. Mit Gold und Juwelen wurde nie gespart, und manches Museumsstück läßt noch heute die Besucher erstaunen. Die Ehefrauen des Pharao und seine Töchter hätten bei solchen Anlässen mühelos jede Filmdiva unserer Zeit in den Schatten stellen können. Bereits in alten Zeiten trugen Männer und Frauen Halsketten und Armringe. Mit dem Niveau der Goldschmiedekunst stieg auch die Qualität des Schmuckes an, und einfache Halsketten wandelten sich bald in kunstvolle Halskragen. Ohrringe wurden erst während des Neuen Reiches bekannt und bevorzugt von Frauen getragen. Bei Männern hatte von der 19. Dynastie an nur noch der Pharao Ohrschmuck. Fingerringe wurden dagegen von beiden Geschlechtern zu allen Zeiten benutzt. Frauen schmückten sich daneben noch mit prachtvollen Diademen, während Männer als Zeichen ihrer Würde verschiedene zepterartige Stäbe in den Händen hielten.

Die schöne Ägypterin

Zahlreiche Frauen aus dem Reich der Pharaonen könnten in unserer Zeit mühelos bei Schönheitswettbewerben Preise gewinnen und würden auch in aktuellen Modellkleidern eine gute Figur machen. Im Gegensatz zu den Statuen von Griechinnen und Römerinnen werden Ägypterinnen auf Abbildungen meist lebensnah dargestellt. Das Schönheitsideal der alten Ägypter war stark an das der Gegenwart angenähert, sie verehrten schlanke und anmutige Frauen. Wie Grabbeigaben zeigen, besaß die schöne Ägypterin ein breites Repertoire an Kleidung, Schmuck und insbesondere Kosmetikartikeln, die auf besonderen Schminkpaletten zubereitet wurden.

Jederzeit perfekt geschminkt

Zur täglichen Körperpflege gehörte nicht nur das mehrmalige Baden, sondern auch intensives Schminken und Einölen des Körpers. Dies vernachlässigten allerdings auch die Männer nicht. Besonders eindrucksvoll erscheint heute noch die feine Augenschminke. Die Ägypterin tönte zunächst mit kleinen Stäbchen das untere Augenlid leicht grün und zog anschließend intensive schwarze Lid- und Brauenstriche, die nach außen verlängert wurden, so daß die Augen groß und glänzend erschienen. Die grüne Schminke wurde aus Malachit hergestellt und die schwarze Schminke aus Bleiglanz. Die Lidstriche sollten nicht nur magisch wirken, sondern die Augen zusätzlich vor Krankheitserregern schützen. Hinweise gibt es auch auf das Schminken der Lippen mit Mischungen aus rotem Ocker und Fett sowie auf ein leichtes Make-up für die Wangen aus weißer und roter Schminke. Insgesamt wurde der Teint oft mit Ocker aufgehellt. Zum Färben der Fingernägel gab es Henna, und auch die Haare wurden nach verschiedenen Rezepten gefärbt.

In früher Zeit trugen die Frauen kleine Steine und Platten um den Hals, um jederzeit ihre Schminke selbst frisch zuzubereiten. Später wurden die verschiedenen Schminkmischungen fertig ange-

boten und in kunstvoll gestalteten Dosen aufbewahrt. Jede vornehme Ägypterin hatte ein reich bestücktes Schminktischchen, das ihr häufig mit ins Grab gegeben wurde. Auf Abbildungen wird die Herrin des Hauses gezeigt, wie sie mit der einen Hand Schminkdose und Spiegel hält und mit der anderen sorgfältig ihre Schönheitsmittel aufträgt. Die organischen Bestandteile der vielfältigen ägyptischen Kosmetika können heute nur schwer nachgewiesen werden. Allerdings ist es möglich, das anorganische Ausgangsmaterial zu identifizieren. Für einige Bestandteile mußten sogar lange Handelswege erschlossen werden. Verschiedene Salben enthielten zum Beispiel Antimon, das in der Antike fast nur am Fluß Sambesi tief im Herzen von Afrika gefunden wurde. Andere Stoffe kamen vermutlich über Karawanen aus dem fernen Indien.

Für die Hautpflege und den Sonnenschutz gab es ein breites Angebot von Salben und Ölen, die nicht als Luxus betrachtet, sondern zu den Bedürfnissen des täglichen Lebens gezählt wurden. Sogar Soldaten forderten auf ihren Feldzügen, mit »Öl vom Hafen«, einer teuren Importware, versorgt zu werden. Medizinische Papyri überliefern ein breites Spektrum von Mitteln mit zum Teil magischen Essenzen. Gegen graue Haare versprach zum Beispiel eine Salbe aus dem Blut eines schwarzen, in Öl gekochten Kalbes Abhilfe. Zahlreiche Rezepte berichten über die Parfumherstellung. Angenehme Düfte sollten nicht nur den Körpergeruch der vornehmen Ägypter überlagern, sondern im gesamten Haus Wohlgeruch verbreiten. Bei festlichen Anlässen steckten sich die Damen einen Duftkegel in die Haare, der eine langanhaltende Duftwirkung garantierte. Zur Extraktion von Duftstoffen fand bereits die Methode der »Enfleurage« Anwendung. Blüten wurden nach diesem Verfahren mit Fetten und Ölen vermischt, so daß der Duftstoff in das fettige Medium übertreten konnte.

Künstlerische Schönheitsideale

Die Künstler der kurzlebigen Residenzstadt Amarna haben die schöne Ägypterin eindrucksvoll verewigt. Ihr Amarna-Stil hinterließ expressive Frauenbilder, die mehr dem Diesseits als dem sonst in der ägyptischen Kunst üblicheren Jenseits zuzuordnen sind. Das schöne

Das Relief im Grab einer Prinzessin zeigt die junge Verstorbene bei ihrer Morgentoilette. Eine Dienerin hat bereits Lockenwickler angesetzt, um den langen Haaren Pracht zu verleihen.

Fragment aus den Prinzessinnengräbern, Mentuhotep-Grabbezirk; New York, Brooklyn Museum (Eberhard Thiem, Lotos Film, Kaufbeuren)

Links: Sitzstatue des Tjanuni, West-Theben, 18. Dynastie, Zeit Thutmosis' IV., um 1390 v. Chr., Kalkstein, Höhe 56 cm, Breite 15,8 cm, Tiefe 35,7 cm; Wien, Kunsthistorisches Museum, ÄS 63

Sehr kunstvoll gestalteter Salbenlöffel. Er besteht aus einer Schwimmerin als Griff und einer Ente als Schale. Für die Ägypter war Körperpflege sehr wichtig. Dazu zählte auch das regelmäßige Einsalben.

Schwimmerin und Wasservogel, aus dem Fayum, 18./19. Dynastie, Holz, teils bemalt, mit Einlegearbeiten; Kairo, Ägyptisches Museum

Gesicht der Göttin Selket aus dem Grab des Tut-anch-amun verrät Anlehnungen an diesen Stil. Die elegante Schutzgöttin scheint sich tatsächlich im Diesseits zu bewegen und erfüllt nur noch nebenbei ihre strengen Aufgaben in der Götterwelt. In der Residenzstadt von Pharao Echnaton schuf der Bildhauer Tuthmosis Meisterwerke. Er modellierte unter anderen meist verschollenen Werken auch die Büste der Nofretete. Eine weitere legendäre Ägypterin hatte dagegen keine ägyptischen Ahnen. Kleopatra, die nacheinander Caesar und Antonius den Kopf verdrehte, stammte aus dem griechisch-hellenistischen Kulturkreis.

Sport und Freizeitvergnügungen

Die straffe Staatsorganisation und die Arbeitsteilung in einzelne Berufe ermöglichten vielen Menschen eine für ihre Epoche völlig neuartige Zeitgestaltung. Sie waren nicht mehr den gesamten Tag damit beschäftigt, ihren Lebensunterhalt zu sichern, sondern verfügten über freie Zeit. Insbesondere die Oberschicht wurde durch eine große Dienerschaft von der Alltagsarbeit entlastet und bildete eine Art Freizeitgesellschaft. In der Regel war bei den Vornehmen das Familienoberhaupt ein wichtiger Beamter des Pharao. Diese Tätigkeit ließ neben den zahlreichen Feiertagen und Festveranstaltungen noch freie Zeit, in der die Familie an Vergnügungen denken konnte. Durchschnittliche Arbeiter im Dienst des Pharao wurden nach der Zehn-Tage-Woche beschäftigt, ihre Arbeitszeit betrug zehn Tage und danach folgte ein freier Tag.

Mutige Jagden

Das Papyrusdickicht des Nils war ein beliebter Ort für Freizeitvergnügungen. Dort wurde von kleinen Papyrusbooten gefischt oder mit Netzen und Wurfhölzern den Vögeln nachgestellt. Die Jagd war eine Angelegenheit für die ganze Familie, und Kinder halfen ihren Vätern eifrig. War die Jagd erfolgreich, konnte zum Beispiel der beliebte Gänsebraten serviert werden. In den Nilsümpfen gab es jedoch nicht nur große Vogelscharen und zahlreiche Fische, sondern damals auch recht gefährliche Krokodile und Nilpferde. Vor beiden Tieren hatten die Ägypter Angst, dennoch versuchten Jagdgesellschaften, sie mit der Harpune oder mit Speeren zu erlegen. Zahlreiche Große des Reiches schilderten solche gefährlichen Jagden und den Mut ihres Handelns, doch Abbildungen zeigen, daß sie, durch zahlreiche Helfer geschützt, nie ernstlich gefährdet waren.

Jagdausflüge in die Wüste waren für die ägyptische Kunst ein beliebtes Thema, und Fürsten ließen sich oft bei ihrer Jagdleidenschaft darstellen. Es wurden hauptsächlich Großtiere wie Wildstiere, Antilopen und Steinböcke mit Hunden gehetzt und anschließend erlegt. Um Tiere lebend zu fangen, wurden auch Jagden mit dem Wurfseil organisiert. Die Löwenjagd gehörte zu den Privilegien der ganz Großen und mancher Pharao festigte dadurch den Ruf von seinem Ruhm und seinem Mut. Allerdings kamen die Herrscher bei solchen Großwildjagden meist nicht ernstlich in bedrohliche Situationen. Für den Pharao wurde der Jagdausflug in Form einer Treibjagd veranstaltet. Die Tiere wurden in eine Art Gatter getrieben, in dem sie der Pharao gefahrlos mit Pfeil und Bogen abschießen konnte. Manche Jagd ging sogar über die Grenzen des Reiches hinaus. Der kriegerische Pharao Thutmosis III. rühmte sich, während seiner asiatischen Feldzüge 120 Elefanten zur Strecke gebracht zu haben, und Offiziere bestätigten, daß der Pharao sehr waghalsig vorging. Im Gegensatz dazu erlegte Amenophis III. in den ersten zehn Jahren seiner Herrschaft 102 Löwen recht gefahrlos, denn die Tiere wurden unter großem Aufwand auf ihn zugetrieben. Andere Pharaonen hielten sich sogar große Wildtiere einschließlich

Bei Festlichkeiten gab es auch Tanzvorführungen, die mit einer heutigen Show vergleichbar waren. Neben Tänzerinnen traten Akrobatinnen auf, um die Gäste zu unterhalten. Auf der Abbildung vollführt ein schlankes und kaum bekleidetes Mädchen einen Rückwärtsüberschlag.

Ein Mädchen beim Rückwärtsüberschlag, Zeichnung auf einem Ostrakon, Theben, 19. Dynastie, Kalkstein bemalt, 10,5 x 16,8 cm; Turin, Museo Egizio (Eberhard Thiem, Lotos Film, Kaufbeuren)

Giraffen aus dem südlichen Afrika in einer Art Zoo. Ramses II. besaß einen zahmen Löwen, der ihm wie ein Hund folgte und bei Reisen vor seinem Zelt schlief.

Sportliche Wettbewerbe

Die Ägypter waren ein sportliches Volk, das sportliche Betätigungen liebte. Leistungssport oder regelmäßige sportliche Großveranstaltungen sind dagegen nicht bekannt. Am Hof von Ramses III. wurde allerdings einmal ein großer Wettbewerb für Ringer und Stockfechter durchgeführt. Zahlreiche Sportarten wurden aus der Jagd entwickelt oder dienten dem militärischen Training, dazu gehörten zum Beispiel Bogenschießen, Speerwerfen und Reiten. Häufig gingen die Herrscher mit gutem Beispiel voran, denn ein Pharao mit starken Armen galt als Ideal. Pharao Amenophis II. war ein vorzüglicher Sportler, über den berichtet wird: »... der gute Gott, reich an Kraft, der mit seinen Armen handelt vor seinem Heer: stark mit dem Bogen, wenn er nach der Scheibe schießt, ohne daß seine Pfeile fehlen. Wenn er auf die Kupferscheibe schießt, so spaltet er sie wie Papyrus ...« Dieser Pharao veranstaltete einmal zu seinem Regierungsjubiläum einen Kultlauf, um seine Kondition unter Beweis zu stellen. Unter allen Sportarten war der Ringkampf am beliebtesten, und fast alle heute bekannten Griffe wurden eingesetzt. Etwa 400 Abbildungen in den Gräbern einiger Gaufürsten zeigen den Ringkampf. Einige der abgebildeten Kämpfer gingen so aggressiv vor, daß ihre unterlegenen Gegner vom Kampf-

platz getragen werden mußten. Einige wenige Darstellungen geben Sportarten wie Wettlaufen, Schwimmen und Hochsprung wieder

Frauen und Kinder liebten Ballspiele und Tanzvorführungen. Mädchen traten sogar in einer Art Ballett auf. Im Mittleren Reich stellten Tanzgruppen »lebende Bilder« von geschichtlichen Ereignissen nach und nahmen dabei künstlerisch eindrucksvolle Posen ein. Aus dieser allgemeinen Tanzbegeisterung entwickelte sich bald der Beruf der Tänzerin. Eifrig wurde auch Musik gespielt sowie gesungen, und bei großen Festlichkeiten standen meist professionelle Kräfte zur Verfügung. Im Neuen Reich gab es einen »Vorsteher der Sänger des Pharao« sowie einen »Vorsteher der Sänger aller Götter«, also der Tempelchöre, die allerdings mehr dem Kult und weniger den Freizeitvergnügungen zuzuordnen waren.

Brett- und Würfelspiele

Unterschiedliche Geschicklichkeitsspiele waren bei Kindern weit verbreitet. Eines der wenigen Spiele, die überwiegend von bestimmten Berufsgruppen ausgeübt wurden, war das noch heute gebräuchliche Schifferstechen der Matrosen. Ansonsten waren insbesondere bei Männern Brettspiele zur Unterhaltung beliebt, von denen es mindestens vier verschiedene Arten gab. Sie gehörten sogar zur Ausstattung von Gräbern, damit sie den Verstorbenen noch im Jenseits Freude bereiteten. Bei einem der Spiele wurde ähnlich dem Schach mit farbigen Steinen oder Figuren auf einem Brett mit 30 Feldern gespielt. Beim Schlangenspiel wurde ein Tischchen mit einer geringelten Schlange benutzt, und die Spieler hatten zu ihrem Einsatz jeweils drei Löwen und Löwinnen sowie rote Kugeln zur Verfügung. Einen guten Zeitvertreib boten Würfelspiele, denen sich die Menschen leidenschaftlich hingaben. Für Personen, die die Einsamkeit liebten, standen in der Freizeit auch Meditationsübungen zur Auswahl.

Auf Reisen und Entdeckungsfahrten

Das bewohnbare Land lag im alten Ägypten weitgehend entlang des Nils. Der Fluß diente den Menschen mit seinen vielen Verzweigungen und Seitenarmen bereits zu Beginn der Hochkultur als das zentrale Verkehrsmittel. Der Nil war somit nicht nur Lebensader, sondern auch Verkehrsader, über die das Land versorgt werden konnte. Zunächst wurde er mit einfach konstruierten Papyrusbooten befahren. Später kamen dann aufwendigere Holzboote hinzu. In der Sprache der alten Ägypter kannte man etwa 80 verschiedene Ausdrücke für ein Schiff oder Boot. Es mußten deshalb schon früh zahlreiche Schiffsformen und -typen gebaut worden sein. Die Schiffstypen waren als Flußschiffe konstruiert, sie besaßen keinen Kiel und konnten bei Bedarf auch über Land gezogen werden. Das Schriftzeichen für »reisen« war die Darstellung eines Bootes. Bei einer Reise in den Süden wurde das Boot mit einem Segel abgebildet und bei einer Reise nach dem Norden war das Segel eingerollt. Es gab schwere Lastschiffe für Handelswaren, Steine oder Getreide sowie kleinere Reiseschiffe zum Personentransport, aber auch elegante Prachtschiffe für die Reiseaktivitäten der Großen des Reiches.

Die Entenjagd im Papyrusdickicht des Nilufers war ein beliebtes Freizeitvergnügen für die ganze Familie. Gejagt wurde mit einem Wurfholz, und die Kinder halfen den Vätern mit aller Tatkraft.

Spießentenjagd mit dem Wurfholz, Wandmalerei, Grab des Nakht; Theben, TT 52 (Eberhard Thiem, Lotos Film, Kaufbeuren)

Thutmosis III. besaß ein Luxusschiff mit dem Namen »Stern der beiden Länder«, dessen Kajüten zu den Räumen einer herrschaftlichen Villa ausgebaut worden waren. Spezialschiffe für den Transport der Obelisken konnten über 50 Meter lang sein und eine Tragkraft von 650 Tonnen besitzen.

Vornehme lassen sich tragen

Für Reisen wurde nach Möglichkeit eines der vielen Nilschiffe benutzt. Führte der Weg allerdings über Land, mußten aufwendige Vorbereitungen getroffen werden. Einfache Menschen gingen meist zu Fuß auf ihren sicherlich überwiegend kurzen Reisen. Da das Land geographisch einem langen Schlauch mit riesigen Entfernungen glich, war der durchschnittliche Ägypter selten unterwegs. Die Vornehmen des Reiches konnten bequem größere Entfernungen in Angriff nehmen, denn sie ließen sich von Dienern in Sänften tragen oder benutzten die Eselssänfte. Bei einer solchen Sänfte trugen zwei nebeneinander trottende Esel ein Gestell mit einem Sessel auf dem Rücken, in dem der Beamte dann die Strapazen der unbequemen Wege ertragen konnte. Während der Zeit des Neuen Reiches war zusätzlich das Reisen mit Pferdegespannen üblich. In einem vornehmen Haus durfte deshalb nicht der Wagenlenker für die Herrschaften fehlen. Da am Hof des Herrschers alles einige Nummern größer war, gab es dort sogar einen »Ersten Wagenlenker seiner Majestät« mitsamt einem großen Fuhrpark. Die Pferdegespanne des Pharao trugen Namen. Ein Gespann von Sethos I. hieß

Große Lastschiffe werden im oberen Bildteil mit Getreide beladen, das Arbeiter in Säcken herbeischleppen, im unteren Bildteil dagegen sind Schiffe für den Personentransport dargestellt. Hauptverkehrsader des Landes war der Nil, und für wichtige Beamte gab es sogar Dienstschiffe.

Getreidetransport, Grab des Paheri, Zeit Thutmosis' III., um 1450 v. Chr.; Elkab

zum Beispiel »Amon verleiht Stärke« und ein anderes »Amon befiehlt den Sieg«. Geritten wurde selten, ein Ägypter im Sattel gilt als Ausnahme auf den Abbildungen. Die Kunst des Reitens war allerdings als eine ausländische Sitte bekannt. Bei größeren Reisen über Land war die Mehrheit der Menschen jedoch zu allen Zeiten des Reiches mit dem Esel oder mit Ochsengespannen unterwegs. Das heute in Ägypten so verbreitete Kamel war als Reit- oder Transporttier während der Zeit der Pharaonen unbekannt. Bei ihren Dienstreisen mußten die Beamten zum Teil regelmäßig beachtliche Strecken zurücklegen. Allein zwischen den Metropolen Memphis und Theben betrug die Entfernung 675 Kilometer. Eine große Landexpedition wurde um 2270 v. Chr. unternommen. Damals reiste Herkhuf, ein Statthalter aus dem Süden des Reiches, mehrmals weit nach Afrika hinein und kam mit Elfenbein, Ebenholz und anderen wertvollen Waren zurück.

Der Fernhandel zu Wasser

Durch seinen Außenhandel unterhielt Ägypten rege Kontakte zu seinen benachbarten Staaten und rüstete wiederholt größere Handelsexpeditionen aus. Sie hatten das Ziel, teure Zwischenhändler auszuschalten und den Fernhandel besser zu kontrollieren. Manche Waren konnten nur unter hohen Kosten in das Land gebracht werden, und es lag natürlich im Interesse des Pharao, weniger mit den Händlern, sondern direkt mit den Produzenten zu verhandeln. Insbesondere bei dem hohen Weihrauchverbrauch mußte an Einsparungen gedacht werden. Der Weihrauchbedarf der Tempel war enorm. Ein mittlerer Tempel verbrauchte im Jahr etwa 300 000 Scheffel. Für den Fernhandel bauten die Ägypter hochseefähige Schiffe von einer größeren Stabilität als die Nilschiffe. Schiffe für das Mittelmeer oder das Rote Meer waren rund 20 Meter lang und besaßen größere Segel als die Flußschiffe. Bei der Einfahrt in den Hafen konnten der mächtige gabelförmige Mast niedergelegt und die Segel eingezogen werden. Allerdings waren die Ägypter nie so tüchtige Seefahrer wie andere Völker des Mittelmeeres. Auf manchen ihrer großen Seeschiffe bestand deshalb die Besatzung aus Phöniziern oder Männern aus Kreta. Um 2500 v. Chr. schickte Pharao Sahure eine Flotte von Schiffen zum Weihrauchland Punt, das vermutlich am Ende des Roten Meeres im Gebiet des heutigen Somalia lag. Sie kehrten reich beladen zurück. Diese Reise war die erste Fernexpedition, über die Aufzeichnungen er-

Mitglieder einer ägyptischen Expedition bieten in Ostafrika Tauschobjekte an. Sie sind bewaffnet, da sie der Friedfertigkeit der Eingeborenen nicht trauen. Die exotische Welt ferner Länder wurde wiederholt dargestellt. Aus dem Land Punt (vermutlich das heutige Somalia) kam insbesondere Weihrauch.

Relief, im Terrassentempel der Hatschepsut; Deir el-Bahari (Eberhard Thiem, Lotos Film, Kaufbeuren)

halten sind. Nach dieser ehrgeizigen Expedition wurden in den nächsten Jahrhunderten mindestens elf weitere Fahrten nach Punt organisiert, aber weitere Aufzeichnungen gibt es erst über eine Expedition aus der Zeit um 2007 v. Chr.

Ausrüstung einer Expedition

Durch die Beschneidung im Pubertätsalter wurden in Ägypten Jungen in den Kreis der Männer aufgenommen. Die Beschneidung nahmen spezialisierte Ärzte mit gut entwickelten Instrumenten vor, so daß es kaum Komplikationen gab.

Beschneidung, Grab des Arztes Anchmahor, 6. Dynastie; Sakkara (Eberhard Thiem, Lotos Film, Kaufbeuren)

Der ägyptische Entdecker Hennu ließ damals von 3000 Männern Baumaterial vom Nildelta zum Roten Meer schleppen, um dort ein Schiff bauen zu lassen, mit dem er schließlich nach Punt segelte. Der beschwerliche Landweg war notwendig, da der Kanal vom Nildelta zum Roten Meer, ein früher Vorläufer des Suezkanals, erst 1890 v. Chr. auf Anweisung von Sesostris II. gegraben werden sollte. Nach Hennus Expedition nahm die Entdeckerlust der Ägypter wieder ab, und erst die Pharaonin Hatschepsut rüstete um 1493 v. Chr. eine Flotte zur Reise nach Punt aus. Über diese große Fahrt mit vermutlich mehr als 20 Schiffen unter Leitung des Seefahrers Nehsi gibt es zahlreiche Dokumente und Abbildungen. Auffallend ist die Darstellung der Königin Eti von Punt. Die Frau litt an Fettsucht, und die ägyptischen Künstler zeichneten genußvoll ihren unförmigen Körper. Die Expedition kehrte mit voll beladenen Schiffen nach Ägypten zurück und hatte auch wertvolle Sprößlinge für Balsambäume in den Laderäumen. Nach Hatschepsut führte Ägypten keine großen Expeditionen mehr durch und überließ den Fernhandel über See den benachbarten Mittelmeervölkern. Hatschepsuts Nachfolger Thutmosis III. beauftragte zum Beispiel die Flotte der Kreter mit dem Ferntransport der ägyptischen Handelsgüter.

Rund um Afrika

Die Meister der antiken Seefahrt waren zweifellos die Phönizier, die sich sogar weit auf den Atlantischen Ozean hinauswagten und von denen Legenden behaupten, sie wären bis nach Amerika gekommen. Für Pharao Necho aus der 26. Dynastie umsegelten sie Afrika mit einer kleinen Flotte. Necho wollte herausfinden, ob es vom Roten Meer aus eine südliche Verbindung zum Mittelmeer gab und beauftragte die erfahrenen Phönizier mit dieser Aufgabe, deren Dimension zu dieser Zeit niemand abschätzen konnte.

Kein Expeditionsmitglied konnte ahnen, daß die Fahrt über fast 37 000 Kilometer gehen sollte. Die einzige erhaltene Quelle über diese Reise stammt von dem Griechen Herodot. Die Phönizier segelten immer der Küste entlang und hatten schnellwachsenden ägyptischen Emmerweizen bei sich, den sie aussäten, wenn ihre Vorräte verbraucht waren. Nach der Ernte ging es dann wieder weiter. Einschließlich der Pausen an verschiedenen Orten während der Pflanz- und Erntezeiten waren sie vermutlich etwa drei Jahre unterwegs und legten dabei rein rechnerisch immerhin 48 Kilometer pro Tag zurück. Die sensationelle Leistung geriet bald in Vergessenheit, denn die Flotte konnte dem Pharao nach ihrer Rückkehr keine wertvollen Güter wie etwa Gold übergeben. Herodot wollte die Berichte der Phönizier nicht glauben, weil die Seefahrer behauptet hatten, sie hätten die Sonne im Norden gesehen. Genau diese Beobachtung spricht für eine Fahrt südlich des Äquators. Fährt man an der Südspitze Afrikas nach Westen, steht die Sonne im Norden.

Die ägyptischen Ärzte

Das hohe Ansehen der ägyptischen Ärzte beschränkte sich nicht nur auf das eigene Reich, sondern war in der gesamten antiken Welt verbreitet. Berühmte Ärzte wie etwa der Grieche Hippokrates oder der Römer Galen, die als Begründer der modernen Medizin gelten, griffen auf das Wissen ihrer ägyptischen Kollegen zurück. Die heutige Medizin begann vermutlich nicht bei den Griechen, sondern bereits bei den Ägyptern. Die ägyptische Medizin ging auf praktische Erfahrungen zurück und verfolgte trotz aller Magie häufig wissenschaftliche Ansätze. Etwa ein Dutzend medizinischer Papyri haben sich aus dem Reich der Pharaonen erhalten, einige der bedeutenden Ärzte sind sogar namentlich bekannt.

Der erste heute noch faßbare Arzt war Imhotep (der Zufriedenheit gibt), der um 2800 v. Chr. als Weiser im Tempel von Memphis tätig war. Pharao Sahure aus der 5. Dynastie beschäftigte gleich mehrere heute noch bekannte Ärzte, sein persönlicher Oberarzt hieß Ne'anchsachmet, ein zweiter Arzt mit dem Namen Chui war »Oberster der Ärzte von Ober- und Unterägypten«. An die großen Kultzentren waren schon im Alten Reich höhere Ausbildungszentren, Universitäten ähnlich, angeschlossen, zu denen auch große medizinische Bildungsstätten gehörten. Der angehende Arzt oder »sumu« erlernte seine Kunst in den Häusern des Lebens, und es wurde von ihm verlangt, sowohl mit der Magie als auch mit der Fähigkeit der exakten Beobachtung vertraut zu sein. Gleichzeitig mußte er eine Fülle von Rezepten zur Herstellung von Heilmitteln kennen. Der Papyrus Ebers beschreibt zum Beispiel etwa 900 nachvollziehbare Rezepte für Medikamente auf der Grundlage von Pflanzen und Mineralien. Ärzte mußten hervorragende Pflanzenkenner sein. Gegen Schmerzen wurde auf das ägyptische Bilsenkraut verwiesen, aus dem Chemiker in unserem Jahrhundert einen Wirkstoff mit lähmender Wirkung auf das Nervensystem isolierten. Bemerkenswert ist ein Rezept gegen das übermäßige Schreien von Kleinkindern. Der geplagten Mutter wurde eine Mischung von

Den ägyptischen Ärzten stand eine Vielzahl von Instrumenten zur Verfügung. Sie unterschieden sich, wie der dargestellte Instrumentenschrank zeigt, oft nicht von den ärztlichen Instrumenten unserer Zeit.

Schrank mit medizinischen Instrumenten in einem Votivrelief Kaiser Trajans; Kom Ombo, Tempelmauer des äußeren Umgangs

Fliegendreck und Mohn empfohlen, die das Kind zum Schlafen bringen sollte. Mohnsaft enthält Morphium mit beruhigenden und schmerzlösenden Wirkungen. Diese Erfahrungen der frühen Ärzte wurden allerdings erst Jahrtausende später von der Wissenschaft bestätigt. Im Blut einer bestimmten Fledermausart, das manchmal verordnet wurde, fanden sich sogar hohe Kortisonkonzentrationen. Die ägyptischen Ärzte hatten einfach ausprobiert und dann genau beobachtet. Ihnen mußte ebenfalls ein vages Wissen über die Wirkungsweise unterschiedlicher Dosierungen bekannt gewesen sein, denn sie beschrieben, daß Heilmittel genau zu wiegen und zu vermessen seien. Einzelne Pflanzenwirkstoffe wurden wahrscheinlich sogar an Sklaven getestet, denn es werden auch Heilpflanzen genannt, deren Inhaltsstoffe in einer falschen Dosierung zum Tode führten. Andere Heilpflanzen durften nur zu bestimmten Zeiten verordnet werden. Auch hier fand die Wissenschaft später heraus, daß solche Pflanzen nur zu bestimmten Jahreszeiten verstärkt Wirkstoffe produzieren.

Diagnose und Therapie

Wurde dem Arzt ein Patient zugeführt, so machte er wie in unserer Zeit zuerst seine Diagnose. Die Ärzte glaubten, einem Menschen eine Krankheit ansehen zu können, daneben besaßen sie Techniken, um den Körper abzutasten, und auch Ausscheidungen wie Stuhl und Urin wurden untersucht. Man prüfte zum Beispiel unter dem Finger, ob der Magen »hin und her geht wie das Öl in einem Schlauch«. Intensiv wurde auch der Puls betastet, denn es war bekannt, daß das Herz »aus den Gefäßen jedes Gliedes spricht«. War sich der Arzt sicher, die Erkrankung erkannt zu haben, teilte er mit: »Ich werde die Erkrankung behandeln!«, »Ich werde mit der Erkrankung kämpfen!« oder »Ich kann die Erkrankung nicht behandeln!« Anschließend wurden Behandlungsanweisungen gegeben, und es folgte wie in unserer Zeit die Therapie. Das Ethos der Ärzte war hoch und sie behandelten auch Patienten, die sie nicht heilen konnten. Bei einer bestimmten Schädelverletzung gab es folgende Vorgehensweise: » Anweisung für eine Wunde an der Schläfe: Wenn du einen Mann mit einer Wunde an der Schläfe in Behandlung nimmst – jene Wunde klafft nicht, aber sie geht bis auf den Knochen –

dann sollst du seine Wunde untersuchen. Findest du sein Schläfenbein unverletzt, dann sollst du dazu sagen: ›Er hat eine Wunde an der Schläfe, ein Leiden, das ich behandle.‹ Verbinde ihn am ersten Tag mit frischem Fleisch, nachher behandle ihn täglich mit Salbe und Honig, bis er gesundet.« Hatte der Patient dagegen beispielsweise einen Schädelbruch, so bemerkte der Arzt nach seiner Untersuchung und Diagnose: »Ein Leiden, das nicht heilbar ist.« Er reinigte deshalb nur die Wunde und bestrich sie mit Salbe. Danach entschied er zu warten, bis es zu einer Wende kam, um dann seine Behandlung fortzusetzen und eventuell zu sagen: »Ich werde mit der Erkrankung kämpfen!«

Böse Geister und schlechte Säfte

Zu einer Behandlung gehörten noch zahlreiche magische Rituale. Wurden beispielsweise Zaubersprüche aufgesagt, verbesserte sich angeblich der Heilungserfolg. Zu vielen Arzneimitteln gehörten deshalb völlig unnütze Wirkstoffe, die angeblich magische Wirkung hatten. In einer Anweisung für ein Medikament waren einmal 37 verschiedene Zutaten vermerkt. Bei den Ursachen von Krankheiten spielte nach den Krankheitsvorstellungen dieser Zeit auch der Einfluß von bösen Geistern, die im Körper wüteten, eine Rolle. Den Arzneimitteln mußten deshalb abscheuliche Substanzen beigemischt werden. Exkremente von Tieren und andere ekelhafte Zutaten wurden mit echten Wirkstoffen vermengt, um dem bösen Geist das Leben im Patienten unerträglich zu machen. Beliebt war deshalb »Fliegendreck, der an der Wand sitzt.« Wenn bei komplizierten inneren Erkrankungen die Ärzte nicht mehr weiterwußten, griffen sie schließlich völlig zur Magie.

Überraschenderweise besaßen die Ärzte keine guten anatomischen Kenntnisse. Diese Beobachtung erstaunt zunächst, denn täglich wurden im alten Ägypten Leichen zur Mumifizierung geöffnet. Für die Kunst der Mumifizierung waren allerdings keine Ärzte, sondern spezialisierte Priester zuständig, und die Leiche wurde nach dem Tod ausschließlich aus religiösen, und nicht aus wissenschaftlichen Gründen auf den Weg in das Jenseits vorbereitet, dabei sollte allein der äußere Körper erhalten bleiben. Unter der Ärzteschaft setzten schon recht früh Spezialisierungen in einzelne Fachgebiete ein. Der Arzt Hesy-Re unter Pharao Djoser (3. Dynastie) war zum Beispiel Zahnarzt. Mumienanalysen zeigten, daß ägyptische Zahnärzte Abszesse anbohrten, Zähne zogen, Zähne mit Golddrähten befestigten und Zahnlöcher mit verklebtem Staub aus Mineralien auffüllten. Es gab neben anderen Spezialisten noch Augenärzte, Frauenärzte, Ärzte für innere Erkrankungen und recht erfolgreiche Chirurgen mit einer guten Ausstattung an Instrumenten. Der Arzt Iry führte während der 4. Dynastie den Titel: »Hüter des königlichen Darmausganges«, und der Chirurg Sekhet-Enanach erhielt einen Gedenkstein, weil er dem Pharao an der oberen Luftröhre Luft verschafft hatte. Um kranke Tiere kümmerten sich schließlich Tierärzte. Die große Zahl der Arbeiterschaft, die bei den zahlreichen Gemeinschaftsprojekten tätig war, wurde von »Amtsärzten« überwacht und gegen mögliche Seuchen mit regelmäßigen Rationen aus Rettich, Zwiebeln und Knoblauch versorgt. Alle diese Pflanzen enthalten antibakterielle Inhaltsstoffe.

Das kulturelle Leben

Schrift und Literatur

Die Schrift der Ägypter war eine eigenständige Erfindung und entwickelte sich unabhängig von den anderen Schriften der frühen Hochkulturen des Orients. Sie hatte bereits in frühester Zeit ihre volle Reife erlangt, so daß angenommen werden muß, daß die Anfänge der Schriftentwicklung sehr weit zurückreichen. Für die Ägypter selbst war die Erfindung der Schrift keine geniale menschliche Leistung, sondern ein Geschenk der Götter. Gott Thot hatte nach ihren Vorstellungen vor über 10 000 Jahren die Schrift sowie alle Künste und Weisheiten erfunden und sie dann an die Menschen weitergegeben.

Die ägyptische Schrift ist vordergründig eine Bilderschrift und bedient sich bestimmter Bildzeichen, von den Griechen Hieroglyphen genannt. Es sind heute etwa 800 Hieroglyphen bekannt, deren Bilder sich aus der Natur, der Umwelt der Menschen oder den Produkten der menschlichen Aktivitäten abgeleitet haben. Bildzeichen werden allerdings nicht konsequent auf ein bestimmtes Wort bezogen. Da es schwierig ist, zum Beispiel komplizierte Ereignisse und Abläufe ausschließlich durch Bildzeichen auszudrücken und für jedes Wort einer Sprache ein Bild zu finden, gibt es zahlreiche Hilfsmittel, um die volle Aussagekraft dieser Schrift zu erreichen. Schon früh hatte die Schrift zur besseren Verdeutlichung ihrer Aussage Kombinationen aus Wortzeichen, etwa mit einem Piktogramm vergleichbar, sowie zugeordneten Lautzeichen entwickelt. Für ein Wort, das zeichnerisch nicht darstellbar war, wurde das Zeichen eines anderen Wortes gewählt, das ähnlich klang, aber nicht verwandt war. Der Sinn ergab sich dann aus Zuordnungen. Durch die erfindungsreiche Kombination von solchen unterschiedlichen Zeichen konnte der gebildete Ägypter fließend lesen und auch abstrakte Begriffe ausdrücken.

»Urlaub« kann zum Beispiel als ein abstrakter Begriff kaum bildlich dargestellt werden, im Sinne der Lautähnlichkeit wäre aber nach der Strategie der Ägypter folgende Lösung denkbar: das Zeichen für »Uhr« und das Zeichen für »Laub« könnten in der deutschen Sprache in ihrer Kombination lautmäßig »Urlaub« ausdrücken. Alle Bildzeichen »blicken« bei ägyptischen Texten zum Zeilenanfang, so daß der Leser weiß, wo der Text beginnt. Eine strenge Orthographie gab es bei Hieroglyphen nicht. Sie mußten nur schön anzuschauen sein und im Gesamtbild der Schrift Harmonie ausstrahlen. Als ein Geschenk der Götter blieben die Hieroglyphen bis zum Ende der Hochkultur eine Monumentalschrift und eine Dokumentenschrift mit ästhetischem Charakter. Sie dokumentierten den amtlichen Willen des Staates, hatten allerdings als Alltagsschrift nur eine untergeordnete Bedeutung. In der Praxis kam für sie eher der Meißel des Bildhauers als die Feder eines Schreibers in Betracht.

Alltags-Hieroglyphen

Bereits zur Zeit der 1. Dynastie wurden Hieroglyphen auch in einer vereinfachten Form geschrieben. Die Schreiber hatten im Alltagsgeschäft nicht die Muse, auf Schönheit zu achten, sondern mußten rasch Fakten oder Ereignisse dokumentieren. Die komplizierten Bildzeichen wurden deshalb vermehrt

Pharao Sethos I. vor einem Opfertisch. Der Herrscher trägt kostbare Kleidung und die Insignien seiner Macht. Die Abbildung wurde nach einem Original angefertigt und verdeutlicht die ursprüngliche Farbenpracht der ägyptischen Kunst.

Sethos I. vor einem Opfertisch, West-Theben, Tal der Könige, Grab Sethos' I., 19. Dynastie, um 1285 v. Chr.; Farblithographie nach: G. B. Belzoni, Narrative of the operations and recent discoveries in Egypt and Nubia, London 1820

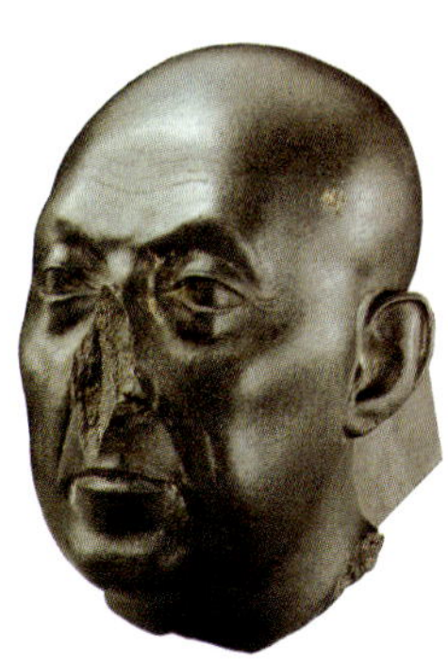

Beschriebene Scherbe (Ostrakon) mit einem Text in hieratischer Schrift. Dem Empfänger wird vorgeworfen, er würde anstatt zu arbeiten, »in der Wüste tanzen«. Die hieratische Schrift war für den Alltag bestimmt und nicht so aufwendig wie die Schrift in Hieroglyphen.

Ostrakon, West-Theben, Neues Reich, späte 19. Dynastie, um 1200 v. Chr., Keramik, Länge 12 cm, Breite 7 cm; Luxor, Ägyptische Altertümerbehörde, Q 656/3

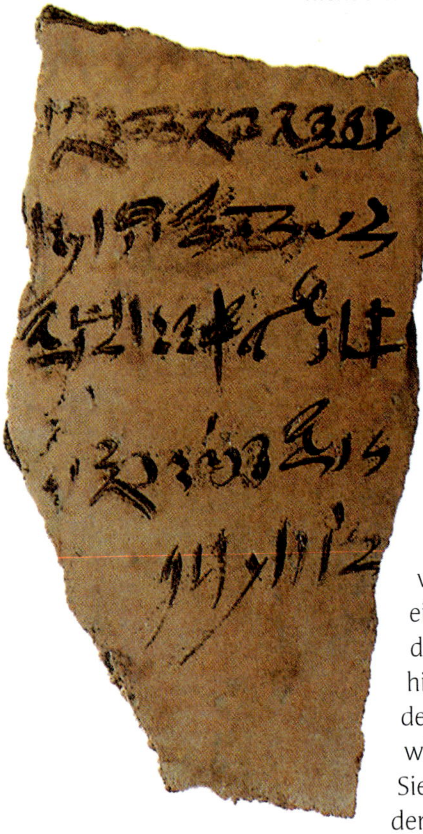

zurückgenommen, und es entstand mit der Zeit eine Schreibschrift, wie sie etwa für Papyrustexte verwendet wurde. In der Schreibschrift sind die Bildzeichen der Hieroglyphen kaum noch zu erkennen und treten zugunsten der Dokumentation ihres Lautwertes zurück. Zum Verständnis dieser praktischen Schreibschrift gibt es Laut- und Deutzeichen, und erst die Kombination von beidem macht den Text lesbar und damit verständlich. Etwa 100 Deutzeichen sind heute noch bekannt. Bei der vereinfachten ägyptischen Schriftform wurden nur Konsonanten eines Wortes aufgeschrieben, während die Vokale fehlten. Deutzeichen bildeten eine Verständnishilfe. Aufgrund dieser Schreibtechnik kann die Wissenschaft heute nicht sicher sagen, wie die Ägypter die Worte ihrer Sprache einst tatsächlich ausgesprochen haben.

Aus der vereinfachten Schrift entwickelte sich im Verlauf der Geschichte die hieratische Schrift, die insbesondere während des Neuen Reiches zur Schriftform des Alltages wurde, so daß im Staat sowohl die hieratische Schrift als auch die klassische Hieroglyphenschrift nebeneinander existierten. Etwa im 7. Jahrhundert v. Chr. machten sich noch einmal Vereinfachungstendenzen bemerkbar, und die hieratische Schrift wurde zur demotischen Schrift fortentwickelt, zur Schrift des Volkes. Sie war eine Art Stenographie der hieratischen Schrift. Etwa im 4. oder 5. Jahrhundert n. Chr. ging die Fähigkeit verloren, in Hieroglyphen zu schreiben.

Heute können Ägyptologen mühelos Texte aus allen Epochen der alten Hochkultur lesen, wozu Napoleon einen großen Anteil beitrug. Während seines Ägyptenfeldzuges wurde 1799 bei Rosetta an der Mündung des westlichen Nilarms der »Stein von Rosetta« gefunden. Er trägt eine Inschrift in griechischer und demotischer Schrift sowie in Hieroglyphen. Dem genialen französischen Gelehrten Jean François Champollion, der bereits als Kind mehrere Sprachen fließend beherrschte, gelang schließlich durch den Vergleich die Entzifferung der beiden ägyptischen Schriften. Seine Untersuchungen veröffentlichte er am 22. September 1822 und leitete damit die Geburt der Ägyptologie ein, der Wissenschaft vom Alten Ägypten.

Jenseitsliteratur und Kultdramen

Die altägyptische Hochkultur hat der Menschheit nicht nur große Werke der Kunst und Architektur, sondern auch eine bedeutende Literatur hinterlassen. Die Ägypter liebten das geschriebene Wort, und es liegt deshalb nahe, daß sie nicht nur Berge von Akten, sondern auch literarische Werke schufen. In jedem Tempel gab es ein »Lebenshaus«, ein Schreibbüro, in dem nicht nur überwiegend Akten, sondern auch theologische Bücher, wissenschaftliche Werke und schöne Literatur produziert wurden. Im »Haus der Buchrollen«, das sich ebenfalls in jedem Tempel befand, wurden diese Werke dann wie in einer Bibliothek archiviert. Die altägyptische Literatur war sehr heterogen, kann aber

Die komplizierte Hieroglyphenschrift wurde für Texte auf Papyrus zugunsten einer eleganten und schnellen Schreibschrift vereinfacht. Dabei wurde mit einer speziellen Schreibbinse geschrieben.

Detail aus dem Totenbuch des Maiherperi, Theben, Tal der Könige, Neues Reich, 18. Dynastie, Länge 117,5 cm, Höhe 35 cm; Kairo, Ägyptisches Museum

dennoch in verschiedene Gattungen untergliedert werden. Es gab eine Totenliteratur oder auch Jenseitsliteratur, die den Verstorbenen mit ins Grab gegeben wurde oder deren Texte das Grab schmückten. Diese Literatur sollte dem Verstorbenen vor dem Totengericht Hilfestellung leisten.

Den Dienst im Tempel versahen die Priester nach einer eigenständigen Kultliteratur, in etwa mit einem heutigen Meßbuch vergleichbar. In den Texten der Kultliteratur waren neben theologischem Wissen noch Hymnen und Lieder zu Ehren der Götter aufgezeichnet. Erhalten sind aus der Kultliteratur auch Fragmente von Kultdramen mit Sprechtexten und Regieanweisungen für Schauspieler. In diesen Dramen wurden beispielsweise Ereignisse aus der Geschichte der Götterwelt nachgespielt. Aus weltlicher Sicht gab es auch eine »Kultliteratur« zur Verherrlichung des Pharaos. Schreiber mußten regelmäßig die für sie niemals unwichtigen Leistungen und Entscheidungen der Herrscher in Annalen und Königsnovellen festhalten, um sie somit kommenden Generationen mitzuteilen. Diese Aufzeichnungen ersetzten die Geschichtsschreibung. Mit einer reichen Zauberliteratur wurde schließlich dem Hang der Ägypter zum Magischen und Mystischen Genüge getan.

Bei der Weisheitsliteratur können sogar die Namen von Autoren oftmals noch ausfindig gemacht werden. In dieser Form der Literatur wurden Lebenslehren und Lebensphilosophien aufgezeichnet. Meist sprach dabei ein Lehrer zu einem Schüler oder ein Vater zu seinem Sohn und teilte ihm mit, wie das Leben ohne Fehl und Tadel zu meistern sei. Schüler oder Sohn sollten erzogen werden und erhielten gleichzeitig Lektionen in Sitte und Anstand. Dies wurde in Ägypten sehr ernst genommen. Zur Weisheitsliteratur können auch Biographien gezählt werden, in denen einzelne Personen in idealisierter Form mitteilten, wie tadellos ihr Leben doch verlaufen sei und welche großen Erfolge sie erzielt hätten.

Lyrik und Epik

Dieser unvollständigen Aufzählung von literarischen Formen und Gattungen sollen zuletzt noch die schöne Literatur und die Lyrik der Ägypter gegenübergestellt werden. Leider würde es den Rahmen des vorliegenden Buches sprengen,

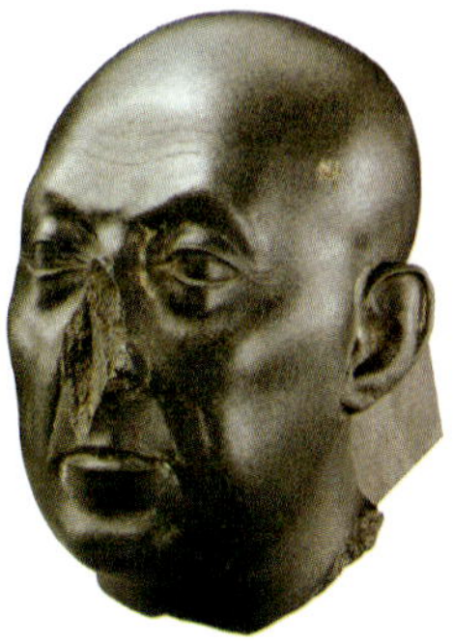

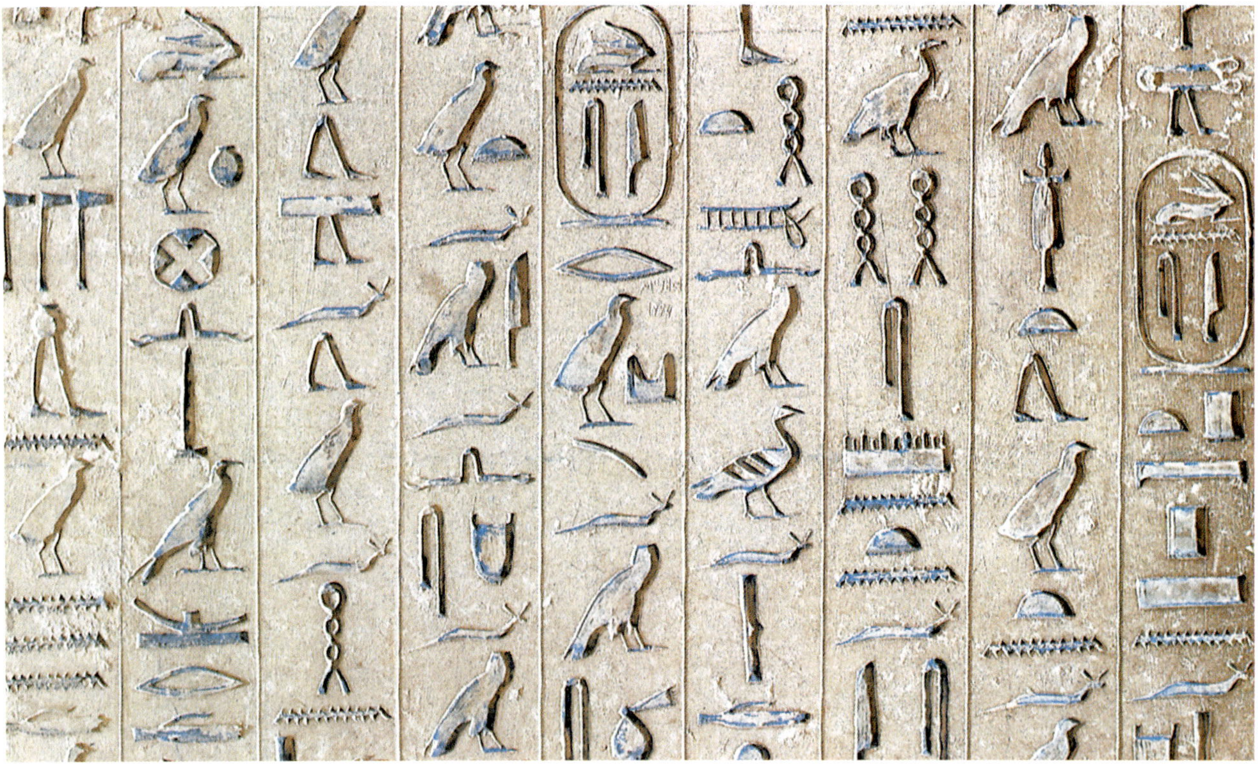

auf die vielfältige schöne Literatur der Menschen am Nil näher einzugehen. Zahlreiche Werke belegen, daß nicht nur phantasievolle Geschichten erfunden wurden, sondern auch der Schönheit der Sprache eine große Bedeutung zukam. Gute Autoren mußten einfach einen eleganten Stil schreiben, wenn er auch nach unseren modernen Empfindungen häufig etwas schwülstig geraten sein mag. In der Bevölkerung wurden durch mündliche Überlieferung noch zahlreiche Märchen und Geschichten zur Unterhaltung erzählt. Die Ägypter haben sicherlich die Weltliteratur bereichert und vermutlich die Rahmenerzählung, den Schelmenroman und die Schachtelgeschichte erfunden. Auf die israelische Literatur und damit auch auf das Alte Testament sowie auf die Literatur von manchen asiatischen Nachbarstaaten übten sie eine große Anziehungskraft aus. Verschiedene Formen und Themen ihres Schaffens übertrugen sich bis in die griechisch-römische Literatur, so daß einzelne Aspekte noch in der Gegenwart fortbestehen. Da die schöne Literatur nur bruchstückhaft erhalten ist, wird die wahre Bedeutung der altägyptischen Literatur oft unterschätzt. Die Erzählfreude der heutigen arabischen Völker geht sehr wahrscheinlich auf ein uraltes Fundament zurück.

Magie und Wissenschaft

Am Anfang der menschlichen Kulturentwicklung waren Magie und Wissenschaft nicht auseinanderzuhalten, denn beide Sichtweisen konnten dem Menschen die Welt beschreiben. Die Magie machte die Sicht der Welt sogar einfacher, denn komplizierte Zusammenhänge mußten nicht zuerst erklärt werden, sondern ließen sich zur vollen Zufriedenheit direkt magisch verdeutlichen. Die Ägypter gehörten zu den ersten Kulturen, die sich für ein Verständnis der Welt nicht mehr ausschließlich auf magische Erklärungen verlassen wollten. Sie blieben zwar dem Glauben an Magie und Zauberei treu, aber sie beobachteten ihre Umwelt und die gesamte Natur dennoch zusätzlich unbefangen und sammelten erste objektive Erfahrungen, die sie nicht für sich behielten, sondern dank ihrer straffen Organisation weitergaben. Ihr Sinn für das Praktische machte ihnen klar, daß solche Vorgehensweisen Vorteile brachten. Magische Erklärungen gerieten auf diese Weise mit der unvoreingenommenen Beobachtung in Konkurrenz und bestimmten nicht mehr uneingeschränkt das Leben. Dennoch blieb die Magie während der gesamten ägyptischen Geschichte ein Teil des alltäglichen Lebens.

Aus einem reichen Erfahrungsschatz von Beobachtungen wurden mit der Zeit unabhängig von jeder Magie Zusammenhänge erkannt und der Grundstein zur Entwicklung einer Wissenschaft gelegt. Insgesamt stellt die ägyptische Wissenschaft eines der frühesten Stadien der Wissenschaftsentwicklung dar. Die Gelehrsamkeit wurde allerdings weniger von der prinzipiellen Suche nach Erkenntnis getragen, sondern der einzelne wollte in der gesellschaftlichen Hierarchie vorankommen. Erst der gebildete Mensch war für die Ägypter ein anerkannter Mensch, den die Götter schätzten. Götter hatten die Welt erschaffen, deshalb mußte die Welt auch für den Menschen verständlich sein und die Wissenschaft neben der Magie einen Sinn haben. Die wissenschaftlichen Qualitäten der Griechen erreichten die Ägypter jedoch nicht.

Mathematik und Astronomie

Zahlreiche Papyrustexte belegen, daß die Ägypter mathematische Studien überwiegend vor dem Hintergrund der praktischen Anwendung betrieben. Da die Wirtschaft über Tauschgeschäfte funktionierte, waren ständig Umrechnungen notwendig, und alle vier Grundrechenarten (Addieren, Subtrahieren, Multiplizieren, Dividieren) wurden beherrscht. Mit Brüchen wurde ebenfalls bereits gerechnet. Der Wert von Zahlen wurde nicht über das Stellensystem (1, 10, 100 etc.) ausgedrückt, sondern wie später bei den Römern über besondere Zeichen. Grundzüge der Geometrie waren bekannt, denn Ackerflächen und Bauwerke wurden exakt vermessen. Die Kreiszahl »phi« bestimmten sie genau bis auf den Wert von 3,16. Aus der Erfahrung heraus konnten sie den rechten Winkel bilden, die Formulierung des »Lehrsatzes des Pythagoras« gelang allerdings nicht. Ihre Architekturen waren perfekt durchkonstruiert, in der Ausrichtung der Pyramiden gab es keinerlei Fehler. Für den Handel und das Handwerk wurden Maße und Gewichtseinheiten eingeführt, deren Einhaltung der Staat kontrollierte.

In Ihren astronomischen Kenntnissen waren die Ägypter den Babyloniern unterlegen. Dennoch gab es beachtliche Leistungen. Durch die regelmäßig wiederkehrenden Nilüberflutungen gelang es ihnen einen Kalender mit Tages- und Jahreseinteilung zu erstellen. Das ägyp-

Hieroglyphen hatten auch eine ästhetische Funktion zu erfüllen und wurden auf Dokumenten besonders sorgfältig ausgeführt. Im Grab des Pharao Unas sind auf den Pyramidentexten noch Reste der blauen Farbe zu erkennen, die eine Farbe der Götter und des Himmels war.

Pyramidentexte, aus den Innenräumen der Pyramide von König Unas, Altes Reich, 5. Dynastie

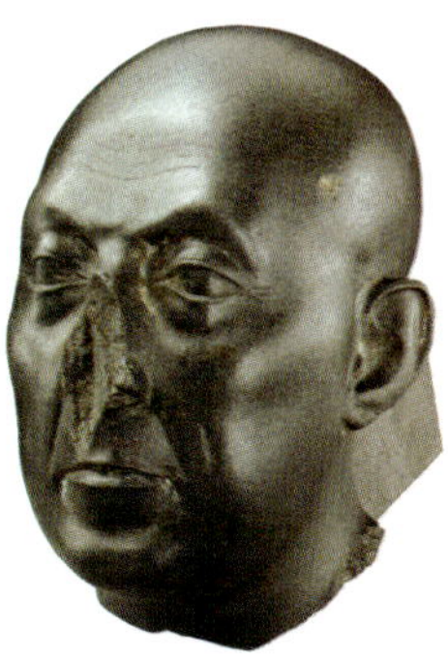

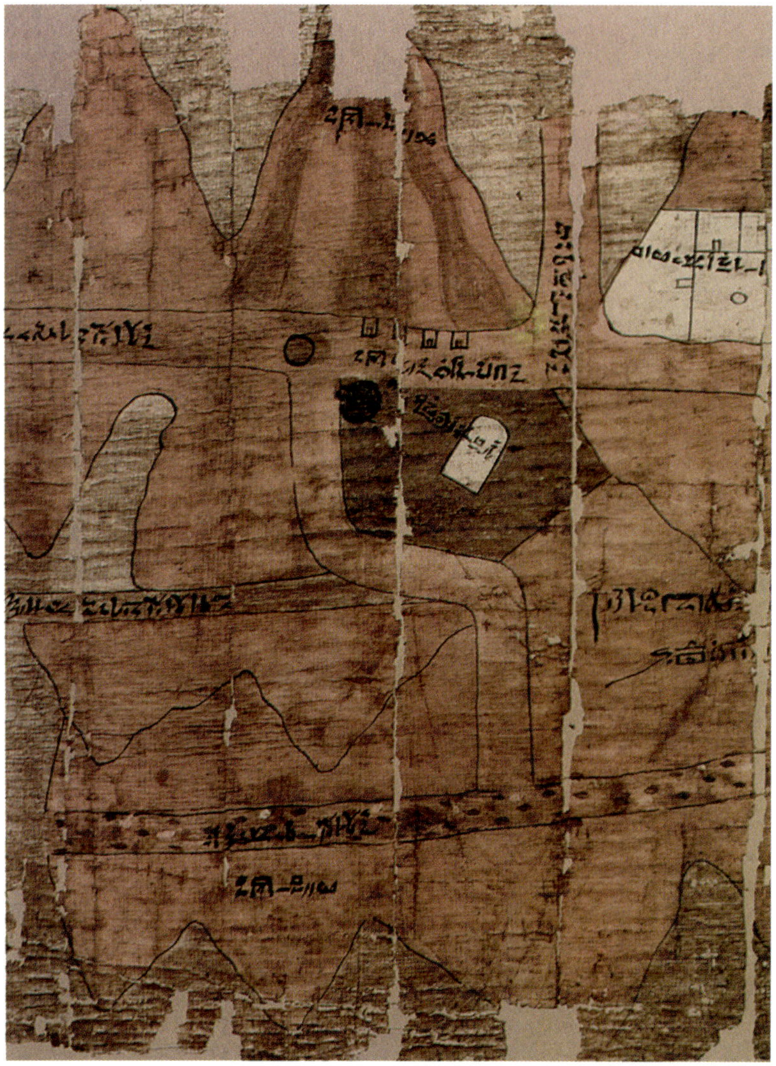

Aus dem alten Ägypten ist nur noch eine einzige bekannte Landkarte erhalten. Sie zeigt ein Gebiet mit Goldminen im heutigen Wadi Hammamat. Wege und Goldadern sind mit Schriftzeichen markiert, Arbeiterhäuser sowie Brunnen und ein Tempel mit Farben.

tische Jahr zählte 365 Tage. Die Länge des tatsächlichen Sonnenjahres beträgt jedoch 365,25 Tage. Diese Tatsache war den Ägyptern bewußt und sie führten zum Ausgleich die »Sothis-Periode« ein. Da das Sonnenjahr einen viertel Tag länger war als ihr Kalenderjahr, mußten sich für sie mit der Zeit bestimmte festgelegte Ereignisse im Kalenderjahr verschieben, im Verlauf der Jahrhunderte etwa die Monate des Beginns der Nilflut. Die »Sothis-Periode« umfaßte 1460 Jahre und zeigte die jeweilige Übereinstimmung von Sonnenjahr und Kalenderjahr, Verschiebungen konnten nun korrigiert werden. Sterne und Sternbilder wurden damals entdeckt und beschrieben. Eine wichtige Funktion erfüllte der Stern Sirius oder Sothis, der mit seinem Erscheinen die Nilflut ankündigte. Der Tag und die Nacht wurden unter dem Einsatz von verschiedenen Hilfsmitteln in jeweils zwölf Stunden eingeteilt. Während der 18. Dynastie erfand ein Mann mit dem Namen Amenemhet die Wasseruhr, die alle Probleme der Stundeneinteilung löste. Die Erfindung wurde als so bedeutend angesehen, daß sogar der Pharao eine Belobigung aussprach.

Aufgrund des hohen Niveaus der Metallverarbeitung sowie der Keramik- und Glasherstellung können auch Grundkenntnisse in der Chemie angenommen werden, denen jedoch die Systematik fehlte. Zoologisches, botanisches und geographisches Wissen war ebenfalls vorhanden. Es wurden auch Landkarten erstellt, und Thutmosis III. ließ auf einer Tempelwand sogar Pflanzen aus den eroberten syrischen Gebieten darstellen. Am höchsten war der wissenschaftliche Standard sicherlich in der Medizin und am niedrigsten wahrscheinlich in den Gesellschaftswissenschaften, da hieran kaum Interesse bestand. Besondere Aufmerksamkeit brachte man dagegen den Sprachen entgegen. Die Entwicklung der eigenen Sprache wurde dokumentiert, weshalb noch in der Spätzeit Inschriften in einem 3000 Jahre älteren Sprachstil verfaßt werden konnten. Zur Philosophie fanden die Ägypter wenig Zugang, hierin waren die Griechen die Meister der Antike.

Technische Entwicklungen und Spitzenleistungen

Die Ägypter waren Menschen der Praxis und nicht der Theorie. Sie drangen nicht wie die Griechen zu philosophischen Tiefen vor, sondern waren zufrieden, wenn sie für Probleme einen praktischen Lösungsweg gefunden hatten. Es genügte ihnen eine einzelne, zufriedenstellende Lösung, dann wurden alternative Lösungswege selten weiterverfolgt. Systematische Forschungsarbeiten wurden höchstens von einzelnen Menschen betrieben und fanden in der Bevölkerung keinen besonderen Widerhall. Die Gesellschaft interessierte sich für eine angewandte Forschung durch Herumprobieren und nicht für eine Grundlagenforschung aus der Theorie heraus. Bei technischen Entwicklungen gab es deshalb durch praktische Interessen geleitete, herausragende Spitzenleistungen, denen wiederum geringe Kenntnisse auf weniger benötigten Gebieten entgegenstanden.

Die Gesetze der Mechanik waren den Ägyptern zum Beispiel in Grundlagen bekannt, wurden allerdings nicht systematisch ausgewertet. Drehbewegungen fanden in der Drehscheibe der Töpfer, in Bohrgeräten sowie im Rad der Kampfwagen ihre wichtigsten Anwendungsformen. Für Schwertransporte wurde dagegen nicht die Rolle eingesetzt, und die Arbeiter mußten sich mit dem Schlitten auf schlammigem Untergrund begnügen. Schiffsrümpfe wurden durch miteinander verdrehte Seile zusammengehalten, und durch das Verdrillen von Seilen preßte man auch Trauben in Säcken für den Wein aus. Eine Entwicklung hin zum Zahnrad gab es trotz guter Kenntnisse der Drehbewegung aber nicht. Hebelgesetze wurden aus der Praxis heraus abgeleitet, jedoch nicht konsequent erforscht. Das Hebelprinzip war die Grundlage der Waage, es gab in Ägypten bereits genormte Gewichte. Mit Hebeln wurden darüber hinaus schwere Lasten angehoben und befördert, aber auch das Wasser aus den Brunnen geschöpft. Dennoch wurde der Flaschenzug nicht erfunden, Kombinationen aus Rolle und Seil blieben unbekannt.

Der Totenkult und die Verehrung der Götter machten es notwendig, für die Ewigkeit zu bauen. Dieses Problem beflügelte die Architekten und brachte den genialen Baumeister Imhotep dazu, für Pharao Djoser (3. Dynastie) die erste Pyramide aus Stein zu errichten. Während sich andere Völker mit vergänglichen lehmgetrockneten Ziegeln als Baumaterial abmühten, schufen die Ägypter erste Monumentalarchitekturen aus dem dauerhaften Stein. Sie

Lebensmittel wurden meist in Amphoren aus Ton aufbewahrt. Die gefüllten Vorratsgefäße wurden mit einem Deckel oder Tuch abgedeckt und mit einem Lehmstopfen verschlossen. Bei guter Lagerung hielten sich auch verderbliche Lebensmittel über längere Zeit.

Amphore, Grab des Cha, West-Theben, Neues Reich, 18. Dynastie, um 1400 v. Chr., Ton, Höhe 58 cm, Durchmesser 25 cm; Turin, Museo Egizio, Suppl. 8526

Links: Einzige bekannte Landkarte aus dem alten Ägypten; Turin, Ägyptisches Museum

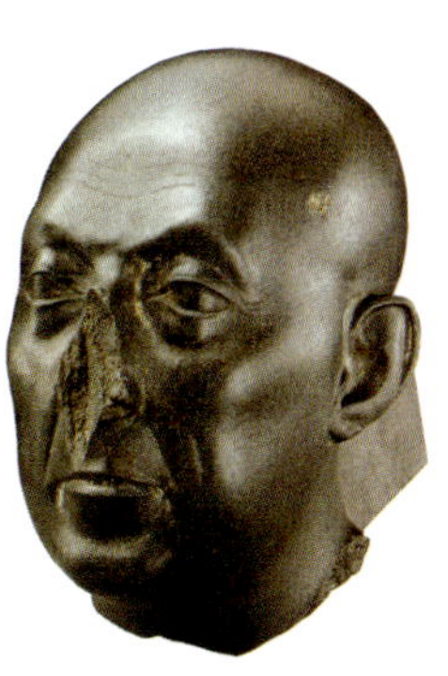

Konnten die experimentierfreudigen Ägypter Segelflugzeuge bauen? – das abgebildete Modell spricht dafür. Schwanzkonstruktion und Flügelansatz verraten, daß sein Vorbild kein Vogel war.

Antikes Flugobjekt, 200 v. Chr., Sykomorenholz, Länge 18 cm, Gewicht 30 g; Kairo, Ägyptisches Museum

setzten dabei Richtlinien des Bauhandwerks und der Architekturentwicklung. Ohne jedes Vorbild mußten sie neuartige Techniken entwickeln und erproben. Religiöse Ideen erwiesen sich in Ägypten stets als hoch innovativ für die Technik, und manche revolutionäre Entwicklung diente allein der Grabgestaltung. Steine waren dauerhaft, aber niemand kam auf die Idee, die Städte der Lebenden ebenfalls aus Steinen und nicht aus den sonst üblichen luftgetrockneten Ziegeln zu bauen. Erst im Neuen Reich gab es gebrannte Ziegel als Straßenpflaster. Der Tempelbau und die Grabanlagen waren ein Motor des Fortschritts. Eine Wasserleitung aus Kupferrohren von etwa 400 Metern Länge wurde bereits in einem Tempel bei der Pyramide von Pharao Sahure (5. Dynastie) verlegt. Ägyptische Maurer konnten echte Gewölbe von mehreren Metern Spannweite errichten und schufen eindrucksvolle Dachkonstruktionen. Optimale Ziegelformen und Ziegelgrößen sowie die richtige Verteilung von Mörtel und Ziegeln waren schon im Alten Reich bekannt und gestatteten den Bau von Mauern mit einer guten Standfestigkeit. Erfahrungen aus dem Bau von Grabanlagen wurden für den Tunnelbau übernommen. Die Ägypter waren talentierte Bergbauingenieure. Sie beherrschten den Untertagebau und schufen Schächte von bis zu sechs Meter Durchmesser, von denen ein System von Stollen ausging.

Neben tiefen Schächten wurden auch lange Kanäle gegraben. Parallel zum Nil verliefen Seitenkanäle, und zwischen dem Nildelta und dem Roten Meer gab es sogar einen Vorläufer des heutigen Suez-Kanals. Der erste künstliche Staudamm der Menschheitsgeschichte wurde um 2800 v. Chr. am Nil aufgeschüttet, zu seiner Planung und Durchführung kam es sogar zur Gründung eines »Bewässerungsamtes«. In Oberägypten gab es zur Pharaonenzeit über eine Strecke von 350 Kilometern eine befestigte Straße, die quer durch die Wüste bis zum Roten Meer verlief. Eine andere Straße sicherte die Handelsverbindungen vom Nil bis zum Tschad-See. Ein komplettes Straßennetz war an den Horus-Weg angeschlossen, der zu den asiatischen Gebieten des Reiches führte. Vor dem Beginn von großen Bauobjekten nahmen spezialisierte Beamte umfangreiche Vermessungsarbeiten von höchster Präzision vor. Die Pyramiden sind zum Beispiel perfekt nach der Position von Gestirnen ausgerichtet. Beim Bau ihrer Pyramiden haben die Ägypter regelmäßig aus Fehlern ihrer älteren Bauanlagen gelernt und Konstruktionsmerkmale wie etwa den Neigungswinkel verbessert.

Ägyptischer Erfindungsgeist

Einen großen Erfindungsreichtum bewiesen zu allen Zeiten die ägyptischen Handwerker. Sie verbesserten immer wieder ihre Arbeitsgeräte und produzierten Gegenstände, die noch heute jeden Qualitätsstandard erfüllen. Ägyp-

Der vergoldete Prunkwagen von Tut-anch-amun ist ein Meisterwerk der Handwerkskunst und zeigt gleichzeitig den hohen Entwicklungsstand des Wagenbaus. Durch ihre Kampfwagen war die ägyptische Armee sehr beweglich.

Prunkwagen des Königs Tut-anch-amun, Blattgold, Inkrustationen aus Glaspaste, Halbedelsteine; Kairo, Ägyptisches Museum (Eberhard Thiem, Lotos Film, Kaufbeuren)

tische Chirurgen besaßen zum Beispiel Pinzetten und andere Geräte, die sogar in unserer Zeit noch verwendet werden könnten. Für Verstorbene wurden in manchen Fällen Prothesen angefertigt, damit sie sich im Jenseits über einen intakten Körper erfreuen konnten. Einige Goldschmiedearbeiten zählen noch heute zu den besten der Welt. Als ein Beispiel der exakten Handwerkskunst kann die ägyptische Wasseruhr gelten. Während der Regierungszeit von Amenophis III. befand sich im Tempel von Karnak eine Wasseruhr für den Stundenverlauf in der Nacht. Sie bestand aus einem Gefäß mit einem genau definierten Loch, aus dem Wasser abfloß. Am Rand des Gefäßes war eine Skala mit einer Stundeneinteilung. Wasser, das in einer Stunde abfloß, legte mit seinem Oberflächenspiegel genau den Abstand zwischen zwei Markierungen fest. Die Wasseruhr wurde vor Sonnenuntergang aufgefüllt und während der Nacht benutzt, wenn eine Zeiteinteilung über den Stand der Sonne nicht möglich war.

Stromerzeugung und Segelflug?

Ob die Ägypter den elektrischen Strom kannten, ist ungewiß. Es gibt allerdings Hinweise, daß in Mesopotamien Elektrizität während des Altertums tatsächlich erzeugt werden konnte. Bei Bagdad gruben Archäologen ein Tongefäß mit einem durch Bitumen isolierten Kupferzylinder und einem ebenfalls isolierten Eisenstab aus. Wird zwischen Kupferzylinder und Eisenstab eine saure Lösung (etwa Traubensaft) gefüllt, fließt in dem Gefäß ein schwacher elektrischer Strom.

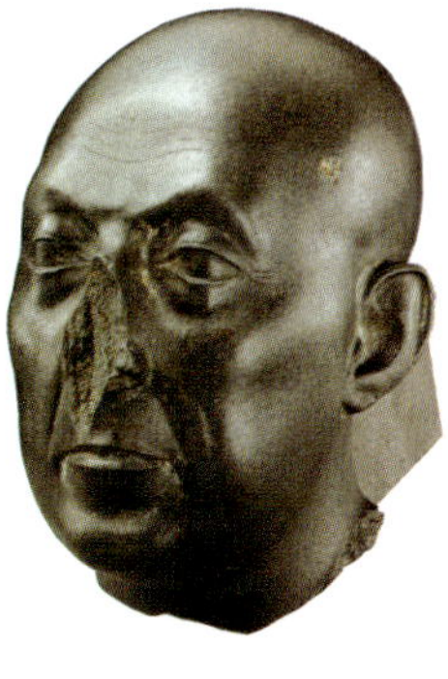

Ägyptische Maurer konnten bereits Gewölbe mauern, die sich bis heute erhalten haben. Die Ziegel wurden aus luftgetrocknetem Lehm hergestellt.

Tor des Ramses-Tempels (Eberhard Thiem, Lotos Film, Kaufbeuren)

Geheimnisvoll sind holzgeschnitzte Vogelmodelle aus verschiedenen ägyptischen Sammlungen. Die Modelle sind auf den ersten Blick unscheinbar, fallen aber durch die Konstruktion der Flügel und des Schwanzes aus dem Rahmen. Die Modelle hatten keinen Vogel als Vorbild. Der Schwanz ist nämlich wie das Leitwerk eines Flugzeuges vertikal geschnitzt und nicht horizontal wie es einem Vogel entsprechen würde. Die Flügel sind am Objekt ebenfalls nicht wie bei einem Vogel seitlich angesetzt, sondern entsprechen dem Ansatz bei Segelflugzeugen. Eine ähnliche Beobachtung gilt auch für die gesamte Rumpfsilhouette. Ein nachgebautes »Vogelmodell« zeigte im Test sogar Segeleigenschaften wie ein Segelflieger.

Während der Antike beschäftigten sich Gelehrte tatsächlich mit dem Vogelflug. Der griechische Mathematiker Archytas soll 468 v. Chr. ein Taubenmodell aus Holz angefertigt haben, das tatsächlich wie ein Segelflugzeug fliegen konnte. Chinesischen Kaisern wird nachgesagt, sie hätten während der Antike bereits richtige Flugmaschinen in Form von Drachen besessen. Vielleicht gab es über den Seidenhandel einen Wissensaustausch mit Ägypten.

Meisterhafte Künstler und Architekten

Die altägyptische Hochkultur wurde insbesondere durch ihre Künstler und Architekten unsterblich, ihnen gilt meist die Bewunderung unserer Zeit. Doch nur selten können die Namen dieser schöpferischen Menschen heute noch ausfindig gemacht werden. Sie blieben anonym, genossen aber zu ihrer Zeit hohes Ansehen und konnten sogar wie der Architekt Imhotep zu einer Art »Halbgott« werden. Bei einem so kleinen Volk von vielleicht vier bis fünf Millionen oder sogar noch weniger Menschen, die zur Blüte der Pharaonenzeit am Nil lebten, ist die Anzahl bedeutender Künstler erstaunlich. In ihrer Qualität steht die ägyptische Kunst gleichberechtigt neben der griechischen, die die Kunstentwicklung des Abendlandes geprägt hat.

Die ägyptische Kunst kannte drei Schwerpunkte: Zeichnungen und Malereien, die Reliefkunst sowie die Rundplastik. Das Relief, die Säule und die Rundplastik gelten sogar als eine Erfindung der Ägypter. Die Reliefkunst war in der Regel farbig und blieb der Zeichenkunst stets verbunden. Es gab kein an die Plastik angelehntes Vollrelief, sondern nur ein meist für Innenräume verwendetes Flachrelief sowie ein versenktes Relief für Außenflächen. Beim versenkten Relief wurde die Darstellung in den Stein hineingemeißelt, so daß sich gute Schatteneffekte herausbilden konnten. Um die ägyptische Kunst zu verstehen, muß die Lebenswelt der Menschen berücksichtigt werden. Der einzelne Mensch konnte sich im Pharaonenreich wenig individuell entfalten, sondern war einem bestimmten Stand zugeordnet und mußte sein Leben im Interesse des Staates gestalten. Ähnlich enge Vorschriften galten auch für die Kunst. Kunstwerke hatten eine Zweckbestimmung und erfüllten wie jeder einzelne Mensch bestimmte Funktionen für den Staat. Künstlerische Freiheiten gab es kaum, und Künstlerpersönlichkeiten konnten sich deshalb in ihren Werken nur begrenzt ausdrücken. Für die Kunst galten Darstellungstabus. Menschen wurden nicht nach der Realität, sondern nach ihrer Bedeutung abgebildet. Im allgemeinen wurde der Mensch im Profil dargestellt, wobei das Profil nicht vollständig ist, denn die Schultern und das Auge sind stets dem Betrachter zugewandt. Nur unbedeutende Menschen der niederen Stände oder Sklaven wurden in einem vollständigen Profil oder auch von vorne abgebildet. Fast alle Menschen schauen auf den Bildern nach rechts und ihre Körpergröße richtet sich nach ihrer gesellschaftlichen Stellung. Zahlreiche Szenen verlaufen auf Abbildungen parallel. Figuren deuten eine Bewegung an und erscheinen dennoch seltsam starr. Die Perspektive fand keinen Eingang in der Malerei, denn sie hätte menschliche Proportionen verkürzen müssen. Der Mensch sollte jedoch für die ägyptischen Künstler nicht nach dem schönen Schein, sondern in strengen Proportionen nach der Wirklichkeit gestaltet sein. Die überwältigende Mehrheit der erhaltenen Malereien befindet sich allerdings in Grabanlagen. Sie geben deshalb nur einen Aspekt der Kunst wieder. Eine solche Kunst war für das Leben im Jenseits bestimmt und folgte wahrscheinlich besonders strengen religiösen Vorgaben. Leider gibt es kaum Malereien aus Privathäusern, bei denen Künstler vermutlich größere Freiheiten

Die bemalte Büste der Nofretete, Gattin des Echnaton, idealisiert die schöne Ägypterin und ist ein Meisterwerk der ägyptischen Bildhauerkunst. Sie stammt aus der Werkstatt des Künstlers Thutmosis in Amarna und war ein Lehrstück für weitere Arbeiten.

Büste der Nofretete, um 1340 v. Chr., Kalkstein, Höhe 50 cm; Berlin, Ägyptisches Museum (Eberhard Thiem, Lotos Film, Kaufbeuren)

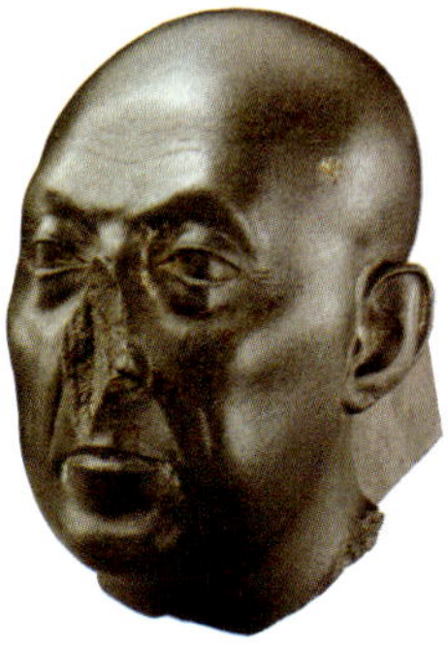

hatten. In manchen Malereien lassen Details vermuten, daß die korrekte Darstellung der Perspektive nicht unbekannt war und vielleicht in den Städten der Lebenden eine breite Anwendung fand. Trotz aller strengen Regeln sind die überlieferten Malereien der Ägypter dennoch überraschend lebendig und verdeutlichen die vielfältigen Facetten eines längst vergangenen Lebens am Nil. Die bildenden Künste waren überraschend früh vollendet. Bereits aus der Zeit ab der 1. Dynastie sind erstaunliche Meisterwerke bekannt.

Die Plastik und insbesondere die Großplastik ist in der ägyptischen Kunst meist im Zusammenhang mit einer monumentalen Architektur zu sehen und diente einer Gesamtaussage. In Grabanlagen symbolisierte das plastische Abbild zusätzlich die Unvergänglichkeit des Verstorbenen. Um das Gefühl von Ewigkeit zu verdeutlichen, war den Bildhauern kein Material zu hart für ihre Ar-

Der Kopf eines Priesters aus dunkelgrünem Gestein, auch »Grüner Kopf« genannt, ist ein Meisterwerk der Porträtkunst. Der Künstler arbeitete deutlich individuelle Züge heraus, und es gelang ihm eine feine Oberflächengestaltung.

Der »grüne Kopf«, zwischen 5. und 1. Jh. v. Chr., dunkelgrüner Schist; Berlin, Ägyptisches Museum (Eberhard Thiem, Lotos Film, Kaufbeuren)

beit. Es gelangen ihnen wundervolle Oberflächengestaltungen. Meist waren Bildhauerarbeiten bemalt. Eine Plastik mußte von allen Seiten betrachtet werden können, so daß sie als Rundplastik gestaltet wurde.

Der Mensch in der Bewegung wurde plastisch nicht dargestellt, denn es waren nur bestimmte Posen und Motive zugelassen. Statuen wirken deshalb oft merkwürdig steif und ihr Blick ist stets in den Raum gerichtet. Sogar Isis blickt den Horusknaben nicht an, während sie ihn stillt. Der Betrachter wird durch die »Frontalität« der Darstellung beeindruckt und spürt förmlich, daß er nicht nur vor der Statue eines Pharao, sondern vor der eines wirklichen Gottes steht.

Idealismus versus Realismus

Nur zur Zeit des Ketzerpharaos Echnaton durften die Künstler seiner Residenzstadt Amarna die strengen Regeln der ägyptischen Kunst lockern. Sie sollten von nun an der Wirklichkeit dienen und allein die Wahrheit darstellen. Sogar der Pharao wurde deshalb nicht als Ideal, sondern mit allen seinen körperlichen Unförmigkeiten abgebildet. Im Haus des Bildhauers Thutmosis in Amarna wurden meisterhafte Köpfe und Masken mit einer großen Realitätsnähe gefunden, die vermutlich als Vorlagen für andere Arbeiten gedient hatten. In den Bildhauerarbeiten aus dem Grab des Tut-anch-amun klingt der Amarna-Stil mit seiner ganzen Eleganz noch etwas nach. Nach dem Tod Echnatons wurde der Amarna-Stil jedoch ausgemerzt, und die ägyptische Kunst kehrte wieder zu ihren alten Regeln zurück.

Anerkannte Künstler

Ägyptische Künstler sahen sich als Handwerker und haben ihre Meisterwerke nicht signiert, so daß keine Zuordnungen möglich sind. Nur durch zusätzliche Quellen wie etwa bei Thutmosis, der auch die Büste der Nofretete schuf, sind hin und wieder Identifizierungen möglich. Namentlich bekannt ist etwa der Oberbildhauer Juti, der für die Mutter von Echnaton arbeitete. Auf den Malereien im Grab des Ptahhotpe aus dem Alten Reiches wurden Hinweise auf den Oberbildhauer Ni-anch-Ptah gefunden. Dieser Künstler mußte recht angesehen gewesen sein, denn er konnte sich eine Dienerschaft leisten, die ihn auf einem Bild in einem Boot mit leckerem Essen verwöhnte.

Während des Alten Reiches war der Oberpriester von Memphis gleichzeitig Oberleiter der Künstler und koordinierte die Kunstproduktion. Im Neuen Reich gab es einen Beamten mit dem Titel »Vorsteher aller Künstler des Königs«. Künstler waren während dieser Zeit der Schatzverwaltung des Pharao unterstellt. Der Künstlerberuf brachte Anerkennung. Eine Familie war zum Beispiel stolz, daß über sieben Generationen hinweg der jeweiligen Hausherr das Amt »Vorsteher der Maler des Amon« innehatte. In stolzer Handwerkertradition waren Künstler bestrebt, ihr Amt an ihre Söhne weiterzugeben.

Den Künstlern vergleichbar können auch die Namen der Architekten der noch als Ruinen großartigen Bauwerke selten ausfindig gemacht werden. Sie werteten sich als Handwerker, die mit ihren Bauten den Göttern dienten und sahen keinen Anlaß, sich selbst in ihren Werken verewigen zu wollen. Alle Bau-

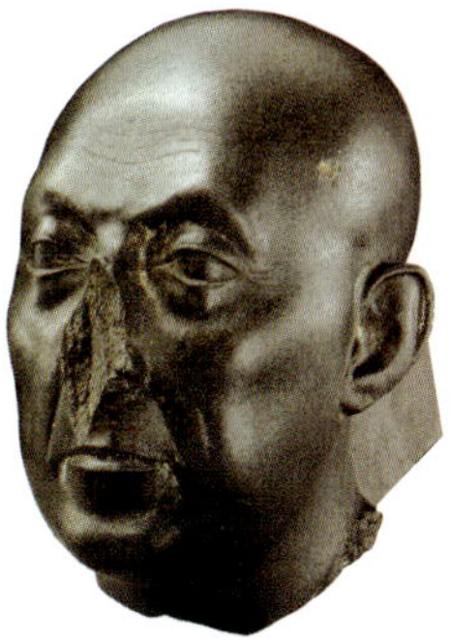

Die Ägypter hatten zahlreiche Musikinstrumente entwickelt, zu denen auch Trompeten gehörten. Sie fanden insbesondere in der Militärmusik Verwendung. Die abgebildete Trompete mitsamt dem als Lotosblüte gestalteten dazugehörenden Stopper stammt aus dem Grab des Tut-anch-amun. Ein Stopper wurde kurz vor der Benutzung einer Trompete herausgezogen und verhinderte die Beschädigung des wertvollen Instrumentes.

Trompete, Kupfer, Länge 49,4 cm, sowie dazugehöriger hölzerner Stopper; Kairo, Ägyptisches Museum, Fundnr. 50 gg

meister waren in erster Linie Beamte des Pharao und erledigten Aufträge. Einzelne Architekten konnten dabei dennoch ihren guten Ruf in die Nachwelt retten.

Der geniale Imhotep, Architekt von Pharao Djoser, erbaute die erste Pyramide und führte den behauenen Stein in die Baukunst ein. Der Architekt der Pharaonin Hatschepsut ist ebenfalls bekannt. Er hieß Senemut und baute um 1500 v. Chr. für seine Herrscherin die gewaltigen Tempelanlagen von Der elbahri. Der während der 18. Dynastie aktive Architekt »Amenhotep, der Sohn des Hapu« erfuhr eine fast göttliche Verehrung und war ein allseits geschätzter Weiser. Pharao Thutmosis I. machte den Schreiber Inesis zum Architekten und beauftragte ihn mit Arbeiten am Tempel von Karnak. An dieser gigantischen Tempelanlage bei Theben tobten verschiedene Pharaonen ihre Bauwut aus, und es wurden sicherlich Generationen von Architekten beschäftigt. Ägyptische Architekten mußten sogar als Astronomen bewandert sein. Der Tempel von Abu Simbel ist exakt an der Sonne ausgerichtet, und die ersten Strahlen der aufgehenden Sonne fallen zu einer bestimmten Zeit 60 Meter weit in den Raum hinein und leuchten das Kultbild am Ende des Raumes aus.

Musik und Unterhaltung

In Ägypten wurden in allen Bevölkerungsschichten gerne Feste gefeiert und die Freuden des Diesseits genossen. Einige religiöse Feste oder Feierlichkeiten zu Ehren des Pharao brachten viele hunderttausend Menschen auf die Beine und konnten sich über Tage hinziehen. Zu großen Festen gehörten auch auf privater Ebene nicht nur die bereits erwähnten Trinkgelage, sondern auch Musik und Tanz. Das alte Ägypten verfügte über eine ausgeprägte Musikkultur, die in Texten und auf zahlreichen Grabmalereien nachgewiesen werden kann und die hauptsächlich bei Festen in Erscheinung trat. Überraschenderweise gab es jedoch in der ägyptischen Sprache kein Wort für Musik. Bereits zu frühen Zeiten wurde auf zahlreichen Instrumenten musiziert und Sänger gaben ihre Darbietungen. Abbildungen zeigen Bogenharfen, Längsflöten und Doppelklarinetten, aber auch Rasseln (Sistren), Klappern und Trommeln. In der 4. Dynastie erfolgte schon eine Trennung zwischen der kultischen Musik im Tempel und der Hofmusik zur Unterhaltung der Großen des Reiches. Die Musik der Ägypter ist jedoch für den moder-

Zu jedem großen Fest gehörten Musikdarbietungen von meist professionellen Künstlern. Neben der Harfe kam oft noch die Laute zum Einsatz. Weitere beliebte Instrumente waren Flöten.

Wandmalerei, Grab des Rechmire; Theben, TT 100 (Eberhard Thiem, Lotos Film, Kaufbeuren)

nen Menschen verhallt, und heute gibt es keine Vorstellungen, wie sie einst tatsächlich geklungen haben mag. Mit Musikinstrumenten aus Grabbeigaben wurden zwar Spielversuche unternommen, Spieltechniken zu rekonstruieren, ist dagegen kaum möglich. Das Liedgut war reichhaltig und konnte bereits in einzelne Gattungen untergliedert werden. Auf der einen Seite sind alltägliche Arbeits-, Berufs- und Liebeslieder zu nennen und auf der anderen Seite Unterhaltungslieder für das große Publikum, Lieder des Kultes und Totenlieder

In einem vornehmen Haus gehörten Gesang, Musik und Tanz zu jedem Fest, wofür man Berufsmusiker engagierte. Am Hof des Pharao war ein besonderer Beamtenapparat für Musik und Unterhaltung der Herrscherfamilie sowie die Gestaltung der zahlreichen Feste zuständig. Die Namen mancher Kapellmeister sind sogar heute noch nachweisbar. Der erste bekannte Berufsmusiker der Weltgeschichte war Chufuanch, der am Hof von Userkaf (5. Dynastie) seine Auftritte hatte und dessen Grab noch erhalten ist. Die Gesangsvorsteherin Hem-Re war zur Zeit des Alten Reiches auch Vorsteherin des königlichen Harems. Daneben gab es am Hof noch einen »Vorsteher des königlichen Gesangs« und einen »Vorsteher aller schönen Zerstreuungen des Königs«. Im Neuen Reich war zum Beispiel Neferrompe der »Vorsteher der Sänger des Königs« und gleichzeitig »Vorsteher der Sänger aller Götter«, er leitete die Tempelchöre. Musikgruppen kannten eine Art Dirigenten, der mit Handzeichen die Darbietungen leitete. Sänger gaben sich durch Händeklatschen den Takt an. Männer durften dabei Arme und Hände bewegen, während den Frauen nur die

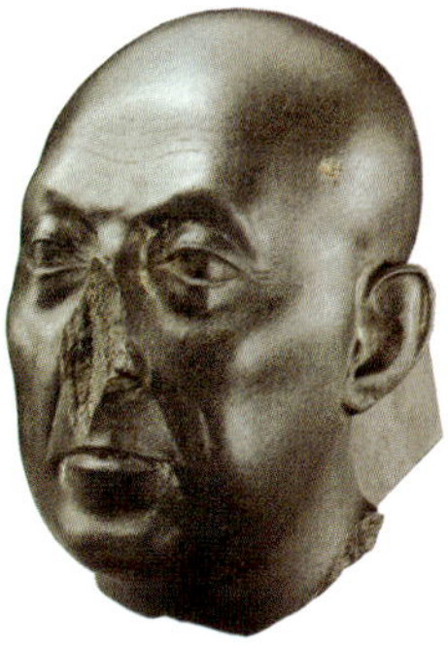

Arbeiter, die mit den Grabbauten für den Pharao beschäftigt waren, schufen oft für sich selbst prachtvolle Grabanlagen. Ihr hohes Können erlaubte es ihnen, das eigene Grab mit der gleichen Qualität wie ein Herrschergrab zu vollenden.

Grab des Paschedu, Ramessidenzeit, Theben, TT 3

Bewegung der Hände erlaubt war. Das Wort »singen« wurde in der Schrift durch einen Arm dargestellt. Sänger und Musiker wurden an eigenen Schulen ausgebildet und fanden später am Hof des Pharao sowie bei den Großen des Reiches eine vielfältige Beschäftigung. Blinde Menschen wählten häufig die Musik als Beruf, und blinde Harfenspieler wurden wiederholt in der Kunst abgebildet. Im Neuen Reich hatten einzelne Gottheiten besondere professionelle Sängerinnen wie etwa die Sängerinnen des Amun. Nach einem Feldzug wurden einmal in Kleinasien 270 Musiker gefangengenommen und nach Ägypten gebracht. Der Klang von Frauen- und Männerstimmen wurde bei Konzerten gern mit Musikinstrumenten kombiniert. Eine große Harfe, zwei Lauten und eine Doppelflöte bildeten oft die Begleitung für Gesangsgruppen.

Die Harfe war das beliebteste aller ägyptischen Musikinstrumente. Im Alten und Mittleren Reich hatte sie sechs bis sieben Saiten und wurde im Sitzen gespielt, im Neuen Reich dagegen wurde sie deutlich größer, konnte bis zu 20 Saiten aufweisen und wurde im Stehen gespielt. Aus dem Neuen Reich stammte auch die zierliche Schulterharfe. Neben der Harfe wurde oft die Flöte verwendet, die sich ebenfalls bald weiterentwickelte. Im Alten Reich gab es eine lange Flöte, die der Spieler im Sitzen schräg nach hinten legte und eine kurze Flöte, die waagrecht gehalten wurde. Im Neuen Reich kam zusätzlich noch die Doppelflöte auf. Zur Zeit des Neuen Reiches stammten vermutlich die Laute sowie die Leier von jenseits der ägyptischen Grenzen. Trommeln und Klappern begleiteten zu allen Zeiten hauptsächlich Tanzdarbietungen. Bei Kulthandlungen war das Sistrum, eine Rassel aus einem Metallbügel mit beweglichen Metallstiften, weit verbreitet, es sollte das Rauschen des Papyrus nachahmen. Schließlich gab es noch eine eigene Militärmusik mit tonnenförmigen Pauken und mit Trompeten.

Tänzerinnen und Spaßmacher

Zu Festlichkeiten gehörte außer der Musik noch der Tanz. Schon für das Alte Reich können aufgrund von Grabmalereien verschiedene Tanzarten angenommen werden, die im Verlauf der Geschichte immer komplizierter und bewegter wurden. Meist traten ausschließlich Frauen auf. Es gab aber auch in der Choreographie schon Kombinationen von tanzenden Männern und Frauen, so daß sich ein Vergleich mit einem Ballett anbietet. Im Neuen Reich wurde bei privaten Festlichkeiten der Oberschicht das Gastmahl oft durch Tanzdarbietungen aufgelockert. Die Tänzerinnen mußten attraktiv sein und traten häufig nackt auf, so daß die Darbietungen zu einer erotischen Show wurden. Vermögende Männer beschäftigten manchmal eigene »Damenkapellen«. Zur Tanzunterhaltung gehörten auch Zwerge und sogar Krüppel, die die Rolle von Spaßmachern übernehmen mußten. Zahlreiche Herrscher hatten eigene Leibzwerge, die ihnen die Langeweile zu vertreiben hatten und die manchmal auch für ihre Hunde zuständig waren. Zur Zeit der 18. Dynastie erhielt eine Prinzessin namens Nezmet-Mut zwei mißgebildete Menschen als Diener, beide mußten das Mädchen aufheitern und unterhalten. Das Mädchen redete sie zum Spaß mit dem Titel »Wesir« an.

Das Leben im Jenseits

Bauen für die Ewigkeit

Nach den Vorstellungen der Ägypter bedeutete der Tod nicht das Ende eines Menschen, sondern jeder Mensch verkörperte eine Art Doppelwesen. Auf der einen Seite gab es den realen Körper, der mit dem Tod sein Ende fand und anschließend in die Verwesung überging. Auf der anderen Seite des Doppelwesens Mensch stand jedoch der geistige Körper, das »Ka«. Das »Ka« war unsterblich und wohnte nur im menschlichen Körper, es war mehr als die Seele (für die Seele gab es den Namen »ach«), nämlich gleichzeitig ein Schutzgeist und Lebensbringer. Das »Ka« wuchs mit einem Menschen. Ein Kind besaß ein kindliches »Ka« und ein Erwachsener ein erwachsenes »Ka«. Ein neugeborener Pharao wurde häufig als zwei Personen dargestellt, als der reale Kronprinz und als sein Doppelgänger, sein »Ka«. Jedes »Ka« hatte das Bedürfnis auch nach dem Tod des realen Menschen zu seinem ursprünglichen realen Körper zurückzukehren, und es benötigte dazu noch Versorgung und Beachtung. Der gewaltige Totenkult der Ägypter diente allein dem unsterblichen »Ka« eines Menschen. Verstorbene wurden mumifiziert, damit das »Ka« des Toten seinen eigenen Körper stets wiederfinden konnte, und gewaltige Grabanlagen wurden errichtet, damit sich das »Ka« für immer wohlfühlte. Da der Pharao eine göttliche Stellung innehatte, mußte sein »Ka« natürlich besonders umsorgt werden. Für den Herrscher wurden deshalb alle Anstrengungen unternommen, um sein »Ka« im wahrsten Sinne des Wortes der Ewigkeit anzuvertrauen.

Ihren Höhepunkt erreichte die ägyptische Grabarchitektur mit dem Bau der Pyramiden im Alten Reich. Die älteste

Rekonstruktionszeichnung des Pyramidenfeldes von Giseh; links die Pyramide des Chephren mit Totentempel sowie Taltempel und Sphinx, rechts die Pyramide des Cheop mit den kleineren Pyramiden der Ehefrauen und Grabanlagen von Familienangehörigen.

Das Pyramidenfeld von Giseh; Rekonstruktionszeichnung, 19. Jh.

Monumentalarchitektur der Menschheit ist die Stufenpyramide von Sakkara für Pharao Djoser aus der 3. Dynastie. Sie wurde aus Stein errichtet und für ihre Konstruktion gab es vermutlich keine Vorbilder. Der Bau der Pyramiden wurde von den Ägyptern regelrecht aus schlechten Erfahrungen gelernt. Die Knickpyramide von Dahschur zeigt zum Beispiel, daß bei der Planung Unklarkeit über den Neigungswinkel herrschte, und die Pyramide von Meidum verrät schließlich eine Baukatastrophe. Diese Pyramide war vermutlich als eine Stufenpyramide konzipiert worden und wurde erst nach dem Bauende mit geglätteten Steinen optisch in eine echte Pyramide umgewandelt. Ihr Neigungswinkel war jedoch zu steil und die gesamte Verkleidung rutschte ab. Wahrhaft gigantische Ausmaße erreichten die Planungen im Verlauf der 4. Dynastie, als der optimale Neigungswinkel aus der Erfahrung heraus gefunden worden war. Die Pharaonen dieser Dynastie ließen in nur 100 Jahren mehr als 25 Millionen Tonnen Gestein zu Pyramiden auftürmen. Vermutlich gab es einst in Ägypten mehr als 97 Pyramiden.

Gigantische Grabanlagen

Beim Bau der drei Pyramiden von Gizeh entfalteten die Ägypter nahezu übermenschliche Kräfte. Der optimale Neigungswinkel von rund 52 Grad konnte von den Architekten perfekt eingehalten werden, und mit den großen würfelförmigen Steinblöcken von je zweieinhalb Tonnen Gewicht stand von nun an stabiles Baumaterial zur Verfügung. Allein für den Bau der drei Pyramiden von Gizeh wurden mit bloßer menschlicher Muskelkraft mehr als zehn Millionen Tonnen Gestein aufeinandergeschichtet. Die Pyramide des Pharao Cheops ist die größte aller Pyramiden und weist heute noch eine Höhe von 137 Metern auf, ursprünglich waren es 146,6 Meter. Die Grundkanten der quadratischen Basis sind 230 Meter lang und zeigen bei einer Grundfläche von 53 000 Quadratmetern exakt nach Norden, Süden, Osten und Westen. Die Seitenflächen messen von der Basis bis zur Spitze jeweils 173 Meter, der Neigungswinkel beträgt über die gesamte Strecke exakt 51 Grad und 52 Bogenminuten. Ein modernes lasergestütztes Meßgerät könnte heute nicht präziser arbeiten als die damaligen Ägypter. Zum Bau dieser Pyramide wurden 2,3 Millionen Steinblöcke verarbeitet. Jeder Steinblock war so genau geglättet, daß in die Fugen zwischen zwei Blöcken heute noch nicht einmal ein Zeitungsblatt paßt. Das Fundament der Pyramide

Nach dem Tod konnte der Verstorbene das Grab auch in einer fremden Gestalt verlassen. Die Abbildung zeigt Inherchaui mit seinem Ba, das die Gestalt eines Vogels angenommen hat, um ihm die Verbindung mit der Außenwelt zu sichern.

Inherchaui vor seinem vogelgestaltigen Ba; Deir el-Medine, Grab 359 (Eberhard Thiem, Lotos Film, Kaufbeuren)

weicht bei einer Kantenlänge von 230 Metern nur um maximal 16 Millimeter von der horizontalen Ideallinie ab. Dieses Meisterstück gelang den Ägyptern mit einem genialen Trick. Sie fluteten das Baugelände vor Baubeginn mit Wasser und eichten die Horizontallinie am Wasserspiegel, der nach dem Prinzip der Wasserwaage stets absolut waagrecht ist.

Der Bau der Cheops-Pyramide

Der griechische Historiker Herodot berichtete einst, daß etwa 100 000 Menschen mit dem Bau der Cheops-Pyramide beschäftigt waren. Neuere Forschungen haben seine Angaben allerdings korrigiert. Wahrscheinlich haben über einen Zeitraum von mehr als 20 Jahren etwa 36 000 Arbeiter die Cheops-Pyramide aus 2,59 Millionen Kubikmetern Gestein erbaut und noch einmal etwa 10 000 Arbeiter die dazu notwendigen Steinblöcke geliefert. Die zum Aufbau notwendige Infrastruktur war enorm. Riesige Rampen- und Straßensysteme mußten angelegt werden, dazu wurden Kanäle gegraben und eigene Arbeitersiedlungen angelegt. Täglich war ein Heer von hochqualifizierten Architekten und Bauingenieuren damit beschäftigt, genaueste Vermessungsarbeiten durchzuführen. Vermutlich wurden die einzelnen Steinblöcke in einem Takt von jeweils rund einer Minute angeliefert und dann mit einem speziellen Mörtel verankert. Um die gewaltige Baustelle drehte sich wahrscheinlich eine spiralförmige Rampe, die mit dem Bau nach oben wuchs und über die die einzelnen Blöcke nacheinander herangeschafft wurden. Zur Verfügung standen dabei allein Schlitten, Taue, Rollen, Hebel, viel Muskelkraft und noch mehr Organisationstalent und Köpfchen. Flaschenzüge und Kräne waren den Ägyptern noch unbekannt.

Ursprünglich sollte die Grabkammer des Pharao unter der Erde liegen. Doch es war dort nicht möglich, die Arbeiter mit ausreichender Frischluft zu versorgen. Deshalb wurde mitten im Bauprojekt umdisponiert und die Grabkammer in einer Höhe von 70 Metern in das Pyramideninnere verlegt. Um dort die gewaltige Last der Steine abzufangen, waren weitere Meisterkonstruktionen nötig. Deckenriegel von jeweils 40 Tonnen Gewicht wurden auf 70 Meter Höhe hochgewuchtet, um die Stabilität der Grabkammer zu garantieren. Ein Labyrinth aus Gängen, Fallriegeln und Blockiersteinen, das bis heute noch nicht vollständig entschlüsselt ist, wurde angelegt, um dem Pharao die Totenruhe zu sichern.

Außen war die Pyramide einst mit weißen Steinen verkleidet und völlig glatt, der Abschlußstein an der Pyramidenspitze war sogar vergoldet und glänzte wie eine zweite Sonne. Mit dem Bau seiner Pyramide begann ein Pharao recht bald nach seiner Ernennung. Bei einer kurzen Herrschaftsdauer hinterließen die Pyramiden deshalb oft einen halbfertigen Eindruck oder wurden nicht mehr ausgeführt. Die Bestattung fand dann in einer Grabanlage statt, die an die Vorpyramidenzeit erinnert. Pharao Djedefre (4. Dynastie) verstarb zum Beispiel nach einer Regierungszeit von nur acht Jahren, und seine Pyramide hatte damals gerade erst eine Höhe von etwa zehn Metern erreicht, der Grabschacht mit einer Fläche von 21 mal neun Metern war allerdings bereits vollendet.

Spezialisten im Tal der Könige

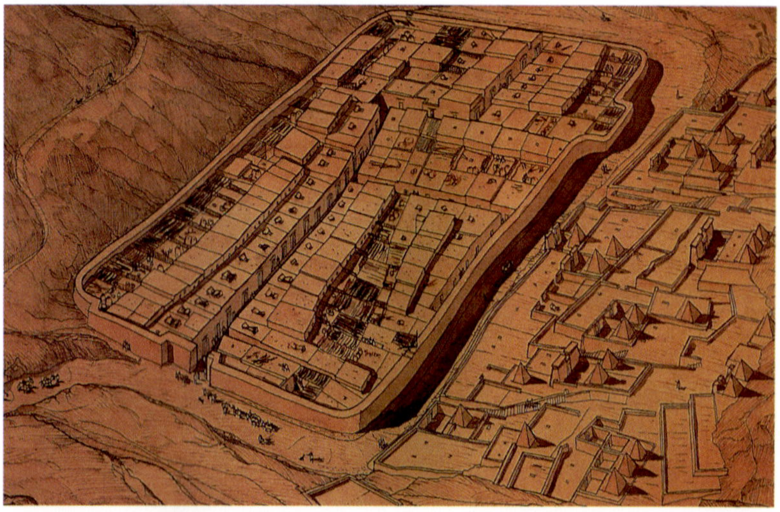

Die Arbeitersiedlung beim »Tal der Könige« aus der Zeit des Neuen Reiches. Die Fläche ist dicht bebaut und wird von einer Mauer umgeben. Die Arbeiter der Siedlung Deir el-Medina waren als Spezialisten mit dem Bau der Grabanlagen beschäftigt und unterstanden direkt der Verwaltung des Pharao.

Das Dorf Deir el-Medina; Rekonstruktion, Jean-Claude Golvin, Paris

Während des Neuen Reiches verlegten die Pharaonen ihre Grabanlagen zum Tal der Könige in der Nähe der Metropole Theben, gleichzeitig trennten sie ihr Grab von nun an räumlich vom dazugehörenden Totentempel. Das Tal lag abseits und war von schroffen Felshängen umgeben, so daß es leicht kontrolliert werden konnte. Die Herrscher hofften, durch eine bessere Überwachung vor Grabräubern geschützt zu sein. Pyramiden wurden im Neuen Reich nicht mehr gebaut, sondern die Bestattung erfolgte in einem eigens errichteten System aus unterirdischen Stollen und Kammern.

Die Arbeiter, die mit der aufwendigen Gestaltung dieser Gräber beschäftigt waren, lebten in einer Siedlung mit dem heutigen Namen Deir el-Medineh. Reste dieser Siedlung aus etwa 70 Häusern wurden inzwischen archäologisch bearbeitet, und es war sogar möglich, das Alltagsleben dieser Menschen zu rekonstruieren. Die Arbeiter waren bei einer strengen Arbeitsteilung ausgesprochene Spezialisten, die fast alle schreiben und lesen konnten und die in der Gesellschaft ein hohes Ansehen genossen. Die Verwaltung der Siedlung unterstand direkt dem Pharao, der zahlreiche Privilegien gewährte.

Die Bewohner waren recht prozeßfreudig, und Gerichte haben Berge von Akten über sie hinterlassen. Gestritten wurde über alle Bereiche des menschlichen Zusammenlebens, über den gestohlenen Fettopf genauso wie über Ehebruch. Es gab sogar eine eigene Schule, da ein erhaltenes Dokument über einen Schüler berichtet, der sich beschwerte, weil ihn andere Schüler gehänselt hatten.

Das Arbeitsleben war durch die Beamten des Pharao straff organisiert und wurde von einer ausufernden Bürokratie dominiert. Einer Arbeitsdauer von etwa zehn Tagen folgte regelmäßig ein arbeitsfreier Tag, daneben gab es noch Feiertage, an denen die Arbeit ebenfalls ruhte. Täglich wurde, unterbrochen von Pausen, etwa acht Stunden gearbeitet. Die Ausgabe der Werkzeuge wurde streng dokumentiert und der Gebrauch kontrolliert. War zum Beispiel ein Meißel abgenutzt, wurde er eingezogen und gegen einen neuen ausgetauscht. Metallobjekte und andere wertvolle Werkzeuge wurden regelmäßig gewogen, damit die Arbeiter nicht einzelne Teile stehlen konnten. Die Errichtung der Gräber erfolgte in verschiedenen Phasen auf Vorrat. Wenn sich der Pharao noch bester Gesundheit erfreute, war seine Grabanlage bereits in Arbeit.

Am Anfang jedes Grabbaues traf sich eine Kommission und legte den geeigneten Bauplatz fest. Anschließend begann sogleich ein Team von Künstlern

Starb ein Pharao recht früh nach dem Regierungsantritt, war seine Grabausstattung manchmal noch nicht vollendet. Im Grab von Pharao Haremhab sind Reliefs noch nicht vollständig abgeschlossen, und es fallen Vorzeichnungen und Korrekturen auf.

Wandrelief, unvollendete Szene, Königsgrab des Haremhab (Eberhard Thiem, Lotos Film, Kaufbeuren)

und Architekten mit Planungsarbeiten. Während der ersten Bauphase wurden Stollen und Kammern aus dem gewachsenen Felsen herausgehauen. Diese Arbeiten waren mühsam, denn es standen nur Kupfermeißel und Holzschlegel zur Verfügung. Licht wurde mit Spiegeln von außen in die verstaubten Stollen hineingeleitet und in größeren Tiefen mit Öllampen verstärkt. In der nächsten Bauphase wurden dann die Wände geglättet und verputzt. Waren alle diese Tätigkeiten abgeschlossen, begannen die Steinhauer und Verputzer mit einem neuen Grab, während im halbfertigen alten Grab die Künstler aktiv wurden. Sie legten zuerst auf den Verputz ein Raster aus Quadraten, und Zeichner trugen dann im Schein von Öllampen aus vorgegebenen Entwürfen verschiedene Abbildungen in roter Farbe auf. Dem Lampenöl waren Salze beigemischt, um an den Wänden eine Rußbildung zu verhindern. Durch das aufgetragene Raster konnte ein erfahrener Zeichner jeden Entwurf auf die gewünschte Größe übertragen. Den Zeichnern folgte der Meisterzeichner, der alle Darstellungen noch einmal kontrollierte und in schwarzer Farbe korrigierte. Hatte der Meisterzeichner die Vorarbeiten abgesegnet, kamen Reliefbildhauer und Maler an die Reihe. Sie entfernten die Hilfsraster für die Zeichnungen, bearbeiteten Abbildungsoberflächen und malten die Abbildungen farbig aus. Waren schließlich alle Arbeiten beendet, erschien eine Gutachterkommission, um die Qualität zu beurteilen und eine abschließende Zustimmung zu erteilen.

Der erste Streik der Weltgeschichte

Verstarb ein Pharao bereits nach kurzer Regierungszeit, konnte ihm durch die fließbandartige Vorratsproduktion dennoch ein angemessenes Grab zur Verfügung gestellt werden. Trotzdem gibt es in manchen Gräbern des Neuen Reiches Hinweise auf halbfertige Ausschmükkungsarbeiten. In diesen Fällen war der Pharao tatsächlich so früh gestorben, daß die Arbeiten sogar an dem am meisten fortgeschrittenen Grab noch nicht abgeschlossen waren. Das Grab von Pharao Haremhab (18. Dynastie) liefert solche Hinweise auf nur teilvollendete Fertigungsprozesse für Reliefs.

Unter Ramses III. kam es unter den Arbeitern am Tal der Könige zu einer für ägyptische Verhältnisse unerhörten Begebenheit. Ein Papyrus aus dieser Zeit, der sogenannte »Streikpapyrus« aus dem Jahre 1155 v. Chr. schildert den ersten nachweisbaren Streik der Weltgeschichte. Die Arbeiter hatten den Wesir mehrfach auf Engpässe in ihrer Versorgung und bei ihren Löhnen hingewiesen. Der Wesir war zwar persönlich erschienen und hatte Abhilfe versprochen, aber die regelmäßigen Lebensmittellieferungen funktionierten dennoch nicht. Kurzentschlossen unterbrachen die Männer deshalb ihre Arbeiten an den Gräbern und besetzten den Totentempel. Jetzt reiste der Wesir erneut an und bestritt seine Schuld. Die Arbeiten wurden aber erst wieder aufgenommen, als die ersten Lebensmittellieferungen ankamen. Der erste Streik der Weltgeschichte diente nicht einer besseren Bezahlung oder einer verkürzten Arbeitszeit, sondern hatte einfach den Hunger der Arbeiter als Ursache. Ramses III. vermerkte später auf einer Stele: »Man jubelt bei der Arbeit nur, wenn der Bauch voll ist.« Der erste Streik hatte einen Damm gebrochen, denn auch unter den folgenden Pharaonen wurde wiederholt über Arbeitsniederlegungen berichtet. Einen letzten großen Streik gab es noch einmal vor der Auflösung der Siedlung durch Pharao Ramses IX.

Wagen des Pharao Haremhab. Die Abbildung der beiden Wagen ist nur teilweise vollendet. Einer der Wagenlenker beugt sich lässig über ein Pferd. Haremhab war vor der Ernennung zum Pharao General gewesen und ließ deshalb in seinem Grab Gespanne von Kampfwagen darstellen.

Die Wagen des Haremhab, Wandmalerei, Grab des Haremhab, Ostwand im 2. Hof, 18. Dynastie, um 1325 v. Chr.; Sakkara (Eberhard Thiem, Lotos Film, Kaufbeuren)

Die Kunst der Mumifizierung

Gott Anubis trug den Kopf eines Schakals und war der Schutzherr der Mumien. Totenpriester setzten sich bei der Mumifizierung eine Anubismaske auf, um sich mit dem Gott zu identifizieren. Die aufwendigste Form der Mumifizierung dauerte etwa 70 Tage.

Sargwanne des Amunpriesters Djedheriuefanch, Dritte Zwischenzeit, Theben; Kairo, Ägyptisches Museum

Für das Wohlergehen des »Ka« war, wie bereits erwähnt, die Mumifizierung eines Verstorbenen sehr wichtig, denn das »Ka« verließ den Körper nur auf Zeit und hatte das Bedürfnis, immer wieder zu dem Toten zurückzukehren. In vorgeschichtlicher Zeit hatten die Ägypter ihre Toten meist in der Wüste bestattet, wobei es durch die Austrocknung oft zu einer natürlichen Mumifizierung kam. Diese Beobachtung führte um 3100 v. Chr. zu ersten künstlichen Mumifizierungsversuchen bei Verstorbenen der Oberschicht. Etwa ab der 3. Dynastie versuchte dann die gesamte Oberschicht ihre Toten für die Ewigkeit zu erhalten. Mit der Zeit wurde die Mumifizierung immer weiter perfektioniert, da weite Teile der Bevölkerung wünschten, ihre verstorbenen Angehörigen zu mumifizieren, um durch den Erhalt der Leiche dem »Ka« des Verstorbenen zu dienen.

Der griechische Historiker Herodot berichtet im 2. Buch seiner Historien über drei Verfahren der Mumifizierung und überlieferte damit das einzige erhaltene Dokument, das sich während der Antike mit ägyptischen Mumifizierungstechniken beschäftigte. Die Methoden unterschieden sich in Preis und in Qualität des anschließenden Erhaltungszustandes. Das beste Verfahren war so aufwendig, daß es nur für die Oberschicht in Frage kam. Arme Menschen begruben ihre Toten wie immer in der Wüste und hofften auf eine natürliche Mumifizierung sowie auf das Glück, daß Schakale die Leichen nicht ausgruben und auffraßen. Bei der billigsten Preisklasse wurde das Körperinnere des Toten mit verschiedenen Salzlösungen ausgespült und die Leiche danach über 70 Tage durch Einsalzen getrocknet. Die mittlere Preisklasse war bereits wesentlich teurer. Dem Verstorbenen wurden durch den After Lösungen in das Körperinnere eingespritzt, die Eingeweide und Gedärme verklebten daraufhin, so daß die Organe herausgezogen werden konnten. Danach wurde die Leiche 70 Tage mit Natron getrocknet und anschließend bestattet.

Das Herz sollte im Körper bleiben

Das teuerste Mumifizierungsverfahren war schließlich besonders aufwendig und blieb der Oberschicht vorbehalten. Dem Verstorbenen wurde zuerst mit bis zu 40 Zentimeter langen Haken das Gehirn durch die Nase oder durch das Hinterhauptloch des Schädels entfernt, um danach eine harzhaltige Masse einzugießen, die sich im Kopf verfestigte. Anschließend wurde der Körper auf der linken Seite oberhalb des Beckens geöffnet. Därme, Magen, Lunge und Leber wurden entnommen, gereinigt und in besonderen Gefäßen, den Kanopen, gelagert. Manchmal wurde auch das Herz entfernt, damit es vor dem Totengericht nicht gegen den Verstorbenen aussagen konnte. Es wurde dann durch einen Herzskarabäus ausgetauscht. Ansonsten aber sollte das Herz im Körper bleiben, denn es war nach ägyptischen Vorstellungen Sitz des Denkens und des Fühlens. In den ausgeräumten Körper wurden Mixturen aus zahlreichen Zutaten eingefüllt, um den natürlichen Körperumriß erneut zu modellieren. Danach wurde die Leiche wiederum 70 Tage lang mit Natronsalz getrocknet. Der Zeitraum wurde genau eingehalten,

denn es war bekannt, daß eine zu lange Trocknungszeit den Verstorbenen optisch stark entstellen konnte. Nach dem Trocknen wurde die Leiche noch einmal gereinigt und kunstvoll in Leinenbinden eingewickelt, die mit einer gummiartigen Masse verfestigt wurden.

Die Gesamtlänge aller Mumienbinden betrug durchschnittlich rund 360 Meter. Zwischen den einzelnen Bindenschichten lagen oft noch Schmuck, Zettel mit magischen Texten und Schutzamulette. Während der 21. Dynastie hatte die Kunst der Mumifizierung ihre höchste Perfektion erreicht. Die durch den Trocknungsprozeß geschrumpfte Muskulatur konnte durch Lehmpackungen ergänzt werden und die ursprüngliche Hautfarbe wurde künstlich aufgetragen. Über den Kopf eines mumifizierten Pharao kam eine Goldmaske, die ihn in einem idealisierten Aussehen als Gott zeigte. Den anderen Mumien wurde dagegen eine bemalte Maske aus Leinenkartonage über das Gesicht gestülpt. War die Mumifizierung abgeschlossen, wurde der Tote in einen oder mehrere ineinandergeschachtelte Särge gelegt. Im Alten und Mittleren Reich hatten Mumiensärge die Form eines Kastens, im Neuen Reich wurden sie jedoch an den Körperumriß des Verstorbenen angepaßt.

Für eine Mumifizierung waren erfahrene Spezialisten aus Tempeln zuständig, die in der Regel zu Ärzten keinen Kontakt hatten, so daß über mögliche Todesursachen keine näheren Unter-

Rechts: Vornehme Ägypter erhielten als Grabbeigaben kleine Uschebti-Figuren, die eine Dienerschaft für das Jenseits verkörpern sollten. Für die Figuren gab es sorgfältig gearbeitete Kästen. Durch magische Texte wurde die Arbeitsbereitschaft der Uschebtis im Jenseits garantiert.

Uschebtis mit Uschebtikasten der Henutmehit, West-Theben, Neues Reich, 19. Dynastie, um 1250 v. Chr., Kasten: Holz, stuckiert und bemalt, Höhe 34 cm; London, The British Museum, EA 41549

suchungen erfolgten. An den Stätten der Mumifizierung waren stattdessen ständig Priester tätig, die für den Verstorbenen magische Rituale vollziehen mußten. Sie bedienten sich dabei der Zauberriten, mit denen einst Isis den toten Osiris wieder zum Leben erweckt hatte. Die Rituale gipfelten in dem Ausspruch: »Du wirst wieder leben, du wirst ewig leben!« Der leitende Priester trug während der Mumifizierung die hundekopfartige Maske des Totengottes Anubis, des Schutzherrn der Verstorbenen und der Mumien.

Auch Tiere wurden mumifiziert. Häufig handelte es sich dabei um die Lieblingstiere der Großen des Reiches oder um heilige Tiere, wie etwa die Apisstiere, die in riesigen Steinsärgen bestattet wurden. Aus Saqqara sind einige Millionen Mumien des heiligen Ibis bekannt; der Vogel wurde verehrt, weil er den Beginn der Nilflut ankündigte.

Die Bestattung des Pharao

Die Nachricht vom Tod eines Pharao ging wie ein Lauffeuer durch das Land und lähmte das öffentliche Leben. Menschen verharrten in Trauer und ließen sich die Haare wachsen, denn ein Gott war gestorben. Die königliche Familie und der Hof verfielen in ein tiefes Wehklagen. Die Mumifizierung des toten Pharao erfolgte nach strengen Ritualen bei größter Sorgfalt und wurde von Gebetsformeln begleitet. Die Mumie wurde noch aufwendiger gewickelt als bei den Großen des Reiches, insgesamt wurden für die Binden bis zu 4800 Meter feinstes Leinen verwendet. Das reich geschmückte Leinen bot dem Körper einen physischen Schutz, während beigelegte Amulette und Schmuck einen magisch-geistigen Schutz sicherten. Zuletzt kam der tote Herrscher nach einem

Rames II. wurde etwa 80 Jahre alt, und seine Mumie hat die Zeiten überstanden. Sie wurde im Versteck der Königsmumien bei Deir el-Bahari gefunden. Als die Mumienbinden entfernt wurden, lösten sich Muskelspannungen und Ramses II. bewegte einen Arm. Nach modernen Untersuchungen litt der Herrscher unter Arthrose und Arterienverkalkung, außerdem hatte er Zahnprobleme.

Mumie Ramses' II., West-Theben, Versteck der Königsmumien von Deir el-Bahari, 19. Dynastie, um 1213 v. Chr.; Kairo, Ägyptisches Museum, CG 61078

ebenfalls vorgeschriebenen Ritus in eine Serie von prächtigen Särgen, die wieder mit magischen Darstellungen und Texten geschmückt waren, um ihm die Reise in das Jenseits zu erleichtern. Zusammen mit den Kanopenkrügen, die die Eingeweide des Pharao enthielten, und reichen Grabbeigaben wurde die Mumie dann noch einmal symbolisch oder auch real in einer Kultfahrt zum heiligen Ort Abydos gebracht, wo einst Gott Osiris ruhte, bevor er wieder von den Toten auferweckt wurde.

Am Tag der Bestattung formierten sich die Vornehmen des Reiches zu einem großen Trauerzug. Der tote Pharao wurde mit einer Barke unter Verwendung einer großen Menge Weihrauchs zu seinem Grab gebracht, im Alten und Mittleren Reich hauptsächlich zu seiner Pyramide und im Neuen Reich zum Tal der Könige. Die Grabprozession war feierlich und gewaltig. Neben der Mumie wurden an der Spitze der Prozession die Kanopengefäße, Kultgeräte sowie die prächtige Grabausstattung und reiche Grabbeigaben mitgeführt. Der Tekenu, ein sackartiger Behälter mit Menschenkopf, der alle möglichen Reste der Mumifizierung enthielt, gehörte ebenfalls zur Prozession. Diesem Zug folgten schließlich die Familie des Toten sowie der gesamte Hof, daneben die Großen des Reiches und zahlreiche Vertreter der Priesterschaft. Klageweiber stimmten ein Wehgeschrei an, und das Volk versank ehrfürchtig in Trauer.

Nur engste Vertraute durften direkt das Grab betreten, wo noch einmal etwa 75 strenge rituelle Handlungen vollzogen wurden. Die Riten dienten der Wiederbelebung des Toten und sicherten seine Unsterblichkeit. Die wich-

tigste dieser Handlungen war die rituelle Mundöffnung. Durch einen ausgewählten Priester oder den ältesten Sohn des Toten wurde ein spezielles Gerät in den Mund eingeführt und dabei gesprochen: »Horus öffnet dir den Mund! Er gibt dir Augen zum Sehen, Ohren zum Hören, Füße zum Gehen, Hände zum Tun!« Der Tote war danach auf eine magische Weise nicht mehr tot. Die große königliche Gemahlin wehklagte noch einmal vor der Mumie und schlug mit den Händen auf den Sarkophag, die Grabausstattungen wurden

Oben: Prozessionszug, Wandmalerei, Grab des Ramose; Schech Abd el-Kurna, Nr. 55 (Eberhard Thiem, Lotos Film, Kaufbeuren)

Unten: Ineinander verschachtelte Särge der Tamutnefret; Kairo, Ägyptisches Museum

Rechts oben: Klageweiber, Wandmalerei, Grab des Ramose, 18. Dynastie; Theben, TT 55 (Eberhard Thiem, Lotos Film, Kaufbeuren)

verteilt und das Grab zuletzt geschlossen. Ein großer ritueller Totenschmaus beendete danach die Feierlichkeiten.

Gräber der Oberschicht und des einfachen Volkes

Der Tod und die Bestattung von Verstorbenen war in allen antiken Kulturen eine teure Angelegenheit, in Ägypten aber konnten die Kosten nahezu ins Unermeßliche steigen. Das Grab und die Grabausstattung richteten sich deshalb in erster Linie nach dem Vermögen der Familie eines Toten. Während der vorgeschichtlichen Zeit wurden die Verstorbenen noch wie im Schlaf auf der Seite liegend und mit angewinkelten Beinen in einer einfachen Grube bestattet. Sie lagen auf Matten oder Tierfellen und erhielten bereits in Abhängigkeit von der Vermögenslage Grabbeigaben. Aus der Grube wurde mit der Zeit eine Kammer, und zum Gedenken an den Verstorbenen errichtete die Familie über dem Grab zusätzlich noch einen kleinen Ziegelbau, der schließlich immer größer wurde. Dieser Grabtyp wurde als Mastaba bezeichnet und war im Alten Reich weit verbreitet.

Vornehme Ägypter versuchten ihre Mastabas in der Nachbarschaft der Pyramide ihres Herrschers zu errichten, so daß bald eine Stadt der Toten entstand. Bei der Bestattung wurde der Sarg vom Dach der Mastaba aus über einen Schacht in die unterirdische Sargkammer hinabgelassen, danach wurde der Schacht zum Schutz der Sargkammer zugeschüttet. An der Ostwand einer Mastaba war eine Scheintür angebracht, vor der die Familie für den Verstorbenen opfern konnte und dabei zur untergehenden Sonne nach Westen blickte. Mit der Zeit ließ die Oberschicht ihre Mastabas immer prächtiger ausstatten, und vor der Scheintür entstanden eine oder mehrere Kammern, von denen eine oft noch eine Statue des Verstorbenen enthielt. In diesen Kam-

Teil der Bestattung war auch ein feierlicher Prozessionszug mit den Grabbeigaben, die dem Verstorbenen im Jenseits ein angenehmes Leben ermöglichen sollten (links oben). Insbesondere im Neuen Reich waren Särge für Verstorbene der Oberschicht sehr luxuriös. Der Sarg der wohlhabenden Frau Tamutnefret bestand aus einer Serie von ineinander verschachtelten Särgen, die in ihrem Inneren die Mumie bargen (links unten). Zu jeder Bestattung gehörte das Jammern der Klageweiber. Sie traten mit aufgelösten Haaren und nackter Brust auf. Erhaltene Rechnungen belegen, daß es auch professionelle Klageweiber gab, die je nach Bezahlung unterschiedlich intensiv und lautstark das Ableben des Verstorbenen bedauerten.

mern stellten die Angehörigen die hohe Bedeutung des Toten dar und brachten ihm Opfer. Pharao Sahure (5. Dynastie) schenkte einmal seinem Leibarzt Ne-anch-Sachmet eine äußerst kostbare Scheintür aus edelsten Materialien. Nach dem Tod des Gelehrten war die Scheintür für das eher bescheidene Grab viel zu wuchtig und ließ es geradezu ärmlich erscheinen. Für vornehme Ägypter war es eine Ehre, vom Pharao einen wertvollen Sarg oder gar ein Grab als Geschenk zu erhalten. Heute würden solche Geschenke als makaber angesehen werden. Für die Ägypter war der Tod jedoch eine derart natürliche Angelegenheit, daß bereits zu Lebzeiten und auch bei bester Gesundheit ein kostbarer eigener Sarg angeschafft werden konnte. Er wurde dann einfach bis zum Tod aufgehoben.

Mastabas wurden praktisch nur in der Umgebung von Memphis angelegt. In Oberägypten dagegen und insbesondere in der Nachbarschaft von Theben gab es für die Großen des Reiches meist prächtige Felsengräber. Wie bei einem Mastaba wurde auch mit dem Felsengrab Ansehen und Reichtum demonstriert. Bei diesem Grabtyp führte ein Schacht meist horizontal zur Sargkammer im Felsen, während dem Verstorbenen vor dem Felsen in einem besonderen Gebäude oder sogar einem Gebäudekomplex Opfer dargebracht werden konnten. Nach der Bestattung wurde der Schacht zur Sargkammer ebenfalls zugeschüttet und die Tür zu-

gemauert. Anschließend wurde eine Gedenktafel meist in der Form einer Scheintür angebracht. Es gab »Einkammergräber« für die einfachen Reichen und »Vielkammergräber« für die wirklich Reichen. In den bedeutenden Privatgräbern der Totenstadt von Theben haben sich zum Teil meisterhafte Malereien und Reliefdarstellungen erhalten. Eine typische Grabbeigabe der ägyptischen Reichen waren die Uschebtifiguren, die für den Verstorbenen eine Dienerschaft im Jenseits darstellten. Tote konnten im Jenseits durchaus zur Arbeit aufgefordert werden, und da Vornehme im Diesseits nie körperlich schwer gearbeitet hatten, wollten sie diesen Zustand auch im Jenseits fortsetzen.

Der Mittelstand der Handwerker und der kleinen Beamten konnte bei seinen Gräbern natürlich nicht mit den kostbaren Monumentalgräbern der Oberschicht Schritt halten. Die Gräber des Mittelstandes waren bei Theben zum Beispiel ebenfalls in den Felsen gehauen worden und etwa fünf Meter tief. Die Anlagen wurden nach einem bestimmten Muster auf Vorrat produziert und dann so geschmückt, daß nur noch der Name des Verstorbenen eingetragen werden mußte.

Titelsüchtige Beamte schoben den Bau ihres Grabes oft über Jahre vor sich her, denn sie wollten im Dekorationsprogramm unbedingt berichten, daß ihre Söhne ihr Amt übernommen hatten, obwohl die Söhne zum Zeitpunkt des Graberwerbs noch minderjährig waren. Ein »Schatzmeister des Pharao« ging ein solches Risiko ein und bezeichnete in seinem zu Lebzeiten bereits vollendeten Grab seinen Sohn als seinen Amtsnachfolger, obwohl der Sohn nachweislich noch ein Kleinkind war. Zuweilen blieb anstelle des Namens des unmündigen Sohnes im Grab des Vaters auch ein freier Platz zurück. Möglicherweise war Jahre später vergessen worden, den Namen vor der Bestattung des Vaters noch rasch einzutragen.

Die Arbeiterschaft im Tal der Könige glich ihre mangelhaften eigenen Finanzmittel oft durch Pfiffigkeit aus, und manche bauten sich zum Teil mit dem Material des Herrschers selbst prachtvolle Privatgräber. Ihre Grabbauten lösten jedoch wiederholt Streit aus. Da der Fels in der Nachbarschaft ihres Wohngebietes bereits durch die zahlreichen Grabanlagen ihrer Vorgänger durchlöchert worden war, stießen sie bei ihren Wühlaktionen immer wieder auf fremde Gräber, die dann einfach ausgeräumt und übernommen wurden. Ärmere Leute brachten ihre Toten in einem Gemeinschaftsgrab unter. Die we-

Darstellung einer kostbaren Scheintür, die zu jeder privaten Grabanlage gehörte. Vor einer Scheintür am Grab wurden, wie die Abbildung zeigt, dem Verstorbenen Opfer dargebracht.

Unten: Scheintür im Grab des Nakht, 18. Dynastie, Zeit Thutmosis' IV., um 1390 v. Chr.; West-Theben, TT 52 (Eberhard Thiem, Lotos Film, Kaufbeuren)

Rechts: Wandmalerei, Grab des Irinefer, Ramessidenzeit; Theben, TT 290 (Eberhard Thiem, Lotos Film, Kaufbeuren)

nig sorgfältig mumifizierten Leichen wurden in grobes Leinen eingepackt und in einer Katakombe vom Fußboden bis zur Decke aufeinandergestapelt. War der Raum gefüllt, wurde eine neue Katakombe angelegt. Tote Kleinkinder wurden oft in Schilfmatten eingerollt und nicht in Binden gewickelt. Wer sogar den Platz im Massengrab nicht bezahlen konnte, brachte seine Verstorbenen wie in uralten Zeiten ohne eine Mumifizierung in die Wüste. Manchmal wurden auch Gräber gestohlen. Dazu wurden Gräber, um die sich keine Familie mehr kümmerte, ohne größere Kosten einfach übernommen, neu hergerichtet und dann erneut belegt. Alte Inschriften scheinen in gestohlenen Gräbern oft heute noch unter dem später neu aufgetragenen Verputz hindurch. Für fromme Ägypter war ein solches Verhalten ein Greuel, denn die Weisen hatten einst verkündet: »Ein Grab an einer reinen Stätte zu bauen, auf der keines Menschen Grab liegt.«

Die teuren Verstorbenen

Das Grab war das Wohnhaus eines Verstorbenen und mußte nicht nur standesgemäß erbaut, sondern zur Ehre der Familie auch angemessen geführt werden. Das »Ka« des verstorbenen Vorfahren könnte umherwandern und unglücklich sein, wenn die Familie ihm nach seiner Rückkehr durch ein verkommenes Grab Schande bereitet hätte. Für Angehörige begannen die Belastungen nicht nur mit dem Bau eines Grabes, sondern die Toten erforderten auch Zeit. Die Lebenden mußten sich um sie kümmern. Ihnen wurden regelmäßiges Opfer dargebracht, sie erhielten Nahrungsmittel und konnten sich während des Opferzeremoniells auch an den Stimmen ihrer Angehörigen erfreuen. In der Regel war der älteste Sohn für den Opferdienst zuständig. Er mußte immer wieder die Familie in der Totenstadt zusammenbringen und das Opferzeremoniell vollziehen. Die geopferten Lebensmittel wurden zuletzt in einem gemeinsamen Mahl am Grab oder in einem besonderen Raum des Grabes verzehrt. Vor den Prachtgräbern der Reichen fanden sogar größere Tieropfer

Zur Existenz eines Menschen gehörte auch sein Schatten. Er war zwar an den Toten gebunden, konnte allerdings ebenso wie das Ba, ein flatternder Vogel mit Menschenkopf, das Grab verlassen. Der Verstorbene erhielt auf diese Weise den Kontakt zur Welt der Lebenden aufrecht.

statt, und es wurde beispielsweise ein Rind geschlachtet. Vor einem solchen großen Festmahl zu Ehren eines Toten erschien zuerst ein Priester, um die Reinheit des Opfers zu prüfen. Er roch an dem noch frischen Blut, begutachtete das Fleisch und verkündete erst dann die Reinheit. Das Fleisch kam anschließend auf einen besonderen Opfertisch und wurde, bevor es die Grabbesucher selbst aßen, dem Verstorbenen symbolisch serviert. Der große Aufwand zu Ehren der Toten geschah nicht ohne Eigennutz, denn die Lehre des Anii aus dem Neuen Reich verkündete: »Spende Wasser für deinen Vater und deine Mutter, die im Wüstensand ruhen ... Laß die Menge wissen, daß du es tust, denn dann wird dein Sohn es auch für dich tun.« Familien, die nicht reich waren, konnten ihre Toten auch durch magische Formeln verköstigen. Sie sprachen dann am Grab Zaubersprüche: »Ein Opfer, das der König gibt, ein Opfer, das Anubis (Schutzgott der Toten) gibt, tausend an Brot, tausend an Bier, tausend an Rindern, tausend an Gänsen für den Ka des ...« Nach solchen Formeln war der Hunger der verstorbenen Familienangehörigen vorerst gestillt.

Der Umfang der Grabbeigaben wurde genau dokumentiert. Die abgebildete Kalkscherbe stellt vermutlich eine Strichliste dar, denn es wurden beispielsweise zwei Dolche mit in das Grab hineingegeben. Kalksteinsplitter ersetzten in Ägypten das Notizbuch späterer Zeiten.

Strichliste auf einem Ostrakon, Kalkstein, 13 × 20 cm; Leipzig, Ägyptisches Museum

Die Diener des »Ka«

Schon in frühen Zeiten gab es professionelle Totenpriester, die für wohlhabende Familien den Totenkult übernahmen. Sie nannten sich unter anderem »Diener des Ka« und vollzogen für Angehörige mit wenig Zeit die Totenehrung und das Totenopfer, während ein Vorlesepriester die notwendigen Zauberformeln sprach. Um den Totenkult über Generationen hinweg zu sichern, gründeten viele Familien der Oberschicht eine Totenstiftung. Der Gaufürst Djefaihapi setzte zum Beispiel während der 12. Dynastie noch zu Lebzeiten zusammen mit verschiedenen Priestern insgesamt zehn Verträge auf und regelte darin genau, wie später sein eigener Totenkult durchgeführt und finanziert werden sollte. Meist wurde dem Totenpriester Vermögen oder Grundbesitz überschrieben, um aus diesen Erlösen den regelmäßigen Totenkult zu sichern. Die Mehrheit der Stiftungen funktionierte aber nur eine zeitlang. Starb der beauftragte Totenpriester, fühlten sich seine Söhne häufig nicht mehr zuständig und benutzten das übertragene Vermögen im eigenen Interesse. Waren hingegen verschiedene Totenpriester für den Kult zuständig, gab es unter den Nachfolgern oft Zank und Streit, und es passierte zuletzt überhaupt nichts mehr. Im Verlauf der Zeit standen die Gräber der Totenstiftungen dann auf einmal leer und begannen zu verfallen. Insbesondere für den Erhalt von Gräbern aus frühen Dynastien wollte niemand mehr sorgen. Schon zu Beginn des Neuen Reiches war das einst wohlbehütete Grab des mächtigen Chnemhotpe aus dem Alten Reich offen, denn Schreiber, die während dieser Zeit den Tempel von Pharao Cheops bewundern wollten, hinterließen an den Wänden Schmierereien. Für die Städte der Toten wurden eigene Polizeibehörden gegründet, die insbesondere verlassene und herrenlose Gräber überwachten und schützten. Wiederholt wurden bedeutende verfallene Gräber durch den Staat in Art einer Denkmalschutzmaßnahme wieder hergerichtet. Mancher Kronprinz nahm sich dieser Angelegenheiten an.

Vernachlässigte Gräber

Nicht nur für Stiftungen, sondern auch für zahlreiche Familien wurde der Aufwand des Totenkultes mit der Zeit zuviel. Die Lebenden konnten nicht mehr das Vermögen erwirtschaften, das die Toten verlangten. Familien konnten einerseits verarmen und besaßen danach nicht mehr die Finanzmittel zum Erhalt der prächtigen Gräber ihrer Ahnen. Andererseits konnten Familien aber auch aussterben, und dann war das Grab plötzlich ohne Besitzer. Schließlich wurde der Totenkult mit jeder Generation teurer, denn jede Generation hinterließ wiederum ihre eigenen Toten. Es ist deshalb nicht verwunderlich, daß die Familien nur noch die Gräber der zuletzt Verstorbenen pflegten und sich für die Urahnen, die sie selbst noch nicht einmal kannten, nicht mehr interessierten. Gerade wegen seiner Pracht war ein herrnloses Grab letztlich ein verlorenes Grab, denn es war danach nur noch eine Frage der Zeit, bis sich erste Diebe heranwagten.

Grabräuber

Gefaßten Grabräubern erging es im alten Ägypten schlecht. Sie hatten eines der übelsten Verbrechen begangen und wurden hingerichtet. Dennoch gab es schon während der Blütezeiten der Hochkultur immer wieder Grabraub, der sich in den wirren Zwischenzeiten regelmäßig verschlimmerte. Die Gebäude der Grabanlagen waren stattlich und sie waren ohne Bewohner. Auch wenn Diebe nicht zur verschütteten Grabkammer vordringen konnten, im Inneren der Opferräume war ihnen Beute sicher. Für die Totenstädte wurde zwar Polizeischutz abgestellt, aber die Polizisten konnten in den großräumigen Anlagen mit Straßen und Häusern nicht überall sein. Es war wohl gespenstisch, wenn trotz all der schützenden Magie und Zauberei nachts die Diebe durch die absolut leeren Straßen schlichen und an den Türen der Gräber rüttelten. Manchmal machten Wächter und sogar höchste Beamte mit den Dieben gemeinsame Sache, und dann war kaum ein Grab sicher.

Besonders gefährdet waren die Gräber der Pharaonen, von denen jeder wußte, daß sie gewaltige Schätze bargen. Zwar gab es raffinierte Sicherungssysteme und nahezu unüberwindbar dicke Mauern, doch die Archäologen stellten später fest, daß alle Pyramidengräber bereits in frühesten Zeiten aus-

Für die Archäologie war die Öffnung des Grabes von Tut-anch-amun ein großer Augenblick. Der Entdecker Howard Carter schaut auf dem Foto am 17. Februar 1923 mit zwei Mitarbeitern nach mehr als 3000 Jahren in das Grab des jung verstorbenen Herrschers. Carters erster Ausspruch: »Ich sehe wunderbare Dinge.«

Howard Carter zwischen zwei Mitarbeitern, Grabkammer des Tut-anch-amun, 17. Februar 1923 (Eberhard Thiem, Lotos Film, Kaufbeuren)

geraubt worden waren. Große Diebesaktionen gab es sicherlich in der chaotischen Zwischenzeit nach dem Ende des Alten Reiches und in allen späteren Zwischenzeiten, als die zentrale Staatsführung schwach geworden war. Grabraub ist in Ägypten ein uraltes Delikt und kommt wie bereits seit 5000 Jahren auch heute noch vor. Sogar Pharaonen haben sich an Gräbern ihrer Vorgänger aus vergangenen Dynastien vergriffen. In der Stufenpyramide von Pharao Djoser fanden sich zum Beispiel kostbare Steingefäße mit Königsnamen aus der 2. Dynastie.

Zur Katastrophe wurde der Grabraub am Ende des Neuen Reiches während der 20. Dynastie und in den folgenden Zeiten der Fremdherrschaft. Pharao Ramses III. war der letzte der bedeutenden Herrscher des Neuen Reiches gewesen und hatte in den Kriegen gegen die eindringenden Seevölker die Finanzkraft des Staates erschöpft. Nach seinem Tod begann die Zentralgewalt zu bröckeln. Im Volk herrschte Not, und die Arbeiter für den Bau der Totenstädte taten das, was sie besonders gut konnten: Sie gruben Gänge, allerdings nicht zum Bau von neuen Grabkammern für ihre Herrn, sondern um vorhandene Grabkammern auszurauben.

Das Tal der Könige war von nun an nicht mehr sicher und seine Schätze wurden geplündert. Sogar das später scheinbar unversehrt gefundene Grab des Tut-anch-amun war in diesen Zeiten einmal aufgebrochen worden. Allerdings waren die Diebe damals vermutlich frühzeitig erwischt worden, denn sie hinterließen eine große Unordnung und nur einige Schmuckstücke waren verschwunden. Später wurde das Grab erneut versiegelt. Aus der Zeit von Ramses IX. sind Dokumente über große Grabräuberprozesse erhalten, die Auskunft über chaotische Zeiten geben. Der Steinbrucharbeiter Amunpanefer gab in einem Verfahren zu, daß er mit sieben Helfern über viele Jahre Gräber ausgeraubt hatte. Sie waren sogar über einen eigens gegrabenen Tunnel in das Grab von Pharao Sebekemsaef II. eingedrungen und hatten es aufgebrochen: »Wir fanden die herrliche Mumie des Königs mit dem goldenen Schmuck auf seiner Brust und einer goldenen Maske über seinem Antlitz und mit einem Sichelschwert an seiner Seite ...« Bei den Untersuchungen kam heraus, daß es damals in Theben zahlreiche Grabräuberbanden gab und daß Grabräuber sogar höchste Beamte bestechen konnten.

Die Pharaonen werden umgebettet

Nur drei Jahre später, Pharao Ramses X. war gerade ein Jahr im Amt, wurden erneut 60 Diebe verhaftet. Die meisten dieser Plünderer gehörten zum niederen Beamtenstand und sogar Priester waren unter ihnen. Ein arbeitsloser Priester des Gottes Sobek war extra zum Zweck des Diebstahls über eine große Entfernung angereist. Eine andere Bande flog schließlich auf, weil sich ein Mitglied bei der Verteilung der Beute über den Tisch gezogen fühlte und die Sache dem Polizeichef von Theben meldete. Zuletzt konnten weder die Gräber der Pharaonen noch die Reichtümer der Tempel ausreichend geschützt werden, so daß die Staatsgewalt angesichts der Kriminalität resignierte.

Während der 21. Dynastie wurden die teilweise schon zerfledderten und ihrer Schätze beraubten Pharaonenmumien erneut gewickelt und in aller Heimlichkeit umgebettet. Es begann die Zeit der »wandernden Mumien«, die rekonstruiert werden konnte, weil gewissenhafte Priester an den Mumien regelmäßig Dokumente über den Bestattungsort hinterließen. Mancher Pharao fand sich nun plötzlich vorübergehend im Grab eines anderen Pharaos wieder. Ramses II. wurde zum Beispiel in das Grab seines Vaters Sethos I. gebracht, in dem er allerdings auch nicht vor Dieben sicher war. Die Mumie kam danach in das Grab einer ehemaligen königlichen Gemahlin, bis sich wieder Einbrüche häuften. Ramses II. landete schließlich im Grab von Amenophis I.

Zuletzt entschlossen sich die Priester ganz anders. Sie schafften um das Jahr 970 v. Chr. in aller Heimlichkeit insgesamt 36 gefährdete Mumien zu einem Schacht in der Nähe des Totentempels der Hatschepsut. Pharaonen, die einst Weltgeschichte gemacht hatten, lagen nun mit letzten Resten ihrer Schätze übereinandergestapelt in einem roh behauenen Felsenraum, der in zwölf Metern Tiefe über einen 60 Meter langen Gang zu erreichen war. Ihre Ruhe währte fast 3000 Jahre, denn erst 1871 n. Chr. entdeckten Grabräuber auch diesen Schacht.

Altägypten

Putzger, Historischer Weltatlas, 102. Auflage, © 1997, Cornelsen Verlag, Berlin, S. 5

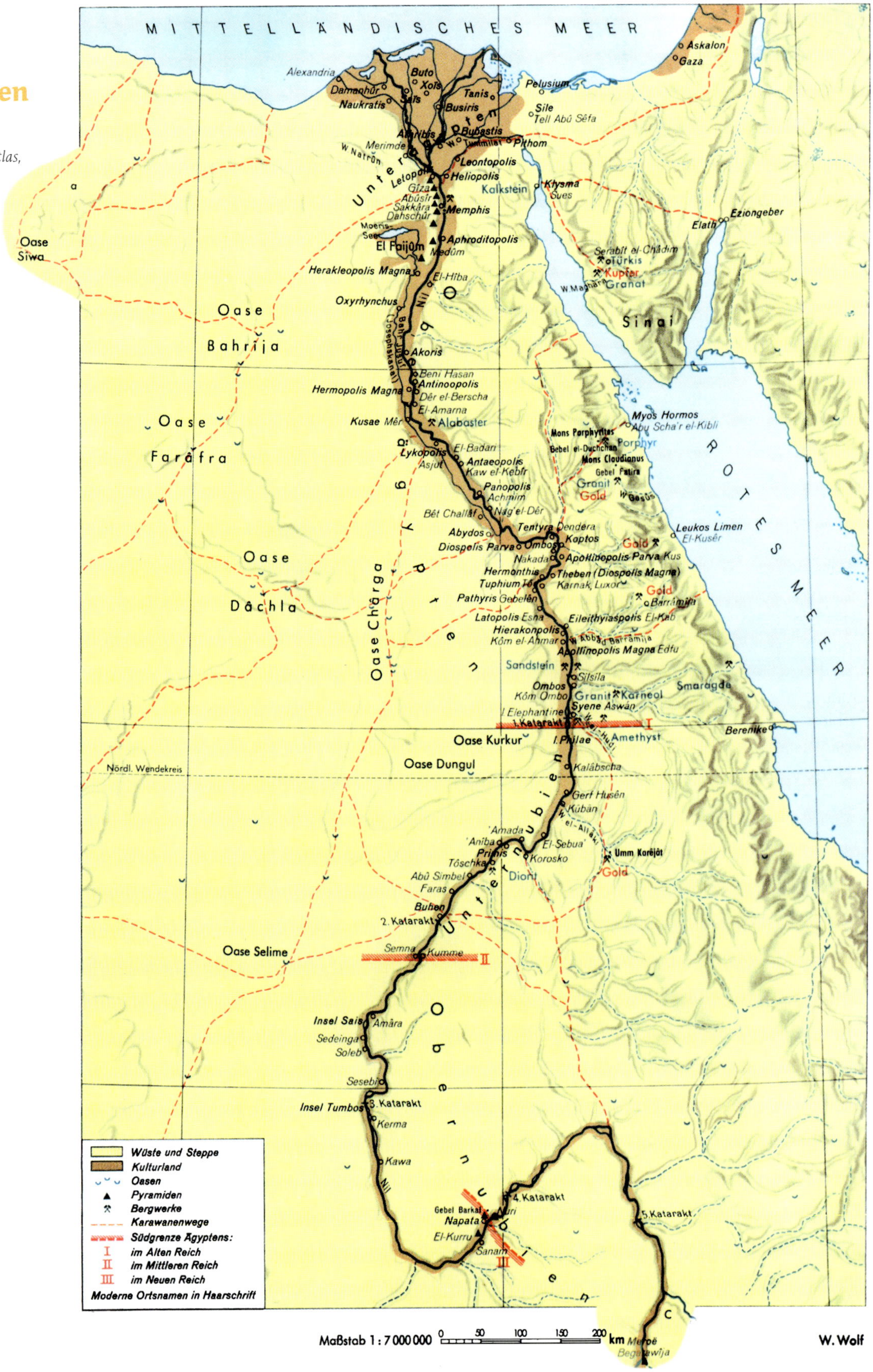

Literatur

HARTWIG ALTENMÜLLER: Grab und Totenreich der alten Ägypter. Hamburg 1976

MAGGIE ANGELOGLOU: A History of Make-up. New York 1970

DIETER ARNOLD: Buildung in Egypt. New York 1991

JOHN BAINES, JAROMIR MALEK: Ägypten, Weltatlas der Alten Kulturen. München 1980

FELIX BARKER: Entdeckungsfahrten im Altertum, in: Aufbruch ins Unbekannte. Gütersloh 1977

JÜRGEN VON BECKERATH: Abriß der Geschichte des alten Ägypten. München 1971

LEONARDO BENEVOLO: Die Geschichte der Stadt. Frankfurt 1983

DOUGLAS S. BENSON: Ancient Egypt's Warfare. Chicago 1994

EMMA BRUNNER-TRAUT: Alltag unter Pharaonen. Freiburg 1998

PAUL BRUNTON: Geheimnisvolles Ägypten. Zürich 1951

C. W. CERAM: Götter, Gräber und Gelehrte. Reinbek/Hamburg 1967

JACQUES CHAMPOLLION: Die Welt der Ägypter. Genf-Paris 1989

LEONARD COTTRELL: Das Volk der Pharaonen. Augsburg 1995

ARNE EGGEBRECHT (HRSG.): Das alte Ägypten – 3000 Jahre Geschichte und Kultur des Pharaonenreiches. München 1984

PETER EHLENBRACHT: Haltet die Pyramiden fest – 5000 Jahre Grabraub in Ägypten. Düsseldorf 1980

ADOLF ERMAN: Die Literatur der Ägypter. Leipzig 1923

ADOLF ERMAN: Die Welt am Nil. Leipzig 1936

ADOLF ERMAN: Ägypten und ägyptisches Leben im Altertum. Hildesheim 1982

BRIAN FAGAN: Die Schätze des Nil. München 1977

ERIKA FEUCHT: Das Kind im alten Ägypten. Frankfurt 1995

EGON FRIEDELL: Die Kulturgeschichte Ägyptens und des Alten Orients. München 1951

ALAN GARDINER: Geschichte des alten Ägypten. Stuttgart 1965

RENATE GERMER: Flora des pharaonischen Ägypten. Mainz 1985

HELMUTH VON GLASENAPP: Die nichtchristlichen Religionen. Das Fischer Lexikon, Band 1. Frankfurt 1957

JEAN-CLAUDE GOLVIN, JEAN-CLAUDE GOYON KARNAK: Ägypten. Tübingen 1990

HERMANN GRAPOW: Wie die alten Ägypter sich anredeten, wie sie sich grüßten und sprachen. Berlin 1960

JOHANN GROLLE, MATTHIAS SCHULZ: Wiege der Menschheit. München 1998

FENJA GUNN: The Artificial Face: A History of Cosmetics. New York 1973

MANFRED GUTGESELL: Arbeiter und Pharaonen. – Wirtschafts- und Sozialgeschichte im Alten Ägypten. Hildesheim 1989

OLIVE HART: The Prehistory of Flight. Berkeley 1985

PAUL HERRMANN: Sieben vorbei und acht verweht. – Das Abenteuer der frühen Entdeckungen. Hamburg 1969

THOMAS G. H. JAMES: Das Leben der alten Ägypter. Augsburg 1993

PETER JAMES, NICK THORPE: Keilschrift, Kompaß, Kaugummi. – Eine Enzyklopädie der frühen Erfindungen. Zürich 1998

NANCY JENKINS: Das Schiff in der Wüste. – Ägypten zur Zeit Königs Cheops. Frankfurt 1980

HANS KAYSER: Ägyptisches Kunsthandwerk. – Bibliothek für Kunst- und Antiquitätenfreunde, Band 26. Braunschweig 1969

WERNER KELLER: Und die Bibel hat doch recht. Hamburg 1964

ROSEMARIE KLEMM, DIETRICH KLEMM: Steine und Steinbrüche im Alten Ägypten. Berlin 1992

FRANK KOLB: Die Stadt im Altertum. München 1984

JOHN G. LANDELS: Die Technik der antiken Welt. München 1980

BJÖRN LANDSTRÖM: Ships of the Pharaos. London 1970

KURT LANGE: Pyramiden, Sphinxe, Pharaonen. München 1952

KURT LANGE, MAX HIRMER: Ägypten; Architektur, Plastik, Malerei in drei Jahrtausenden. München 1985

IVAR LISSNER: So habt ihr gelebt. Olten-Freiburg 1963

MANFRED LURKER: Lexikon der Götter und Symbole der Alten Ägypter. München 1998

KURT MENDELSSOHN: Das Rätsel der Pyramiden. Bergisch-Gladbach 1974

PIERRE MONTET: Leben und Kultur der Ramses-Zeit. Stuttgart 1978

PIERRE MONTET: Everyday Life in Egypt: In the Days of Ramses the Great. Philadelphia 1981

HANS WOLFGANG MÜLLER, EBERHARD THIEM: Die Schätze der Pharaonen. Augsburg 1998

HERMANN MÜLLER-KARPE: Grundzüge früher Menschheitsgeschichte, Band 1–5. Darmstadt 1998

EMIL NACK: Ägypten und der Vordere Orient im Altertum. – Bibliothek der Alten Kulturen, Band 1. Wien 1977

MAURICE POPE: Die Rätsel alter Schriften. Bergisch-Gladbach 1978

CAROLE REEVES: Egyptian Medicine. Buckinghamshire, GB, 1992

REDAKTION DER TIME-LIFE BÜCHER: Wie sie damals lebten im Alten Ägypten. Amsterdam 1997

GAY ROBINS: Egyptian Painting and Relief. Buckinghamshire, GB, 1986

GAY ROBINS: Frauenleben im Alten Ägypten. München 1996

BERNARD ROMANT: Life in Egypt in Ancient Times. Geneva 1978

JOHN ROMER: Sie schufen die Königsgräber. – Geschichte einer altägyptischen Arbeitersiedlung. München 1986

WILHELM SANDERMANN: Das erste Eisen fiel vom Himmel. Die großen Erfindungen der frühen Kulturen. München 1978

CHRIS SCARRE: Weltatlas der Archäologie. München 1990

WOLFGANG SCHENKEL: Einführung in die ägyptische Sprachwissenschaft. Darmstadt 1990

ADELHEIT SCHLOTT: Schrift und Schreiber im Alten Ägypten. München 1989

BETTINA SCHMITZ: Die Steine der Pharaonen. – Vom Steinbruch zum Kunstwerk. Hildesheim 1985

REGINE SCHULZ, MATTHIAS SEIDEL (HRSG.): Ägypten – Die Welt der Pharaonen. Köln 1997

RAINER STADELMANN: Die ägyptischen Pyramiden. – Vom Ziegelbau zum Weltwunder. Mainz 1985

MIRIAM STEAD: Egyptian Life. London 1986

GEORG STEINDORFF: Die Blütezeit des Pharaonenreiches. Leipzig 1926

EUGEN STROUHAL: Ägypten zur Pharaonenzeit. – Alltag und gesellschaftliches Leben. Tübingen 1994

JÜRGEN THORWALD: Macht und Geheimnis der frühen Ärzte. München 1962

PETER TOMPKINS: Cheops. München 1979

COLIN THUBRON + REDAKTION DER TIME-LIFE BÜCHER: Die Seefahrer des Altertums. Amsterdam 1982

PHILIPP VANDENBERG: Der Fluch der Pharaonen. München 1973

DIETRICH WILDUNG: Die Rolle ägyptischer Könige. München 1967

DIETRICH WILDUNG: Die Kunst der alten Ägypter. Freiburg 1988

JOHN M. WHITE: Everyday Life in Ancient Egypt. London 1963

Walter Wolf: Die Kunst Ägyptens. Stuttgart 1957

Walter Wolf: Die Welt der Ägypter. Stuttgart 1958